本书为国家社科基金项目"中国城镇化问题的公共伦理研究"(项目批准号 13BZX077)研究成果

国家社科基金丛书
GUOJIA SHEKE JIJIN CONGSHU

公共伦理与城市幸福生活

The Public Ethic And Happiness In The City

杨秀香　著

人民出版社

目　录

导　　论

　　城市是人的创造性的体现，而人创建城市的活动具有合目的性，这种目的性在美国著名的城市理论家、社会哲学家刘易斯·芒福德那里被表达为追求"一种比生存更高的目的"、一种"美好生活"，在古希腊哲学家亚里士多德那里就是过一种"优良的生活"，即更幸福的生活。事实上城市生活确实使更多的人具有幸福感。有资料显示，在一个国家内城市化的程度越高国民幸福感的占比往往也越高。

　　中国从 1978 年改革开放开始的 40 年间，城市化率年增长一个百分点，在城市化快速推进的 1996—2012 年年均增长速度是 1.39 个百分点，在世界上增长速度最快。到 2018 年常住人口城镇化率达到 58.52%，2019 年则达到 60.60%，比上年末提高 1.02 个百分点，提前 1 年实现了中共中央、国务院 2014 年公布的《国家新型城镇化规划（2014—2020 年）》中提出的到 2020 年要实现常住人口城镇化率达到 60% 左右的目标。按国际标准，城镇化水平跨过 60% 的门槛意味着一个国家初步完成了从乡村社会到城市社会的转型、进入城市社会时代，实现了基本城镇化。城市化率的提高在一定程度上反映了人们对幸福生活的期盼。

一、城市自带使人幸福的公共性基因

乡村和城市是人类生活的两种社会形式。

人类社会有 300 多万年的历史，城市的历史已经有五六千年，不过在相当长的历史时期内，城市的发展十分缓慢，到 18 世纪中叶工业革命兴起时，人类的城市化水平仅仅增长了 3 个百分点，1750 年才达到 3%。所以美国政治学家塞缪尔·P. 亨廷顿指出在传统社会中，"无论在政治上还是在社会上，都是农村支配城市"。近代工业革命以后，城乡的关系出现了颠覆性的变化，发达国家的城市化水平从 1850 年的 11.4% 上升到了 1950 年的 52.1%，城市人口超过了农村人口，套用亨廷顿的说法就是无论在政治上还是在社会上，都是城市支配农村，在发达国家里城市起着主要的或第一位的作用。

城市同乡村不同。

乡村生活主要依赖自然禀赋、是对自然条件的直接改造利用，不仅衣食住行所需要的物质条件依赖于自然基础就是社会关系也是以自然的血亲家庭关系为主体，生活简单、封闭、自给自足，与此相应，在价值观念上具有"各人自扫门前雪，莫管他人瓦上霜"的自利性。

城市生活则更多地需要人对自然条件的再创造，正是在这种创造中形成了城市特有的生活方式、形成了城市人的价值观念、心理特征以及人际关系的特点、形成了城市性。城市能够使人更幸福地生活，同城市性在价值观念层面的表现即城市自身所具有的"公共性"有关。

人创建城市的动力是其价值的自为性，即是为了建立一个能够使自己更好、更幸福生活的社会形式。

城市的价值目标要通过城市的功能来实现。城市的功能就是城市对人的作用。人是人的活动，二者同构，对人的作用就是对人的活动的作用。人在城市中的活动是人的活动的具体形式，最具特性的是贸易活动。马克思在分析亚细亚所有制形态时谈到工商业与城市的关系，指出商业、贸易在城市形成中的重要作用："真正的城市只是在特别适宜于对外贸易的地方才能形成。"刘易斯·芒福德在他的《城市发展史——起源、演变和前景》一书中认为贸易是推动城市发展的最直接的动力。德国社会学家马克斯·韦伯指出古希腊罗马的城邦国家"最初都是海上贸易城市"。商业构成了城市的基础，"中世纪城市是手工业和商业的中心。"现代城市化进程源于欧洲工业革命，因而被称作"工业城市"，但商业的发展依然是城市发展的加速器。早期城市的生产具有"非自觉互利的自我目的性"即城市贸易是剩余产品的交换，自己的剩余产品恰好为他人所需要，因而满足他人需要并不是产品所有者的自觉选择，产品所有者生产的目的是满足自己的需要而不是交换。此后，城市生产的产品则是以交换为前提，因而有着明确的他人需要的自觉，是一种"自觉互利的自我目的性"生产。在这种"自觉互利"的生产活动中，人们通过交换实现互利。而为了保证交换的顺利实现需要订立契约，由此社会性的契约关系形成了。契约关系成为社会的基本关系。契约关系的实质是契约方作为平等的权利主体形成的互为权利主体的关系，是主体间的信用、自由、平等、互利的关系。契约关系通过契约的强制作用逐渐成为人们的行为自觉，使人们认同契约中的自由、平等、守信、互利的价值精神并内化为自我意识。契约精神一旦成为人们内在的自我意识，其彰显的价值目标就会成为人们的自觉追求，使契约具有了道德意义，道德化了的契约精神反过来又成为人们建立契约关系的价值导向。城市中的契约精神就其价值蕴含而言既有追求个人利益的一面又有超越个人利益追求公共利益的一面，是社会利益目标和个人利益目标的结合，表现为公共利益价值取向，是一种公共性。

在这里，公共性指重视个人利益、尊重个人权利，但又引导人们超越自我、关心公共利益目标旨在破除"零和博弈"实现共赢而提出的价值选择。这种公共性在城市中得到滋养并不断发展。

公共性承认人的行为的个人利益前提，但不归结为利己主义，肯定人的行为的利他动机，并且将其作为人应该有的善行；公共性认同他人利益，坚持对他人利益的平等尊重，但不否认人的行为的个人动机，并且认为正当的个人利益是道德上的善，认同共同利益。

公共性是一个历史的范畴。作为一种公共生活和公共活动、一种社会生活的现实，公共性在古希腊罗马时期就已经存在。但公共性的价值取向、作为一种明确的思想观念形成并自觉地对人的公共生活进行引导则发生在现代化、城市化过程中。就公共性内涵着的个体意识、个人权利观念的增强、价值多元社会反思性选择、社会管理模式的公共治理等要素而言，它只能是现代城市活动的价值取向。

城市的公共性蕴含使城市能够得到更好的发展：被《全球城市史》的作者乔尔·科特金称为"世界的珠宝盒"的威尼斯因其"与众不同的兼容并蓄的特点"变成了"欧洲最富有的城市"，阿姆斯特丹从13世纪的小渔村到17世纪初发展成"欧洲城市化程度最高的国家"要"归功于城市广大的多元化的人口"；城市的公共性蕴含也能够使个人得到更好的发展：美国哈佛大学的经济学教授爱德华·格莱泽指出城市是文化交流的中心，在交流中思想、观念的激情碰撞有助于激发人们的创新活力；城市所聚集的大量的社会资源为人们提供了合作的平台，借助这个平台人们放大了自己的能力、能够更大地实现自我价值，"城市提供了合作的可能，尤其是共同创造作为人类最为重要的创造的知识。……城市为那种能够让人们最大限度地发光发热的合作提供了可能。"

因而城市是让人们能够得到更大幸福感的社会。

二、公共性失落导致人的不幸

"幸福意味着人能够利用应得的资源朝向理想目标追求的过程及目标实现的满足感"，简言之，满足需要就是幸福，因而幸福是人的最根本的需要。人的活动的根本目的就是追求幸福，人们创造城市也是如此，城市的发展也确实使更多的人得到了幸福。

但城市化也出现了不同的问题即所谓"城市病"，让人们备受困扰。

人类社会进入城市化以来，城市的发展同资本主义的发展相互促进，在这个过程中，资本对财富的追逐、市场主体对利益最大化的竞争使得一些人的私欲膨胀，个人主义、利己主义成了城市社会主导的价值观念，人的利己的本性战胜了公共性，为了个人利益损害公共利益的现象严重存在：如环境污染生态失衡、贫富差距严重、种族歧视、社会排斥、损人利己等等，导致社会矛盾越来越突出，影响了城市的发展，影响了人们的幸福感。

历史总是有着更多的相似，西方发达国家的城市化问题在中国的城市化过程中也程度不同地存在。改革开放之后40年，城市发展增加了使人们幸福的因素，如物质生活水平大大提高、增强了人们的幸福感。但同时的确出现了让人们"感觉变糟"的情况，出现了所谓的"幸福悖论"。"幸福悖论"由美国南加州大学经济学教授理查德·伊斯特林1974年在《经济增长可以在多大程度上提高人们的快乐》中提出。其内涵包括：富裕国家人们的幸福感要高于贫穷的国家，收入的增加会使幸福感得到提高，但这种同步性会止于收入增长的某一点。收入水平的高低同幸福感的高低"没有明显的相关性。"就是说收入水平的提高并不必然增加人的幸福感，甚至会出现收入增加了人的感觉反而变差了这样的情况。

从联合国自2012年起每年发布一期的《全球幸福指数报告》和由新华社《瞭望东方周刊》、瞭望智库共同主办的"中国最具幸福感城市"调查推选活所提出的幸福指标、中国社会科学院《中国社会形势分析与预测》中影响居民生活质量的问题看，经济发展水平是决定人民生活是否幸福的基础，收入是幸福感的决定性因素之一，但不是唯一的因素。随着社会的发展那些非物质因素诸如环境、空气、食品安全、社会的公平、治安秩序、公共服务、社会和谐、人与人之间的友善等等对人们幸福感的影响往往越来越大。

在中国，一些人幸福感降低的原因一方面在某种程度上同人们对幸福理解的变化有关，即人们的欲求更高了，过去让人们满足甚至感到幸福的东西由于边际效应不再让人们满足、不再让人感到幸福了，但另一方面城市化过程中出现的一些问题确实无法使人感到幸福而毋宁说使人不幸，如社会分配不公这类关系民生的社会性公共问题；环境、生态破坏严重；人际关系疏离冷漠；社会治理效率低下、公务人员服务意识差；公共场所的不文明行为普遍存在；等等。这些问题有的是在现阶段经济社会发展、社会转型中难以避免的，需要靠发展、靠深化改革去解决，有的属于职业素质的问题，可以通过职业培训加以提高，但是许多问题包括上面提到的那些问题则往往同人们的公共伦理意识的缺失有关，一些导致公众不满、影响公众幸福感的问题从根源上来说程度不同地是公共精神缺失的问题、是人们违背公共精神的行为的结果。

公共伦理精神的失落使人失去了"追求实现'更好的城市'的理想"的观念支持，而无法承担起为自己建造幸福生活家园的责任。所以人的不幸是人的观念、价值、伦理道德遭到自己背弃的结果，人是人的不幸的原因。既然事关人们幸福生活的公共利益的实现需要人们的共同行动，那么保证人们的共同行动的善价值的公共伦理就是一个关系人们幸福的现实诉求。

三、建设公共伦理提高人们的幸福感

幸福是一种以道德的方式获得的需要满足所产生的主观体验，所以幸福和对象相关，连接人的主观幸福体验与影响幸福的对象性因素的"介质"是人的道德行为。因为一方面这些对象性的因素是人以道德的方式进行活动创造出来的，另一方面这些对象性的因素是社会的资源，要由社会进行分配，而社会只会把资源分配给那些按照社会的道德原则规范行为的人。所以，对于幸福而言道德具有工具的价值。以道德的方式创造价值、获取幸福是实现幸福的最可靠的方式。在城市中，幸福具有特殊性。在城市道德不仅是幸福主体获取资源满足需要得到幸福的条件，所谓有德之人才配享幸福而且是对象能够成为主体创造满足需要实现幸福的资源的保证，所谓城市创建具有自我目的性。因此，在城市，道德即公共伦理直接影响人们的生活幸福。

英国的功利主义哲学家密尔认为"美德是对幸福真正有益的东西"。一个健康的社会是有德之人创造并应该使有德之人得到幸福，也只有有德之人才配得到幸福的社会。

在城市，公共性更有可能使个人得到幸福，更有可能使一个城市增加幸福感，但公共性必须体现在行为中其对人和城市的幸福的作用才能得到体现。因此公共性要转化为人的行为的规范，这就是公共伦理，公共性需要向公共伦理转变。城市社会具有特殊性，有着特殊的社会结构、文化传统以及由此决定的特殊的行为方式，人们的城市生活幸福需要公共伦理的支持。

伦理道德是行为规范，人们按照一定的道德规范行为以协调相互间的利益关系、维系社会的秩序。伦理道德具有意识形态特点。所谓意识形态是指意识反映人们的利益要求又为人们的利益服务。伦理或道德作为行为规范是社会的要求，在阶级社会中社会往往是由统治阶级或者是管理者所代表的，所以社会道德就是统治阶级或者管理者的道德。但是城市是各种各样有着不同需要、利益要求、自然禀赋、能力、个性和理想的人们的聚集地，道德要协调多元利益主体的关系、进行社会整合从而促进社会发展不仅需要统治者或管理者所主张的伦理道德还需要多元利益主体形成共识性的伦理道德，需要公共伦理。

公共伦理是公共性的规范形式，指对"共识的认同"即对各自价值观中共有价值的认可，并以之作为人们在城市生活的规范原则。这种伦理观念涵盖着多元城市主体伦理道德的"最大公约数"：第一，最普遍的伦理主体，即是一种为最普遍的公众所认同的伦理道德；第二，最普遍伦理的客体，即最普遍的道德行为主体；第三，最普遍的道德对象，即受到伦理道德对待的对象是最普遍的公众，是一种"公共伦理"。

建设公共伦理具有现实的必要性。20世纪60年代以来在西方出现的所谓"后现代主义"认为作为现代性特征的普遍性、一元性、同一性、确定性等已经失去了合法性，应该用特殊性、多元性、差异性和变异性等代替，肯定和崇尚特殊性、多元性、差异性和变异性，把特殊性、多元性、差异性和变异性等等强调到了极端，个人利益、个人权利成了人们行为的终极目标。

当代社会一些人私欲膨胀，相互倾轧、为了个人利益不择手段，对他人、对公共利益的冷漠、侵害的现象确实严重存在，结果是个人利益往往并不能如愿实现，人们常常陷入"零和博弈"的状态，循环往复，一些人的幸福快乐总是伴随着另一些人的不幸痛苦。正是在这个过程中人们认识到了公共利益目标的重要、认识到遵循公共利益行为准则尊重他人利益、尊重公共利益之于个人利益实现、社会发展的重要，美国社会学家帕森斯就指出"必须有一些价值体系是共有的，必须有一个共同的价值体系。"即社会需要一种共识性的道德、共识性的价值，没有一种能够整合社会成员行为的道德、价值共识，"如果这种共识瓦解的太彻底，所得到的惩罚是社会的灭亡。"

公共伦理能够成为价值共识，在于其所具有的特性：

价值融合性。即公共伦理具有弱意识形态的特点，反应的是社会成员的共同利益、是不同阶级阶层、不同职业行业、不同利益诉求的人们通过理性认知、生活体验、沟通协商而形成的共有价值，是共有价值的规范性表达，因而有着普遍的规范作用，在多元社会中能够协调社会的整体行动；

认同的普遍性。从文字上说认同有肯定、赞同、认可之意，从社会意义看则是个人对于其所从属的群体的价值的重要性的体认，对群体价值重要性认同的个体或社会成员是普遍的；

个体参与行为的直接性。人们认同公共利益必须体现在促进公共利益实现的行为上。个体对公共事务的直接参与，使公共伦理有着最大的对个人的行为的动员能力，是价值融合、认同的普遍的行为体现。

目标的协商性。市民参与公共事务往往采取共同行动的方式，每一具体关涉公共利益问题的解决都会有具体的目标诉求，为了实现目标需要有共同的行动规则，这种行为规则的形成往往是市民协商（通过沟通、让步、妥协）的结果。协商性是公共伦理作用的机制。

支持的制度性。一方面，法律制度本身就是最低限度的道德，具有对人的行为的直接规范性。另一方面，人的伦理道德行为的自觉往往来自由于法律规范的强制作用形成的行为习惯。

这些特性使公共伦理体现着普遍的市民个体对彼此共同利害的自觉。

公共性价值取向可以在三个层面得到表现：个人、社会、和政府。

个人是公共生活、公共活动的主体，满足个人的利益需要也是公共生活、公共活动所要争取的公共利益的目的；社会组织是个人和政府之间沟通的桥梁，是个体活动的组织形式，也是公共活动利益诉求的最有力的表达形式；政府是社会资源的掌控和分配者，也是市民公共利益诉求的对象和公共利益实现的担当。

与公共性的三个层面相对应，公共活动的伦理规范也分为三个层次：第一个层面是市民个体：尊重彼此权利，利益分享：这一系列行为规范主要包括友善包容、诚实守信、互助分享等；第二个层面是市民社会：维护公共利益，利益共享：包括协商共识、共同行动、公益慈善等；第三个层面是政府：优化服务，取信于民：包括公平、廉洁、责任和效率等。

现代城市社会是法治社会，法律是整个社会运行必须遵守的规则也是最基本的公共伦理规范。因此公共伦理首先和基本的要求就是要敬畏、遵守法律。

法律和道德有联系、有一致性，但二者有区别，是两种不同的行为规范。这种区别最基本的是二者作用的机制不同。法律对人的行为的规范作用是要依靠国家权力的强制，而道德主要是要通过社会舆论、风俗习惯、人的良心的作用，是在对道德规范认同的基础上的自觉践行。对道德规范的认同源自人们对其认知和理解，因此道德的本质是教育。在这个意义上。要解决城市公共生活中的问题、增强人们的幸福感一个重要的方式就是提高人们的公共伦理自觉，用公共伦理维系社会的生活秩序。所以城市要成为人们幸福生活的家园，公共伦理建设是必需的构成要素。

公共伦理建设是一个系统，包括：

第一，公共伦理建设的目标：自律人格和品质；

第二，公共伦理教育主体：在网络条件下、在融媒体时代任何人——政府、组织、企业或个人都可以成为道德教育的主体，不过，在一个多元的社会中，政府依然是公共利益的主要代表、依然是社会治理的主导方面，因此，在进行公共伦理道德的教育中应该承担主要责任。"任何形式的政府所能拥有的最重要的美德就是去推进这些人民的德性和智性。"

公共伦理教育的内容：公共伦理道德意识的培养提高是基本内容，同时要进行公民意识、共同体意识、权利意识的教育，这是公共伦理道德规范概括的依据，因而在一定的意义上也更为根本。

公共伦理教育的方法：主要包括：知情意行交互促进、热点事件教育、典型事例示范等方法。

第三，网络成为公共伦理建设的新形式：道德在传统社会和现代社会中的不同境遇：道德在传统社会有着巨大的权威，现代城市社会人们失去了对道德的敬畏，道德对人的规范作用大大减弱。信息时代网络空间使道德获得了新能量，网络成为公共伦理建设的新形式。但是对于公共伦理道德而言，网络是把双刃剑，要加强网民的网络道德的自律，加强对网民的伦理道德教育。

第四，打造有利于公共伦理发展的制度环境。

智慧城市：公共伦理城市发展的实践展望。

第一章　城市创建的价值追求

人类生活是一个由乡村主导到城市主导的发展过程，中国也是如此。

城市是人的创造性的体现，而人创建城市的活动具有合目的性即价值追求。价值追求的目标就是要更好的生活。刘易斯·芒福德在《城市发展史——起源、演变和前景》中认为乡村生活是一条"以饮食和生育为宗旨的轨道"，城市则要"急骤扭转"这种生活，"去追求一种比生存更高的目的。"他通过对城市起源的研究认为在城市最初的萌动时期就已经表达了人们对于一种"更有意义、更美好生活的共同向往"[①]。亚里士多德认为城市是一种发展的理想状态：第一，城市是社会生活的最高形式："等到由若干村坊组合而成为城市（城邦），社会就进化到高级而完备的境界，在这种社会团体以内，人类的生活可以获得完全的自给自足"；第二，城市的发展承载着人们的生活希望："我们也可以这样说：城邦的长成是出于人类'生活'的发展，而其实际的存在却是为了'优良的生活'。"[②] 人们来到城市是为了生活而且是为了生活得更好，或者说更幸福地生活。换言之，人的活动的目的是要追求更好的、更幸福的生活，而城市比较乡村是一个更有利于让人们更好、更幸福生活的形式：人们创造城市具有自为的价值，城市能够使

---

① ［美］刘易斯·芒福德：《城市发展史——起源、演变和前景》（中文），中国建筑工业出版社 2005 年版，第 31，7 页。

② ［希］亚里士多德：《政治学》（中文），商务印书馆 1983 年版，第 7 页。

人得以更好地发展、使人的自我价值得到更好的实现。

第一节　创建城市的动力

乡村和城市是人类生活的两种社会形式。

城市同乡村不同，乡村生活依赖自然禀赋、是对自然条件的直接改造利用，不仅衣食住行所需要的物质条件依赖于自然基础就是社会关系也是以自然的血亲家庭关系为主体，相应的在价值观念上具有"各人自扫门前雪，莫管他人瓦上霜"的自利性。

城市生活则需要人对自然条件的再创造，正是在这种创造中形成了城市特有的生活方式、城市人的价值观念、心理特征以及人际关系的特点、形成了城市性。对此马克思在指出："城市本身的单纯存在与仅仅是众多的独立家庭不同。在这里总体并不是由它的各个部分组成，它是一个独立的有机体。"[1]

人类社会有 300 多万年的历史，城市的历史已经有五六千年，不过在相当长的历史时期内，城市的发展十分缓慢，到 18 世纪中叶工业革命兴起时，人类的城市化水平仅仅增长了 3 个百分点，1750 年才达到 3%[2]。所以亨廷顿指出在传统社会中，"无论在政治上还是在社会上，都是农村支配城市""在绝大多数传统社会里城市起着次要或第二位的作用"[3]。

近代工业革命以后，城乡的关系出现了颠覆性的变化，城市逐渐取代乡村成为社会的主导力量、支配着社会的发展。

工业革命促进了城市的快速发展，从 1750 年到 1950 年的 200 年间，世

---

① 《马克思恩格斯全集》第 46 卷·上，人民出版社 1979 年版，第 480 页。

② 新玉言主编：《国外城镇化：比较研究与经验启示》，国家行政学院出版社 2013 年版，第 2—3 页。

③ ［美］塞缪尔·P. 亨廷顿：《变化社会中的政治秩序》（中文），三联书店 1989 年版，第 67 页。

界城市化水平提高了 26 个百分点，从 3% 提高到了 29.2%。其间一些欧美国家先后加快了城市化的步伐，英国的城市人口比重在 1861 年已经达到 50%，到 1914 年英国的城市化水平达到 70%，到 1950 年英国的城市化水平已经高达 82%，实现了高度城市化。其他的一些发达国家同期的平均城市化水平达到 53%①，瑞典为 65.7%，美国为 64.2%，加拿大为 60.9%，法国为 55.2%，德国为 54.7%，意大利为 54.1%，西班牙为 51.9%。② 城市人口已经超过了农村人口。套用亨廷顿的说法就是无论在政治上还是在社会上，都是城市支配农村，在发达国家里城市起着主要的或第一位的作用③。

表 1-1　19 世纪中期欧美国家城市与农村的人口

国家	总人口（百万）	农村（%）	城市（%）
英国（1851）	18	48	52
法国（1851）	36	75	25
俄国（1851）	59	93	7
美国（1850）	23	87	13
德国（1871）	41	64	36

资料来源：[法] 米歇尔·博德：《资本主义史 1500—1980》，东方出版社 1986 年版，第 111 页。

一、城市代表了人类文明进步的方向

随着城市的发展、城市化程度的提高，对城市的研究就成为必然。20 世

---

① 新玉言主编：《国外城镇化：比较研究与经验启示》，国家行政学院出版社 2013 年版，第 2—3 页。

② 新玉言主编：《国外城镇化：比较研究与经验启示》，国家行政学院出版社 2013 年版，第 24 页。

③ [法] 米歇尔·博德：《资本主义史 1500—1980》，东方出版社 1986 年版，第 111 页，转引自高国鉴：《新马克思主义城市理论》，商务印书馆 2006 年版，第 46 页。

纪初期城市研究已经成为专门的领域。城市是什么？是城市研究者们必须要进行思考的问题，回答则是众说纷纭。国外的研究者如开创了城市社会研究先河的美国的芝加哥学派代表人物路易斯·沃思认为：城市是大量异质性个人聚居的永久性居民点①。这里沃思提出了城市的三个特征：第一，规模大，人们之间存在多方面、多样性的联系，交往具有非个人性；第二，人口密度高，拥有相似背景的人居住在同一区域，而形成对另一些人的排斥；第三，城市居民具有异质性，人们的身份、地位不同，导致了他们在道德观、价值观上的差异，金钱成为重要的价值标准。芒福德指出城市是人们的定居、生活之地：是"牢固避身所和永久性设施"；是进行市场交易的经济活动的场所："一个城市的基本物质方式（含义）是作为聚集、交换和贮存的固定场地"；还是一种支持经济活动和文化生活的社会形式："城市的基本社会方式（含义）是服务于经济生活和文化进程的社会性劳动分工。"他概括说："城市从完整意义上来说是一种地理网络，一种经济组织，一种制度性进程，一个社会行为的场所，和一种集体性存在的美学象征。一方面它是日常家庭和经济活动的物质框架，另一方面又是为人类文化更有意义行为和更崇高冲动而形成的一种令人关注的环境"②，由此从文化的层面揭示了城市的内涵。

同西方发达国家相比，中国城市化的步伐比较缓慢，1979年城市化率只有18.96%，到了2011年才超过了50%，城市人口第一次超过乡村人口（但是一直到2016年户籍人口城镇化率才达到的41.2%）。受此制约城市化理论的研究起步较晚。同西方的研究者相似，中国学者对城市的研究也有着从注重探讨城市特质入手的思路，如南京大学教授宋家泰等编著的《城市总体规划》中对城市的定义是：城市应该是非农业人口集中，以从事工业、商业、交通等非农业生产活动为主的居民点，是一定地域范围内社会经济和文化活

---

① Louis Wirth, Urbanism as a Way of Life, American Journal of Sociology, 1938, 参见 [美] 布莱恩·贝利：《比较城市化》（中文），商务印书馆2010年版，第16—18页。

② Lewis Munfofd, The Culture of Cities, London: Martin Secker & Warburg Ltd, 1938, p. 480. 转引自高国鉴：《新马克思主义城市理论》，商务印书馆2006年版，第77—78页。

动的集中点,是区别于比较单一而分散的农村居民点的社会空间结构形式。四川大学教授何一民则将城市概括为:"人类文明的产物,是以非农业产业和非农业人口集聚形成的较大居民点,是国家或地区的政治、经济、文化、教育、交通、金融、信息的中心,是人类社会前进的动力。"①

有着不同的文化传统、社会生活环境,处在城市化发展的不同阶段的研究者们对城市特质的理解视角不同,既有一致之处又各有侧重,并没有一个定义能够被研究者们普遍接受,所以给城市下定义成了一个"著名的难题"。

一个事物的定义是人们对这一事物的本质属性的认识,城市的定义难以被普遍接受说明人们对它的本质的认识没能达到完全一致,正如刘易斯·芒福德所说"人类用了5000多年的时间,才对城市的本质和演变过程获得了一个局部的认识",要"完全弄清它那些尚未被认识的潜在的特性",也许需要更长的时间②。所以在有关城市的研究中一些研究者并不执着于仅仅从理论上对城市进行定义式的概括,甚至有学者认为从研究方法来说,界定"城市"和"乡村"是没有价值的:用语言来表述,诸如这一类"城市"和"乡村",这些曾一并用来归类的地方现在已经失去其研究方法上的价值③。人们转而更多地从经济学、社会学、地理学、建筑学、系统学、人口学的角度以及从城市的功能上去认识和解释城市,其中认为城市是人类社会发展动力的观点成为人们比较普遍的观念:在刘易斯·芒福德看来城市在其出现的过程中就展示出了一种"蓬蓬勃勃的活力因素",一种"个人的进取精神",这样的因素、精神使得城市能够以一种"超乎人的明确意图的形式发展着人类生活的各个方面。"④"城市的发展过去是,将来仍然是人类文明进步的方

---

① 何一民:《中国城市史》,武汉大学出版社2012年版,第4页。
② [美]刘易斯·芒福德:《城市发展史—起源、演变和前景》(中文),中国建筑工业出版社2005年版,第2页。
③ [美]马克·戈特迪那纳:《城市空间的社会生产》(中文),江苏教育出版社2014年版,第8页。
④ [美]刘易斯·芒福德:《城市发展史——起源、演变和前景》(中文),中国建筑工业出版社2005年版,第33—34页。

向和动力。"① 美国哈佛大学的教授爱德华·格莱泽历数了城市发展对社会发展的推动：佛罗伦萨的兴起推动了欧洲的文艺复兴，伯明翰的发展带来了工业革命，当代则是伦敦、班加罗尔这样的城市成了"创新的发动机"，而创新正是现代社会发展的最重要的推动力②。列宁指出："城市是经济、政治和人民精神生活的中心，是前进的主要动力。"③ 马克思恩格斯分析了城市之所以具有对社会发展的巨大推动作用的原因，将其归结为城市所具有的聚集效应："城市本身表明了人口、生产工具、资本、享乐和需求的集中。"④ 这种聚集效应形成了新的生产力，使城市成为新的生产力的代表，加速了社会的发展。

二、创建城市的幸福诉求

按照马克思主义的基本观点，人的需要是社会发展的最根本的动力：人的"吃喝住穿"的需要推动了人们去进行生产活动即"生产物质生活本身"，生产满足这些需要的物质资料的活动是"一切历史的一种基本条件"，也是人的"第一个历史活动"，即创造历史本身。"已经得到满足的第一个需要本身、满足需要的活动和已经获得的为满足需要而用的工具又引起新的需要。"⑤ 需要推动了人们的创造活动，人的创造是为了满足人的需要，满足人的需要就是人的活动的目的、目标。而人的需要是多方面、多层次的。

美国心理学家亚伯拉罕·马斯洛提出了人的需要的层次理论，指出人的需要有生理需要；安全的需要；归属和爱的需要；尊重的需要；自我实现的需要、对认识和理解的欲望、对美的需要等不同层次。按照马斯洛的观点，

---

① 参见新玉言主编：《国外城镇化比较研究与经验启示》，国家行政学院出版社 2014 年版，总序第 1 页。
② ［美］爱德华·格莱泽：《城市的胜利》，上海社会科学院出版社（中文）2012 年版，第 1 页。
③ 《列宁全集》第 19 卷，人民出版社 1972 年版，第 264 页。
④ 《马克思恩格斯选集》第 1 卷，人民出版社 1972 年版，第 56 页。
⑤ 《马克思恩格斯选集》第 1 卷，人民出版社 1972 年版，第 32 页。

生理需要是人的需要中的最基本、最强烈、最明显的一种。他认为如果一个人同时缺少食物、自尊和爱，那么他首先要求的是食物；如果这一需求没有得到满足，那么其他的需求就会被他无视或把所有都推到后面去。"如果一个人极度饥饿，那么，除了食物外，他对其他东西会毫无兴趣。他梦见的是食物，记忆的是食物，想到的是食物。他只对食物发生感情，只感觉到食物，而且也只需要食物……。"① 在基本的生理需要得到满足之后，人们才会产生安全的、归属和爱的、尊重的和自我实现的需要。尽管马斯洛自己提醒人们不要过于拘泥地理解需要的这种层次，但人的需要确实往往呈现这样的顺序，所以他的理论得到了广泛的承认。

在人的多方面、多层次的需要中，需要的实现具有总括性，实现需要的需要是人的最根本的需要，这种需要就是幸福。所谓幸福"意味着人能够利用应得的资源朝向理想目标追求的过程及目标实现的满足感"，简言之，满足需要就是幸福，因而幸福是人的最根本的需要，人的活动的根本目的就是追求幸福。古希腊哲学家德谟克里特认为：对人，最好的是能够在一种尽可能愉快的状态中过生活，并且尽可能少受痛苦，因为生活的目的是快乐和幸福②。英国哲学家大卫·休谟将追求幸福看成是人基于内在情感而进行的选择："为了给予有用的而非有害的趋向以一种优先的选择，在此就必须展现出一种情感。这种情感不可能是别的，只能是一种对人类的幸福的同情和对人类苦难的愤恨，……。"③ 所以，如洛克所说，人们追求幸福具有正当性："寻求幸福和避免不幸对人来说是正当的事情。"每个人都在不断地追求幸福，向往使人幸福的事情④。恩格斯指出："在每一个人的意识或感觉中都

---

① 见［美］弗兰克·戈布尔：《第三思潮》（中文），上海译文出版社1987年版，第40—47页。
② 参见［美］弗兰克·悌利：《伦理学导论》（中文），广西师范大学出版社2002年版，第105页。
③ ［英］休谟：《道德原则研究》（中文），商务印书馆2004年版，第138页。
④ 参见［美］弗兰克·悌利：《伦理学导论》（中文），广西师范大学出版社2002年版，第106页。

存在着这样的原理，它们是颠扑不破的原则，是整个历史发展的结果，是无须加以论证的……例如，每个人都追求幸福。"① 人的社会活动是为了追求幸福，因而幸福是人的活动的目的、是人的最根本的需要，需要推动了人的活动，那么按照马克思的观点，城市依靠"集中需求"的支持，人的"需求"即幸福也就是列宁所说的城市创造发展的动力，所以人的幸福就是人类创造、发展城市的诉求。

人们创建城市、到城市生活是为了过一种更加"优良的生活"、一种幸福的生活。为此，城市的人口才会越来越多，城市化率才会越来越高：按照联合国经社理事会的估计，2008 年人类历史上第一次城市化水平超过 50%，发达国家在 1950 年城市化水平就达到了 53%，欠发达国家到 2019 年城市化水平也将达到 50%，而在欧美的一些高度城市化的国家，如英国，在 1950 城市化率就超过 80%，美国也达到了 64%。联合国人居署发布的主题为"城镇化与发展：新兴未来"《2016 年世界城市状况报告》指出，截至 2015 年底，居住人口超过 1000 万的"超级城市"数量已从之前的 14 个增加到 28 个，联合国副秘书长、人居署现任执行主任克洛斯指出，无论是国内还是国际移徙，95% 的人都出于经济原因或者为追求更好的生活而进入城镇地区。

事实上城市生活确实使更多的人有了幸福感。在一个国家内城市化的程度越高国民幸福感的占比往往也越高。有资料显示，城市人口占多数的国家的居民的幸福感更高："在城市人口超过 50% 的国家，有 30% 的人口认为他们非常幸福，有 17% 的人口认为他们不是很幸福或者一点也不幸福。在农村人口超过 50% 的国家，有 25% 的人口认为他们非常幸福，有 22% 的人口认为他们不幸福。"就一个国家而言，人们对生活的满意度也是随着城市人口比例的提高而提高的②。

城市化是工业发展、非农产业在城市聚集、人口向城市转移的自然过

---

① 《马克思恩格斯全集》第 42 卷，人民出版社 1986 年版，第 373—374 页。
② ［美］爱德华·格莱泽：《城市的胜利》（中文），上海社会科学院出版社 2012 年版，第 7 页。

程，中西方的城市化都是如此，但城市化在中国有其特点，其中最突出的一点是城市化的方式是"市场推动、政府导向"相结合的方式①，是"政府推动"和"市场拉动"的双重动力机制结合的方式②。国家力量、政府行动在城镇化进程中发挥着十分重要的作用。中共十八大报告指出建设新型城镇化的道路是"坚持走中国特色新型工业化、信息化、城镇化、农业现代化道路""走集约、智能、绿色、低碳的新型城镇化道路"，而新型城镇化的核心价值就是"以人为本"、追求人的自由全面发展的城市化。2013 年 12 月 12 日至 13 日在北京举行中共中央城镇化工作会议提出要"以人为本，推进以人为核心的城镇化，提高城镇人口素质和居民生活质量"。人民对美好生活的向往，是共产党和政府的奋斗目标，当然也是城镇化的目标。

第二节　人创建城市的自为价值

人创建城市的动力的实质是其价值自为性。人创建城市是为了建立一个能够使自己更好、更幸福地生活的社会形式，具有自为的价值。

价值是客体的属性对主体需要的效用，客体能够满足主体的需要就具有正价值，阻碍主体需要的满足就具有负价值。显然，价值产生于主、客体的关系中，是一个关系范畴。在价值关系中，人是主体，人的实践活动的对象是客体，对象能够满足人的需要就对人具有价值，构成了价值载体，成为价值客体，人则成为被客体满足的主体。但对象能够被人所需要不是它的自然呈现，而是人以自己的需要为目的对其进行加工改造的结果，即"人的类的生活的对象化"③，这种目的性是人的活动的本质特征：在社会历史领域内进行活动的都是具有明确意识、深思熟虑或凭激情行动的、追求某种目的的

---

① 黄锟：《中国城镇化的特殊性分析》，见《中国城市发展研究》2011 年第 8 期。

② 钱振明：《中国特色城镇化道路研究：现状及发展方向》，《苏州大学学报》2008 年第 3 期。

③ 马克思：《1844 年经济学哲学手稿》，人民出版社 1979 年版，第 51 页。

人，"任何事情的发生都不是没有自觉的意图、没有预期的目的的。"① 人通过自己的活动创造价值，所以人具有创造价值的价值，在这个意义上人又是自己的客体，因此人是一种自我主客体。就是说人的活动就是为了人本身，以人为目的。城市是人的创造，人创造了城市，正如《全球城市史》的作者世界经济和社会问题专家乔尔·科特金所说：城市是一种"人造环境"，是人类所缔造的最伟大的成就，代表了人类作为一个物种具有想象力的恢宏巨作，他表明了人类具有能够以最深远而持久的方式重塑自然的能力②。人对自然"重塑"是以人的自身的需要为尺度，目的是为了满足自身的需要，所以城市是人为了人自身而创造的，是人的价值的自我实现。

一、自为价值的环境塑造

人创建城市的重要方面是创建适合人的发展的外部环境。

物质财富、制度条件、有效的管理是人创建城市的外部环境，能够适应人们最基本需要的外部环境给人们更好、更幸福生活的追求提供了支持。乔尔·科特金认为这样的环境包括安全、秩序和经济发展："神圣、安全和繁忙"三个方面。他通过对城市发展史的研究发现那些发展兴盛的城市是因为有三个关键因素：即"地点的神圣；提供安全和规划的能力；商业的激励作用。"③ 所谓"地点的神圣"指从城市管理的角度所需要的道德规范和社会秩序，用以满足人们协调相互关系、共同行动、维系共同体存在。之所以将其表述为"地点的神圣"是因为在城市发展的早期，规模大、耗时久的城市建设需要应对社会的复杂的管理和对自然界的更有支配力的关系，事实上承担着这一重塑自然活动的社会管理工作的是祭司："祭司阶层成为新的城市

---

① 《马克思恩格斯选集》第 4 卷，人民出版社 1972 年版，第 243 页。
② ［美］乔尔·科特金：《全球城市史》（中文），社会科学文献出版社 2006 年版，序言第 2—3 页。
③ ［美］乔尔·科特金：《全球城市史》（中文），社会科学文献出版社 2006 年版，序言第 5 页。

秩序的主要组织者。"祭司们通过阐释那些神圣法则、完善礼拜体系，"在复杂的大型公共活动中规范很多往往看似无关的人们的活动。"所以，在城市的发展中宗教扮演了重要的作用，神庙主宰了早期的"城市轮廓"①，赋予了城市规范与秩序，如果"一个没有道义约束或没有市民属性概念的城市即使富庶也注定会萧条和衰退。"② 所谓"提供安全和规划"指城市要通过有效的管理给人们提供安全保障，满足人的安全需要，要使生活在城市中的人们没有安全之虞。城市的形成往往是人们要为自己创造一个能够逃避外族掠夺或社会动乱的避难之地，如果城市不能给人们提供安全保障，人们就会移居到另外更为安全的地方，这时城市就不可避免地要走向衰落。所以科特金指出"城市首先而且必须是安全的"。③"商业的激励"指城市"需要一个有活力的经济"④，以满足人们的生活需要。因为城市中大规模的人口的长期生存需要有足够的资源来维系，而商品交换刺激了人们的求利的欲望，打破了自给自足形成的生产的局限，提高了人们生产的积极性，有利于丰富城市的物质资源，满足城市人口的需要。

科特金认为这是城市赖以成功的三个功能：在这些因素共同存在的地方，城市就兴盛发展，否则，城市就会淡出以致被历史所抛弃。之所以如此原因在于它们是人的自为价值实现的最基本的条件，是滋养城市发展的不竭的源泉，因而具有普遍意义。这些因素不仅是西方国家城市发展的关键，也是中国城市发展的关键。

中国考古学家张光直指出中国城市的源泉是作为"政治工具"而得到发

---

① ［美］乔尔·科特金：《全球城市史》（中文），社会科学文献出版社 2006 年版，第5—6 页。

② ［美］乔尔·科特金：《全球城市史》（中文），社会科学文献出版社 2006 年版，前言第 4 页。

③ ［美］乔尔·科特金：《全球城市史》（中文），社会科学文献出版社 2006 年版，序言第 5—6 页。

④ ［美］乔尔·科特金：《全球城市史》（中文），社会科学文献出版社 2006 年版，序言第 6 页。

展的："中国初期的城市，不是经济起飞的产物，而是政治领域中的工具"①，但尽管如此，城市建设同样体现着人的自为的价值，有着对安全、秩序、经济等人的基本需要的考量。据对考古发掘的史料进行的研究显示中国的史前城市"大都有出于守卫上的需要而构筑的防御性设施——城墙"，以"防范凶猛野兽的侵扰""抵御其他部族经常性的侵犯活动""具有一定的宗教文化中心和财富中心功能"②。中国经济史专家傅筑夫教授认为从城市的起源上来看，中国古代的城市"都是为了防御和保护的目的建立起来的。"③ 中国的早期城市的修建（夏商周）同国家形成有关，统治者重视修筑城市是要"筑城以卫君，造郭以守民"；"宫殿建筑及其他政治机构建筑成为城市的主体，城市规划受政治因素很大的影响"，体现着奴隶制的等级尊卑制度和宗法礼教思想；城市的发展使社会结构发生了变化，"士和工商业者成为城市人口的主体"，出现了城市文化空前繁荣、"百家争鸣"的局面④。中国的城市的形成在方式上虽然同西方一些国家有区别，但内在的自为价值却是一致的，表明规范秩序、安全和繁荣的经济文化这些基本价值对城市发展有着本质上的支持作用。

科特金认为规范与秩序、安全保障、商业的激励不仅是城市发展之初决定城市的全面健康发展的三个关键因素，也是当今世界城市发展的关键因素、"共性"：全世界的城市都在按照"治安警力、商务中心、宗教设施。"这种同样的方式运作，"今天，全世界各色各样的城市均程度不同地演绎着这些功能"，今天成功的城市化区域也必定是古老原则的体现——神圣、安全和繁忙的地方⑤。加拿大著名的城市规划师简·雅各布斯恰好回应了乔尔·科特金的观点。她在《美国大城市的死与生》一书中指出，在城市中活

---

① 张光直：《关于中国初期"城市"的概念》，见《文物》1985 年第 2 期。
② 何一民：《中国城市史》，武汉大学出版社 2012 年版，导论第 12—13 页。
③ 傅筑夫：《中国经济史论丛》上册，三联书店 1980 年版，第 231 页。
④ 何一民：《中国城市史》，武汉大学出版社 2012 年版，导论第 12—22 页。
⑤ ［美］乔尔·科特金：《全球城市史》（中文），社会科学文献出版社 2006 年版，前言第 2—3 页。

动着的是许许多多的陌生人，任何一个个人在大城市中碰到的陌生人都要多于他认识的人，不仅在公共场所如此，在家门口也往往如此。即使是相邻的居民，也会是陌生人。她指出在这种情况下，街头暴力事件、深夜听到的有人被袭击时发出的尖叫声，就会让人感觉恐惧。一旦恐惧产生，人们就会选择逃离城市。所以她强调城市管理的重要，认为一个成功的城市地区的基本原则是"人们在街上身处陌生人之间时必须能感到人身安全，必须不会潜意识感觉受到陌生人的威胁。"她认为，如果一个城市不能让它的居民有安全感，这个城市的其他方面也会同样的糟糕①。

雅各布斯同样肯定了商业和经济的繁荣对城市发展的重要作用。在她看来，城市天然地具有多样性，能够催生出有各种各样新思想和新企业包括成千上万个小企业。她指出，商业上的多样性无论从经济上还是从社会的角度对城市发展都有着重要影响。因为一个城市商业生活的丰富多彩必然会带来城市的其他方面的生活的活跃。而城市生活的丰富多彩会吸引众多的兴趣、品位、需求、感觉和偏好不同千姿百态的人口到城市生活，因此带来了城市的蓬勃发展②。而这些要素是人的生存、生活的最基本的需要，人们发展城市塑造出有利于满足人的需要的环境，所以，城市是属人的，人创造的城市是对人的自身价值的提高。

二、自为价值的主体培育

人创建城市的行为是为了使自己更好、更幸福地生活，在这里，创建城市的行为是实现人更好、更幸福地生活的手段、工具，是满足人更好、更幸福地生活需要的客体，但人作为价值客体的价值在于其创造行为，在于其创造价值，实际上是人作为行为主体以其创造价值的行为成为价值客体并以创

---

① ［加］简·雅各布斯：《美国大城市的死与生》（中文），译林出版社 2006 年版，第 26 页。

② ［加］简·雅各布斯：《美国大城市的死与生》（中文），译林出版社 2006 年版，第 129—136 页。

造价值的大小决定了自身价值的大小。所以人的行为能力、创造能力是人的价值的源泉。城市化的为人属性集中体现为对人素质、能力的培养。人的素质、能力的提高能够增强人自身的创造能力，进而能够更好地创建城市，使城市能够提供给人们更好的生活。

1. 兴办教育，破除宗教束缚，提高人的素质能力

人的创造能力的形成培养是人的自为价值实现的前提，而人的创造能力的有无、大小决定于人的知识技术水平，人的知识技术的提高则取决于教育。所以教育为人更好地发展自己所必须，人因为接受教育、获取知识而有能力成为更好的自己，也才能够为自己创造更好的生活。城市在兴办教育、传授知识、开启民智方面做出了重要贡献。在欧洲，城市建立世俗学校，培养了人们世俗精神。欧洲具有宗教文化传统，公元 392 年，基督教被正式宣布为罗马帝国的国教，此后在整个中世纪宗教神学在精神思想领域占据着统治地位。宗教神学宣扬神具有最高价值、宣扬天国幸福，否定人的价值、否定人的尘世生活的意义，教会控制学校，教育为教士所垄断，学校就是传播宗教神学的所在。从 12 世纪中叶开始，城市市政当局为市民阶级的儿童建立世俗学校。在和教会的斗争中，市政当局牢牢地掌握了对学校的控制，确保了自己对学校的领导。通过学校教育，市民们学会了读和写，能读会写便于他们的商业活动，满足了他们日常的生活需要。不仅如此，从 13 世纪初期开始，城市还在行政事务中越来越多的使用本国方言（之前使用的都是拉丁语），这是城市世俗精神的体现。由于这种世俗精神，使得欧洲中世纪的市民表现出了明显的反宗教倾向，形成了对正统宗教的偏离，为其后的文艺复兴和宗教改革准备了条件①。而经过文艺复兴，人文精神得到发展，人们肯定了人自身的价值、肯定了世俗生活的意义。

大学的建立为人的素质提高、能力培养起到了关键性的作用。城市是人

① ［比］亨利·皮雷纳：《中世纪的城市》（中文），商务印书馆 1985 年版，第 141—143 页。

口聚集的地方。各类精英聚集于此方便交流思想、传播知识，使城市成为文化交流的中心，在这种交流中孕育出欧洲最早的大学。在中世纪"信仰高于科学"，宗教神学严重地阻碍着科学的发展和知识的进步，限制了人的发展。最早的大学具有行政当局或教会通过批准特许状获得免税、免服兵役、免受地方司法惩办、享受特殊法律保护的权利等特权，事实上是具有"自由特权"的组织。学校自主管理，自主设计课程，使得他能够在的教会的监督和束缚下，保证教师"有权讲授他认为是真理的东西"，在这个过程中发展出人们的开放意识和自由精神。所以欧洲早期的大学是 11 世纪西欧新兴商业城市发展过程中，市民阶级中的知识分子为了自身的发展而建立起来的学术组织。从文艺复兴开始，大学冲破了经院主义神学的壁垒，将人文主义纳入了授课内容，为大学引入自然科学、确立科学研究的职能创造了条件。崇尚人文精神、勇于科学研究，使大学培养出了具有人文科学素养、创造能力的人才。大学教育塑造的理性精神促进了欧洲近代科学的发展，影响了资产阶级革命，促进了社会的文明进步。

2. 自由从身份到观念，增强了人的自我目的意识

自由对人具有最高的价值，人们创造城市就是争取更多自由的过程。

所谓自由就是在一定条件下人按照自己的意志决定自己行为的选择。人因为有自由才能够使自己的意志对象化，使对象按照自己的需要发生变化满足自己的需要，使人成为主体。所以自由发展是人追求的目标。但是，人是社会的人，同他人形成一定的联系组成社会共同体是人的存在状态，也是人的自由选择的现实条件，因此个人自由总是要受到他人自由的限制，相互冲突难以避免。如果个人之间的冲突不能得到有效的控制和解决必将导致所有人的自由都无法实现。在这种情况下，一种能够使人们必须服从、协调人们行为的力量就成为必要，这就是管理权力。管理权力通过制度规范规定了人们的行为边界，将个人在自由限制在一定的界限内，以避免相互间的冲突，从而保证了每个人的自由。显然，这样的自由是有限的，有限度的自由是人的自由的特征。问题在于在阶级社会中，统治阶级和被统治阶级在利益上是对立的，统治阶级把管理权变成了统治权，为了自己的利益将权力由对人们有限自由的保障变为对被统治阶级的自由的剥夺。而在城市中城市的特质使人们可以享有更多的自由甚至在一定程度上可以争取恢复自己被剥夺的自由。

在西方，古希腊城邦国家的公民是自由的。从公元 3 世纪末罗马帝国衰落开始，"欧洲的城市生活日渐暗淡"①，城市消失。随着城市的消失，自由为贵族所垄断；通常情况下普通人被剥夺了自由权利，只有在例外的情况下才享有自由。到公元十二世纪，城市开始复兴，复兴的城市给自己添加了自由这一要素。城市的市民阶级在体现封建专制的"王侯、教士（罗马帝国衰落后，在幸存的城市中，教区结构被看作是城市辖区和公民权利的基础，主教取代了罗马统治者被公众当作唯一认可的权威②。——作者注）和贵族的特权和权力"下要求城市的自治，最终"王侯政权""承认城市为独立的司法地区，拥有为全体居民所共有的特别法律、特别的执行吏（由市民聘选——作者注）法庭和充分的公社（作者注：市民成立的联合组织）自治。"城市法中将"自由的身份"规定为"市民阶级必要的和普遍的属性。每个城市在这方面都享有'特许权'"。亨利·皮雷纳指出："由于城市，自由恢复了它在社会中作为公民的天赋属性的地位。从此以后只要居住在城市的土地上就可以获得自由。每个在城墙内住满一年另一天的农奴，就确定无疑地享有了自由。……自由在开始时仅为商人在事实上所享有，而现在成为全体市民依法享有的共同权利。"③ 更重要的是城市在发展中培育起了人的自由的观念，使自由从外在的制度赋予成为人的本质存在：由于创造财富的欲望被极大地刺激起来，财富要通过劳动获得，所以"城市的出现还向全

---

① ［美］乔尔·科特金：《全球城市史》（中文），社会科学文献出版社 2006 年版，第 59 页。

② ［美］乔尔·科特金：《全球城市史》（中文），社会科学文献出版社 2006 年版，第 100 页。

③ ［比］亨利·皮雷纳：《中世纪的城市》（中文），商务印书馆 1985 年版，第 104—105，116—119 页。

世界传播了新的劳动观念，……在城市出现以前，劳动是奴役性的；随着城市的出现，劳动成为自由的。"① 劳动的自由培育起人的本质是自由的观念。

马克斯·韦伯也指出：在中、北欧的城市里，产生了著名的原则；"城市空气使人自由"，经过相对较短的时期之后，"奴隶或依附农的主人就丧失权利，不能再要求把他作为权力的服从者。"同时城市必须使它的居民成为自由民："城市还不得不终于允诺不再接受非自由民"，而城市也意在如此，"往往欢迎这种限制。""自由的城市居民不受他们种姓和宗族用禁戒来对他们进行魔法的——泛灵论的约束。"② 自由从身份到观念，人形成了自我意志、追求自我目的的主体自觉，这种自觉必然转化为人们建设自为城市的行动。

三、中国的新型城镇化的实质是人的自为价值的体现

城市发展的目标究竟是什么？仅仅是为了单纯的经济发展、技术的进步吗？推进城市化仅仅是将其作为推进经济发展的工具吗？随着在中国城市化快速发展过程中出现的诸如城乡发展的不平衡、社会分配的不公、房价过快上涨、城乡二元化、进城务工农民无法享有和城市原住民同等的公共服务等问题的凸显，这些问题引起了广泛的社会思考。2012 年 11 月 8 日时任中共中央总书记的胡锦涛同志在中国共产党第 18 次全国代表大会所做的《坚定不移沿着中国特色社会主义道路前进 为全面建成小康社会而奋斗》的报告中七次提及城镇化。强调城镇化是全面建设小康社会的载体，提出要以"推进城镇化为重点，着力解决制约经济持续健康发展的重大结构性问题。"2012 年 12 月 16 日，中央经济会议部署的 2013 年重点工作任务，将"积极稳妥推进城镇化，着力提高城镇化质量"作为重要内容。2013 年 3 月 17 日

---

① ［比］亨利·皮雷纳：《中世纪的城市》（中文），商务印书馆 1985 版，第 63 页。
② ［德］马克斯·韦伯：《经济与社会·下》（中文），商务印书馆 1997 年版，第 593—594，597 页。

国务院总理李克强强调新型城镇化是以人为核心的城镇化。2013 年 5 月 6 日国务院常务会议决定将提高城镇化质量，推进人的城镇化作为城镇化中长期发展的规划。这是对上述社会思考的回应，从国家发展战略、政府政策的层面回答了城市发展的目标、目的的问题。

城市化是人的城市化，城市发展说到底是为了人，为了人更好地生活，为了每一个在城市里建设、生活的人更好地生活，包括农民工。为此要着力提高人们的素质、能力从而使人们能够更好地建设城市同时有能力给自己赢得更好的生活。

中国在城市化过程中注重对进城农民工进行文化和职业技能的教育和培训。

农民工和市民是推动中国城市化的双重主体，数以亿计的农民工为城市化、工业化做出巨大贡献①，这是中国城市化的特点。农民工就是进城进行非农工作的农民，在进城之前从事农业劳动②，往往缺少非农工作的职业技能，因此，《国家新型城镇化规划（2014—2020 年）》将农民工的职业技能培训作为规划的重要内容，提出政府、企业、社会要合力"加强农民工职业技能培训，提高就业创业能力和职业素质。"制定了农民工职业技能提升的计划：

专栏 2　农民工职业技能提升计划
就业技能培训
01　对转移到非农产业务工经商的农村劳动者开展专项技能或初级技能培训。依托技工院校、中高等职业院校、职业技能实训基地等培训机构，加大各级政府投入，开展政府补贴农民工就业技能培训，每年培训 1000 万人次，基本消除新成长劳动力无技能从业现象。对少数民族转移就业人员实行双语技能培训。

---

① 辜胜阻：《"双重转型"背景下的城镇化道路》，《中国经济时报》2007 年 11 月 15 日。
② 黄锟：《中国城镇化的特殊性分析》，见《中国城市发展研究》2011 年第 8 期。

	专栏 2　农民工职业技能提升计划
02	**岗位技能提升培训** 对与企业签订一定期限劳动合同的在岗农民工进行提高技能水平培训。鼓励企业结合行业特点和岗位技能需求，开展农民工在岗技能提升培训，每年培训农民工1000 万人次。
03	**高技能人才和创业培训** 对符合条件的具备中高级技能的农民工实施高技能人才培训计划，完善补贴政策，每年培养 100 万高技能人才。对有创业意愿并具备创业条件的农民工开展提升创业能力培训。
04	**劳动预备制培训** 对农村未能继续升学并准备进入非农产业就业或进城务工的应届初高中毕业生、农村籍退役士兵进行创业能力培训。
05	**社区公益性培训** 组织中高等职业院校，普通高校、技工院校开展面向农民工的公益性教育培训，与街道、社区合作，举办灵活多样的社区培训，提升农民工的职业技能和综合素质。
06	**职业技能培训能力建设** 依托现有各类职业教育和培训机构，提升改造一批职业技能实训基地，鼓励大中型企业联合技工院校、职业院校，建设一批农民工实训基地。支持一批职业教育优质特色学校和示范性中高等职业院校建设。

2016 年 2 月中国国务院印发的《国务院关于深入推进新型城镇化建设的若干意见》再次提出每年培训农民工 2000 万人次以上的农民工职业技能提升计划，以提高生产人口的素质。

2015—2016 年，中国人社部与财政部分两批开展了企业新型学徒制试点工作，分布22 个省，试点企业 158 家，培养企业职工近 2 万人，包括转岗职工 3670 人以上，涉及工种近百个。2018 年又研究制定了《关于全面推行企业新型学徒制的意见》，意见以政府引导、企业为主、院校参与的原则，在企业并拥有技能人才的其他用人单位推行以"招工即招生、入企即入校、企校双师联合培养"为主要内容的企业新型学徒制，组织企业新进技能岗位和转岗等人员参加学徒培训，以培养企业技能人才。到 2020 年底，计划培训 50 万以上企业新型学徒，从 2021 年起，加大工作力度，争取年培训学徒

50 万人左右。通过组织培训，已经并将继续提高企业职工的素质，增强他们的岗位技能，为他们发展自己提供了条件。

新型城镇化是人的城镇化。城镇化是为了人的，人的城镇化最根本的是人素质能力的提高，提高人的素质能力体现了城市发展为人的价值追求。

第三节　人在城市可以更好地生活和发展

人创建城市具有自为的价值，而城市确实是一种人能够使人更好生活、能够在其中更好发展的社会形式。

一、城市生活使人有更多的幸福感

研究表明，在同一国家同一时期中城市的生活要好于农村。19 世纪中期，巴西的里约热内卢有 8 万人之前是奴隶，占人口的 40%左右，生活在贫民窟破烂不堪的房屋里。但即使这样也要比在种植园里为从前的主人劳动好得多，这些自由了的奴隶放弃了贫困的农村而选择了充满希望的城市。现在，里约热内卢仍然有大量的贫困人口，但他们的境况要比巴西东北部的农村人口要好得多。近年来有研究报告称，90%的里约热内卢居民 1996 年的月收入在 85 美元以上，但东北部农村地区只有 30%的人口生活在这一贫困线以上[1]。马克斯·韦伯认为：城市发展依赖制造业的发展，而制造业能够吸收更多的劳动力，所以城市的发展有助于技工和工厂工人的发展。城市本地人与新进入城市的移民比较，工作环境更好，城市人口生活在更为有效率的生产单元。人口在城市集聚，其结果促成了有能力的人脱颖而出；乡村人口来到城市，被看作开始缓慢地向社会、经济的上层攀爬，是一种正向流动的效应；与乡村相比较而言，城市生活更有利于人的身心健康，很少产生或者

---

① ［美］爱德华·格莱泽：《城市的胜利》（中文），上海社会科学院出版社 2012 年版，第 68—69 页。

留下弱势群体，比如盲人、聋哑人、弱智等。"城市化的好处多于坏处"①，在城市生活的人往往会比生活在农村的人有更高幸福感。

美国哈佛大学的经济学教授爱德华·格莱泽对 25 个较为贫困的、人均 GDP 不足 10000 美元的国家进行了抽样调查，结果表明在城市居民占比较高的国家中有 8 个国家的受调查的居民认为他们生活得非常幸福；幸福感较低的有 7 个国家。在非城市居民占比较高的国家中有 16 个国家的受调查的居民认为他们生活得非常不幸福，感到不幸程度较低的则有 9 个。格莱泽的调查表明，在城市人口占多数的国家中人们认为自己生活得更幸福。他的调查显示，在城市化率超过 50% 的国家，有 30% 的人口认为自己非常幸福，有 17% 的人口认为自己不是很幸福或者一点也不幸福。而在农村人口超过 50% 的国家中有 25% 的人认为自己非常幸福，有 22% 的人认为自己不幸福。就不同的国家而言，考虑到各个国家的收入和教育水平的因素，人们对生活的满意度也是随着城市人口比例的提高而提高的②。

在中国，王培刚教授对城乡居民的幸福感做了比较研究，结果表明中国的城市居民的幸福感也同样要高于农村居民。在研究中他提出了两个假设：第一个假设是从功利视野出发，同农村居民相比城市居民享有更多的物质和精神上的满足，有更多的体验效应，因此，城市居民主观幸福感应强于农村居民；第二个假设是从审慎价值视野出发，同农村居民相比城市居民的受教育程度和社会视野普遍更高，具有更好的认知能力，那么居民的期望值和欲望就更高，因此城市居民主观幸福感应弱于农村居民。文章基于实证研究对城乡居民的主观幸福感进行了分析，从功利视野分析得出的结论是：城市居民的主观幸福感（27.6）要比农村居民的主观幸福感（18.2）高。所以，城市居民的幸福量要明显大于农村居民。因此，第一个假设是基本成立的；

① 见［美］布莱恩·贝利：《比较城市化》（中文），商务印书馆 2010 年版，第 8—9 页。

② ［美］爱德华·格莱泽：《城市的胜利》（中文），上海社会科学院出版社 2012 年版，第 69，7 页。

从审慎价值视野分析得出的结论是：在其他变量都保持平等的条件下，城市居民的主观幸福感的发生比比农村居民高出 35.2%，这在一定程度上说明城市居民和农村居民的审慎认知能力和社会经济条件在平等的条件下，城市居民的主观幸福感会显著高于农村居民，因此，第二个假设基本上被证伪。因此总的说来，无论是在功利主义事视野下还是在控制审慎价值变量和社会经济变量基础上的分析都显示，城市居民主观幸福感强于农村居民①。

何以城市生活的人会感到自己更幸福呢？

首先，城市有助于人们形成更高境界和更大格局。城市生活的多彩多姿能够激发人们对未来幸福生活的想象力，从而能够充分调动自己的潜能去汲取知识、提高素质、丰富自己，在这个过程中就涵养出了人的精神气质，塑造着未来发展的境界和格局。中国春秋战国时期城市长足发展，战国时著名的工商业城市临淄在司马迁的笔下充满生机，一派繁荣："临菑之涂，车毂击，人肩摩，连衽成帷，举袂成幕，挥汗成雨，家殷人足，志高气扬。"②城市中工商业者人数增加，社会分工逐渐深化、人口的构成也越来越复杂，形成了"士"阶层。新兴的"士"阶层"兴办学堂，聚徒讲学，著书立说，上说下教，影响力不断扩大"③。诸侯们在争霸天下的过程中需要"士"的知识才能，不惜重金招贤纳士，给他们以优厚的生活待遇、让他们"不治而议论"，自由发表自己的政见。宽松的社会、政治环境使人们的思想空前活跃，形成了中国文化发展的繁荣局面，出现了所谓"诸子百家"，造就了如老子、孔子、孟子、墨子、庄子等一大批杰出人物。唐代城市大规模发展，都城长安人口超过百万，城中王公贵族及其为他们服务的侍从、仆役、军队官兵等构成了规模庞大的消费群体，为了满足这一群体增长着的物质和精神文化方面的需要，各类手工业、商业和各类文化娱乐活动都向长安聚集，结

---

① 王培刚：《城乡居民主观幸福感差异及其影响因素研究》，见《社会变迁与中国居民生活质量》，2018 年版，来源：《2007 中国社会形势与预测》，中国与世界经济社会发展数据库。

② 《史记·苏秦列传》。

③ 何一民：《中国城市史》，武汉大学出版社 2012 年版，第 124 页。

果推动了长安人口的增加①。行业增多、新行业出现极大地激发了人们的潜能和活力，促进了人的发展。刘易斯·芒福德在谈到古希腊城邦国家雅典时认为，到了公元前4世纪末，新落成的巴特农神庙周围列柱的中厅和以雕刻装饰的山形墙表明在这座城市里发生了意料之外的"智慧再次启开了混沌"的新变化，"人类精神通过社会肌体得以充分表现，社会肌体则变成了一片人性化了的景色"，希腊产生出了城市的新成分即"自由市民"，这种自由市民"首先是一个人，具有人类的一切特征，而且可以向生活的每一个方面去自由发展"。城市居民的生活"充实而富有活力""丰富多彩而又健康有益"，城市能够培养人的多方面的能力，"在城邦的各种活动中，人性突然高大起来了"②，向人们展示出在其中更好生活、更好发展自己的无限可能。"城市让我们更加成其为人。"③

其次，城市有助于激发人们的创新活力。城市是文化交流的中心，在交流中，思想、观念的激情碰撞，能够使火花四射从而使新思想、新观念的形成水到渠成。创新是人的价值实现的内涵，城市可以促进人的创新意识的形成。爱德华·格莱泽认为"人类的基本特征是我们相互学习的能力"，在大城市中，"人们可以选择同行来分享他们的兴趣""城市让观察、倾听和学习变得更加方便"。在这种交流中各类精英有价值的思想往往就是价值创造的源头，"这个世界承认新思想的价值。人们仍然在不断地涌入城市，以获得成功所需的技能。在获得这些技能的过程中，新的思想产生了，创新出现了。"④

再次，城市有助于人们自我价值的实现。城市所聚集的大量的社会资源

① 何一民：《中国城市史》，武汉大学出版社2012年版，第252—253页。
② ［美］刘易斯·芒福德：《城市发展史——起源·演变和前景》（中文），中国建筑工业出版社1989年版，第169—181页。
③ ［美］爱德华·格莱泽：《城市的胜利》（中文），上海社会科学院出版社2012年版，第228页。
④ ［美］爱德华·格莱泽：《城市的胜利》（中文），上海社会科学院出版社2012年版，第228，230页。

为人们提供了合作的平台，人们借助这个平台放大了自己的能力，得到了将自己的观念、创意转化为技术、得到应用所需要的支持。可以说，"城市提供了合作的可能，尤其是共同创造作为人类最为重要的创造的知识。……城市为那种能够让人们最大限度地发光发热的合作提供了可能。"① 在这种合作中人的价值得到了实现。15 世纪西方活字印刷术的发明人约翰内斯·古登堡（又译作谷登堡、古腾堡、古滕贝格）研制的印刷机（正式名称应是"铅活字版机械印刷机"）正是借助于城市在人才、资金、交易方面的优势才得以成功并推广应用。

最后，城市发展出逐渐完善的、以保证人的发展为目的的制度体系。这是城市在发展中不断增强的管理者的责任（也是其合法性的重要来源），城市愈发展，制度保障的公共服务的内容愈多，越能够提高人们的幸福感。以德国为例，在城市化的过程中根据社会不断出现的新问题，国家通过一系列社会保险立法逐步形成了社会保障制度：1883 年通过了《疾病保险法》；1884 年通过了《意外事故保险法》；1889 年通过了《老年和残废保险法》；1911 年通过了《遗族保险法》和《职员保险法》，使工人遇到疾病受到意外伤害时；使社会中的弱势人群如年老、残废和丧失工作能力的人、寡妇孤儿；使职员和年薪较低的雇员等群体够享受免费医疗、得到应得的赔偿、拿到赡养费残废赡养金和养老金等等，1911 政府还将各类保险法规汇总为《帝国保险法典》予以公布。通过一系列的立法，不断健全社会公共服务体系，保障了人们的权益，使人们的生活安稳，城市更加宜居，人们在城市的幸福感更高②。

---

① ［美］爱德华·格莱泽：《城市的胜利》（中文），上海社会科学院出版社 2012 年版，第 228 页。

② 邢来顺：《德国向工业社会转型时期的社会问题治理及其对策》，见《光明日报》2014 年 5 月 7 日（16）。

二、中国建设"智慧城市" 开启幸福生活新模式

当前，在中国以新一代信息技术、大数据支持的新型城市——"智慧城市"的建设正在普遍展开。正在建设的智慧城市将城市对人的需要的满足、对幸福感的获得提高到了新的境界。

相关研究机构对智慧城市的定义是：通过智能计算技术的应用，使得城市管理、教育、医疗、房地产、交通运输、公用事业和公众安全等城市组成的关键基础设施组件和服务更互联、高效和智能。

政府作为智慧城市发展的主导者，其推动智慧城市建设的目标就是要依靠大数据"加快民生服务普惠化。……深入发掘公共服务数据，……推动传统公共服务数据与互联网、移动互联网、可穿戴设备等数据的汇聚整合，开发各类便民应用，优化公共资源配置，提升公共服务水平"[1]，让市民生活得更幸福。

城市在发展中由于工业发展、人口的增加导致一系列问题出现，如资源短缺、环境污染、交通拥堵、安全隐患等，被称为"城市病"。"城市病"对人们造成了极大的困扰，影响了人们的生活。智慧城市建设有助于解决"城市病"，从以人为本的视角开展智慧城市的建设，开启了人的幸福生活的新模式。从 IBM 在 2008 年初提出"智慧地球"概念开始，中国成为世界上最早开始智慧城市建设的国家之一。2009 年成都就建成了云计算中心，并在此基础上建成了国内最早的电子政务平台，提高了政府的办公效率。其后智慧城市的建设在许多城市积极展开。2014 年 8 月 27 日经中国国务院同意，国家发改委、工信部、科技部、公安部、财政部、国土资源部、住建部、交通部八部委印发了《关于促进智慧城市健康发展的指导意见》，提出到 2020 智慧城市的建设规划，提出要以智慧城市的建设实现保障和改善民生服务、

---

[1] 中国国务院：《促进大数据发展行动纲要》2015 年 8 月 31 日。

创新社会管理、维护网络安全等方面的成效。经过 20 年的建设，中国的智慧城逐渐普及。当前智慧城市建设的一个指导思想就是"加强城市管理和服务体系智能化建设，积极发展民生服务智慧应用，强化网络安全保障，有效提高城市综合承载能力和居民幸福感受。"中国益阳新型智慧城市建设给人们提供了借鉴。

益阳市相关领导撰文做了介绍：2017 年，益阳市开始智慧城市建设。他们联手技术先进的华为公司和中国电信湖南公司，采用华为专家团队在充分调查研究基础上提出的以"善政、惠民、兴业"为目标的《益阳新型智慧城市建设顶层设计方案》，方案统筹了益阳新型智慧城市建设的业务、系统、数据、标准、部署"5 大"架构体系，整体规划了信息基础设施、统一支撑平台、民生服务、产业支撑、城市管理 5 大类、51 个项目，总投资约 60 亿元。随着方案的实施，已经取得了一些新成效。到 2018 年初，智慧大脑+政务服务已经上线运行，解决了饱受诟病的"办事难"问题，达到让群众办事"不跑腿"或"最多跑一次"，以及让企业在项目审批和征地拆迁时与部门和拆迁对象"两不见面"的目标，大大方便了市民的生活和生产，提高了人们的幸福感。

纵观城市发展的历史，人创造城市的自为价值追求贯穿城市发展的始终。正如刘易斯·芒福德所说，城市"以一种超乎人的明确意图的形式发展着人类生活的各个方面"，城市社会形成发展的历史是一个人在其中得到发展的历史：最初城市是神灵的家园，而最后城市本身变成了改造人类的主要场所，人性在这里得以充分发挥。"进入城市的，是一连串的神灵；经过一段段长期间隔后，从城市中走出来的，是面目一新的男男女女，他们能以（够——作者注）超越其神灵的禁限"，这是"人类最初形成城市时"不曾料想到的事①。正因为如此，人们对城市一向不吝赞美："城市摩登而又超

---

① ［美］刘易斯·芒福德：《城市发展史——起源·演变和前景》（中文），中国建筑工业出版社 1989 年版，第 33，117 页。

前，它们宣告了未来。它们实际上已经代表了未来。"① "城市是人类伟大的发明与最美好的希望。"②

① ［法］布罗代尔：《文明史纲》（中文），广西师范大学出版社 2003 年版，第 299 页。
② ［美］爱德华·格莱泽：《城市的胜利》（中文），上海社会科学院出版社 2012 年版，见封面。

第二章　城市商业功能的公共性蕴涵

城市的价值目标要通过城市的功能来实现。

城市功能的研究是城市研究的中心，但研究的目的不同，对城市功能研究的方法、关注角度就不同，有的研究者要揭示城市的普遍的功能，有的则要找出它的特殊作用，如果说有一百个研究者就有一百个对城市功能认识一定夸张，因为其中总有交叉的地方，但差异性极大却一定是事实。而且从研究方法来说并非所有研究者如乔尔·科特金那样都要找出一个具有普遍适用的框架去研究城市，有学者就主张应从不同国家、不同文化传统、不同发展阶段的城市化的特性、后果研究城市包括城市的功能，如美国的布莱恩·贝利。布莱恩·贝利作为专业的地理学家、城市化教授、规划咨询专家曾访问全世界许多世界性的城市并同当地的决策者、城市和区域分析师、规划师一起工作，因而有机会观察到当今世界的城市状态：各个国家的城市化存在很多共性，但并不是只有一种而是有多种路径、各自的成因及相应后果。所以他认为城市化没有一个普遍的模式，他"不承认这样的观点：城市化有一个通用的过程，是一种现代化的产物，城市化在不同的国家可能具有相同的事件发生顺序，城市化也能够产生积极的集聚形式"，反对城市研究中用一种国家的发展模式即他所说的"常规的知识"框定所有其他国家的发展方式的方法，而是主张对不同的社会政治背景下的城市化过程进行研究，包括研究在不同文化和时段已经产生的差异的几个基本的不同过程和这些过程在世界不同地方所导致的不同响应结果，要对城市化进行比较研究，希望通过运用自己的个人的观察和经验去诠释不同国家的城市化特征，让人们了解事实上的城市化①。贝利的观点集中反映在他的代表作《比较城市化》中，清华大学教授顾朝林认为这本书是"西方国家20世纪80年代前城市化研究的最重要的成果"②，对城市化的研究有着重要的影响。但是，正如贝利观察到的：各个国家的城市化存在很多共性，同样地城市的发展也有许多共性（城市的出现有五六千年的历史，但城市化则同工业革命开始的现代化进程相伴随。——作者注）。不同社会文化条件、不同历史阶段的城市所具有的共同性，是人们在对不同社会文化条件、不同历史阶段的各个城市的观察、认识的基础上形成的对城市的本质的认识，城市的功能是城市的本质、共性的体现。

无论是乔尔·科特金所说的地点的神圣、规范与秩序；提供安全和规划的能力；商业的激励作用还是人的活动的自由、文化交流等等，都是城市对人的作用，是城市能够支持市民活动所必需的功能。人、人的活动是同构的。人是社会中的人，社会是由人构成的，人组成了社会。所以马克思指出，社会"是人们交互活动的产物"③，就是说社会是人进行活动的组织形式。人的活动是人的存在的证明，人即人的活动，人的活动即人本身，"主体（只有人才是主体——作者注）就等于它的一连串的行为。"④ 而人的活动必须在社会中进行，所以社会性是人的本质属性。人最根本的活动是劳动实践，人通过劳动实践加工改造外部对象，使外部对象能够按照人的需要发生变化、满足人的需要，所以，人的劳动活动以人为目的，劳动成果为人享有。正是在这个意义上马克思指出"人也创造着社会。活动及其成果的享

① ［美］布莱恩·贝利：《比较城市化》（中文），商务印书馆2010年版，前言第5—6页。
② ［美］布莱恩·贝利：《比较城市化》（中文），商务印书馆2010年版，译者前言第1页。
③ 《马克思恩格斯选集》（中文）第4卷，人民出版社1972年版，第320页。
④ ［德］黑格尔：《法哲学原理》（中文），商务印书馆1962年版，第126页。

受，无论就其内容或就其存在方式来说，都具有社会的性质：是社会的活动和社会的享受。"同时，马克思也指出人创造的社会反过来也"创造着作为人的人。"① 社会作为人的活动的载体，其结构特征（即人们之间相互活动、相互联系的方式）又对人产生着影响、决定着人的活动、塑造着人："已经产生的社会，作为自己的恒定的现实，也创造着具有人的本质的全部丰富性的人，创造着具有深刻的感受力的丰富的、全面的人。"② 人创造了城市，但城市也在塑造人，决定、影响人的活动、影响人的生活。城市如何创造人、影响人的活动也就是城市的功能是人在城市活动的逻辑体现。

第一节　城市的商业（市场）功能

人在城市中的活动是人的活动的具体形式，最基本的活动是贸易活动。亨利·皮雷纳指出："在任何一种文明中，城市生活的发展都必须依靠工商业。气候、民族和宗教的差异，与时代的不同一样，对于这一事实来说是无关紧要的"，直接明了地概括出商业同城市发展的关系。他认为"这种情况的普遍性的原因在于必要性。"③

一、贸易推动城市发展

人的活动分为物质生产的活动和物质生产活动之外的一般的交往活动。物质生产活动是人的最基本的活动，因为人要生活，就要有生活所需的衣食住行以及其他一些东西即物质生活资料，而这些物质生活资料是人通过加工改造外部对象的劳动活动获得的，因此马克思恩格斯说这是人的"第一个历史活动""已经得到满足的第一个需要本身、满足需要的活动和已经获得的

---

① 马克思：《1844 年经济学——哲学手稿》（中文），人民出版社 1979 年版，第 75 页。
② 马克思：《1844 年经济学——哲学手稿》（中文），人民出版社 1979 年版，第 80 页。
③ ［比］亨利·皮雷纳：《中世纪的城市》（中文），商务印书馆 1985 年版，第 81 页。

为满足需要用的工具又引起新的需要。"① 新的需要又会引起新的生产物质生活资料的活动，……为了使这些活动能够顺利、有效地进行，就需要有对这些活动的管理。管理活动必须按章进行，需要制度和规则，而制度规定的权威来自社会对其体现的价值观念的认同。所以，一个社会的运行有四个主要部分构成：物质生产活动、社会管理、制度体系和价值观念。在这个结构体系中，物质生产活动（即生产方式，由生产力和生产关系两方面构成。）是基础，价值观念处于最顶端，物质生产活动即生产方式决定了人们的价值观念，而价值观念一经形成，就会通过制度体系、管理活动对人们的物质生产活动产生影响，有着能动作用。所以，对一个社会的研究最重要的就是这两个方面。对城市社会的研究也是如此。

马克思在分析亚细亚所有制形态时谈到工商业与城市的关系，指出商业、贸易在城市形成中的重要作用："真正的城市只是在特别适宜于对外贸易的地方才能形成，或者只是在国家首脑及其地方总督把自己的收入（剩余产品）同劳动相交换，把收入作为劳动基金来花费的地方才能形成。"②

人类最初的社会形式是乡村社会，农耕是基本的生产活动。随着生产能力的提高，产品有了剩余，农耕部落就用农产品同其他群体交换自己没有的东西，这就是早期"城市"的形成。因此人类早期的城市是商业活动集中的地方。刘易斯·芒福德指出，早期城市的一个特征是"城墙围封的城堡"，其作用一是军事设施，以防止野兽、流寇和外来侵略者的侵扰，保证城堡的安全；二是以城内的庙宇和宫殿为象征，以神力和王权对城内的居民进行有效的统辖，维持秩序；但同时它"还发挥着城市的经济生活的同等作用"，这种作用则是庙宇的职能，他认为古代城市发展的早期阶段，经济活动仿佛是一种受控制的集权经济，控制经济活动的中心便是庙宇。所以庙宇圣地本身除了是宗教性质的领地还是一个"从事贸易的领地"，具有组织经济活动

---

① 《马克思恩格斯选集》（中文）第 1 卷，人民出版社 1972 年版，第 32 页。
② 转引自高鉴国：《新马克思主义城市理论》，商务印书馆 2006 年版，第 49 页。

的作用，是人们交易在此加工制造的物品的所在，也是贮存和分配货物、购物的中心，只是由于城市人口的不断增长和经济活动的日益复杂化，它对经济的控制才有所减弱，将一部分转让给城市其他居住地区，"成为世俗性生产事业。"① 人们往往强调早期的城市是宗教和政治中心，刘易斯·芒福德把生产和交换作为庙宇的职能是对商业在城市的重要地位的肯定。因为早期人类的思维方式是宗教式的，由于认识能力低下不能够科学地解释外部自然界包括人自身的自然的种种现象，人们便用想象的联系代替客观的因果联系，想象着有一种超自然、超社会的力量即神决定着自然、社会和人事，神具有无上的权威，就如刘易斯所说的是统治秩序的来源，庙宇是这种权威的象征，把物品的生产、分配、交换作为庙宇圣地的职能，就凸显了它作为城市主要活动的功能。刘易斯指出，有学者依据考古证据认为，古代尼罗河三角洲地区的省城，以及美索不达米亚地区的古城（注：刘易斯认为这是世界上最早形成的城市之一②），最初是一个和平、安全的环境，有大量的被神灵保护的市场中心而不是战争与不和。这就说明，在这一地区，城市最早是商业中心③。

恩格斯在《家庭私有制和国家的起源》中认为，创造了不从事生产而专门从事产品交换的阶级即"商人"阶级的第三次社会劳动大分工，是"有决定意义的重要分工。"④ 它促进了商业的发展，带来了社会的巨大变化。刘易斯认为贸易是推动城市发展的最直接的动力，因为贸易的发展才使得建造水利设施成为必要；贸易交换使得沿途人口积聚；市场扩大促进了信息沟通系统的发展；市场交易的需要产生了文字书写；贸易也带来了人类交流的

① ［美］刘易斯·芒福德：《城市发展史——起源、演变和前景》（中文），中国建筑工业出版社 2005 年版，第 69，72，76，78 页。

② ［美］刘易斯·芒福德：《城市发展史——起源、演变和前景》（中文），中国建筑工业出版社 2005 年版，第 61 页。

③ ［美］刘易斯·芒福德：《城市发展史——起源、演变和前景》（中文），中国建筑工业出版社 2005 年版，第 78—79 页。

④ 《马克思恩格斯选集》第 4 卷，人民出版社 1972 年版，第 162 页。

广泛和交通的发展①。马克斯·韦伯也指出古希腊罗马的城邦国家"最初都是海上贸易城市"。乔尔·科特金认为在公元前 9 至 8 世纪的腓尼基人那里就有因贸易活动而形成的契约意识;"腓尼基人尊重自我价值。他们及时地提醒主顾,按他们的吩咐办事是为了利益,而不是出于被迫。"②

二、商业构成了城市的基础

在欧洲的中世纪,城市是由市场推动的。按照马克斯·韦伯的观点,城市的发展有一个从"市"而"城"的过程,是一种"市场城市"。他说:第一、在商品交换成为人们日常生活必需品的基本来源的地方才构成城市:"市场"不能直接变为城市,市场所在地不能简单地等同于城市,只有当地的居民日常生活需要的基本部分能够在当地的市场上得到满足,即当地的居民和周围附近的居民是通过销售他们各自生产的产品换回自己需要的物品从而满足自己的基本需要,这样的市场才是经济意义上的城市。第二,在市场成为居民定居点的经济中心的地方才构成城市。韦伯认为一个专门用来进行交换、贸易的"市场的地方"、由于分工和生产的专门化,非城市居民对手工行业产品或商品需要能够在这个市场上得到满足的地方、一个城市居民本身在这个市场上相互交换他们的专门产品和满足他们经济的消费需求的地方、当地有旅行商人定期举办长途商品的集市的地方才是城市。也就是说,"市场作为定居点的经济中心"的地方才是城市,"城市(在这里所应用的词意上)是市场定居点。"③ 比利时历史学家亨利·皮雷纳则认为,中世纪城市的"诞生"是一个由"城"而"市"的发展。他说:城镇或城堡是适

----

① [美]刘易斯·芒福德:《城市发展史——起源、演变和前景》(中文),中国建筑工业出版社 2005 年版,第 62—63,77—78 页。

② [美]乔尔·科特金:《全球城市史》(中文),社会科学文献出版社 2006 年版,第 24 页。

③ [德]马克斯·韦伯:《经济与社会·下》(中文),商务印书馆 1997 年版,第 568—569 页。

宜于商业活动地理环境，因而吸引了不断增多的商人。当城内容纳不了积聚的商人时候，商人就不得不到城墙之外定居，在那里"建起一个筑有防御工事的围子"即商人区或商人城（外堡、新堡、"港口"），形成新的居民定居点。新旧居民点的不断融合，形成了新的城市①。皮雷纳在他的另一本著作《中世纪欧洲经济社会史》（此书中作者名字被译为亨利·皮朗）中表达了同样的观点：欧洲商业复兴以后，"在教会城市和封建城堡附近，兴起了商人的居住地"，这些居住地被称为"商埠"，形成了新的城市②。（注：有些学者批评皮雷纳仅仅将商业扩展和商人阶层的兴起作为近代城市出现的经济原因，而忽视了构成当时大部分城市和城镇里的大概占居民的五分之四生产者，这些生产者大多来自 11 世纪农业生产力迅速增长所造成的过剩的农业人口，他们认为农业的发展和工业生产者阶层的兴起也是当时城市出现的经济上的原因③。作者同意这一观点。这里强调商业对城市发展的推动作用意在说明城市同乡村的不同，商业功能是二者最重要的区别。）不管是由市（市场）而城（城市），还是由城（城堡、城镇）而市（城市），西方中世纪城市的产生主要是商人的商业活动的推动，手工业和商业构成了城市发展的基础这一点是确定的。马克斯·韦伯指出：城市居民主要不是依靠农业生产而是靠手工业和商业为生，商品交换成为居民生活的基本组成部分④。亨利·皮雷纳则明确指出城市就是商业中心："这些城市是经济活动的中心，……每座城市仍是周围农村的市场，……它也是商业的中心"⑤。他指出，在乡村社会中主要的经济活动是农业生产，工业和商业从属于农业，而

---

① ［比］亨利·皮雷纳：《中世纪的城市》（中文），商务印书馆 1985 年版，第 85—90 页。

② ［比］亨利·皮朗：《中世纪欧洲经济社会史》（中文），上海人民出版社 2001 年版，第 41—42 页。

③ 见［美］哈罗德·J. 伯尔曼：《法律与革命》（中文），中国大百科全书出版社 1993 年版，第 442—443 页。

④ ［德］马克斯·韦伯：《经济与社会·下》（中文），商务印书馆 1997 年版，第 9 章第 7 节。

⑤ ］［比］亨利·皮雷纳：《中世纪的城市》（中文），商务印书馆 1985 年版，第 8 页。

这时的城市则出现了不同的情况，"商业和工业不再仅仅处在从属于农业的地位，而是反过来对农业起作用。"随着城市的发展，农产品也成为人们用来交换的商品，而不是仅仅用做生产者自己的消费："农业产品不再只供土地的所有者和耕作者的消费，而是作为交换品或原料卷入总的商品流通系统。"反过来，商业的发展又促进了城市的发展：商业本身刺激了工业，凡是在农村进行工业生产的地方，商业先把工业吸引过来，然后很快地把工业集中到城市，将那些在附近寻找职业的人吸引到城市，这就增加了城市人口，使城市得到了发展①。中国经济学家樊亢、宋则行则明确指出城市的功能就是方便手工业生产者交换他们的产品，是进行商品交换："手工业生产是中世纪城市经济的物质基础，手工业者占城市居民的大多数"。为了其产品交易的便利手工业者聚集城市，中世纪城市是手工业和商业的中心②。

在 15 世纪初，葡萄牙和西班牙开辟了海外市场。1509 年，葡萄牙舰队击败了强大的穆斯林无敌舰队之后，世界贸易和城市未来的控制权就落入葡萄牙和西班牙人之手。到了 17 世纪，在 200 年前还是无足轻重的小城市里斯本发展成为葡萄牙帝国的一个主要城市、重要港口和管理中心，人口超过了 10 万，有着世界影响。在西班牙，通过对外征服在世界贸易中获得的财富增加了皇室的财富和帝国的财力。可以说这一时期国家之间的战争实质就是争夺对贸易的掌控权③。在公元 1492 年，西班牙专治统治者颁布了驱逐令，驱逐几个世纪以来在欧洲城市尤其是在西班牙的商业和职业生活中扮演着关键角色的犹太人和新近皈依的新基督教徒，超过 18 万的犹太人和新基督教徒离开了西班牙。清除犹太人和新基督教徒之后剩余的商业中产阶级大都缺乏商业经验，不能充分的利用摆在他们面前的新的商业机会，结果成为

---

① ［比］亨利·皮雷纳：《中世纪的城市》（中文），商务印书馆 1984 年版，第 62—63，94—95 页。

② 樊亢、宋则行：《外国经济史·近现代史》，人民出版社 1982 年版，第 8 页。

③ ［美］乔尔·科特金：《全球城市史》（中文），社会科学文献出版社中文版 2006 年版，第 110—112 页。

导致西班牙城市衰落的重要的原因。1650 年西班牙城市数量减少了三分之一①。相反，阿姆斯特丹在与西班牙进行的战争中成长为新独立的新教城市中最重要的一个。原因之一是阿姆斯特丹处于商人和工匠的控制之下。荷兰的其他商业中心也采取步骤提高他们与世界的贸易能力。依仗 1800 只海船组成的巨大的海上舰队，荷兰城市的企业家们将触角伸向了其他地方，在世界范围内他们常常在低买高卖的关键商战中击败竞争对手。到 17 世纪早期荷兰半数的人口居住在城镇和城市，已经成为欧洲城市化程度最高的国家②。可见，失去了商业功能，城市就会衰落，商业功能发挥得好，城市就兴旺发达。

始于 18 世纪中叶的工业革命促进了城市的发展，出现了由英国领先创立的新城市，城市开始了它的现代发展：现代城市化进程源起于欧洲工业革命。18 世纪 40 年代，以蒸汽机的发明和使用为标志第一次产业革命起源于英国，在第一次工业革命的推动下，英国成了最早进入了城市化的国家，恩格斯在《英国工人阶级状况》中概括了大机器生产推动英国城市形成的过程：企业需要"许多工人在一个建筑物里共同劳动；这些工人必须住在近处，甚至在不大的工厂近旁，他们也会形成一个完整的村镇。他们都有一定的需要，为了满足这些需要，还须有其它的人，于是手工业者、裁缝、鞋匠、面包师、泥瓦匠、木匠都搬到这里来了。……当第一个工厂很自然地已经不能保证一切希望工作的人都有工作的时候，工资就下降，结果就是新的厂主搬到这个地方来。于是村镇就变成小城市，而小城市又变成大城市。"③刘易斯·芒福德通过对比指出蒸汽机的使用加快了英国城市化的步伐。他指出尽管在 16 世纪到 18 世纪差不多两个世纪的大部分时间里，因为农村里有

---

① ［美］乔尔·科特金：《全球城市史》（中文），社会科学文献出版社中文版 2006 年版，第 119—120 页。

② ［美］乔尔·科特金：《全球城市史》（中文），社会科学文献出版社中文版 2006 年版，第 122—123 页。

③ 《马克思恩格斯全集》第 2 卷，人民出版社 1957 年版，第 300—301 页。

无依无靠的廉价劳动力可以利用，在高地和山区有瀑布、河流可以提供水利资源，有价格低廉的农村土地等这些能够满足新型工业要求的条件，"使工业聚集的各种力量发展到相同而合适的地步"，但工业却一直分散在小作坊里，其规模也只适合于农村村社和城镇，到1750年英国的城市化水平只有17%，但到1775年纺织机和蒸汽机的发明使用后完全改变了这一切，英国开始了进入城市化发展阶段，到1801年城市化水平就达到了33.8%。在工业和人口有可能大规模集中、运河和铁路交通能达到的地方，许多工业像雨后春笋般地兴起，许多大工厂出现了，形成了相当规模的城镇的核心，"工厂成了新的城市有机体的核心"①。所以现代城市的发展是以大工业为动力而不是一种自然成长。闪电般地成长起来的"现代化大工业城市"代替了"以前自然成长起来的城市"②。"城市中心的突出特征是主要依靠大规模的产品加工"，是"主要依靠大规模生产产品的城市"，因而被称作"工业城市"③。

但商业的发展是伦敦城市发展的加速器。成功的贸易（例如控制了从中国沿海到北美的贸易据点，接管了印度及其巨额贸易，大大增加英国的财力）极大地推动了伦敦的发展：16世纪，伦敦的人口是22.5万人，1666年大火（1666年9月2日伦敦普丁巷一间面包铺失火，大火连续烧了4天，伦敦大约六分之一的建筑被烧毁。）之后，伦敦进行了大规模的重建，很快成为欧洲最大的城市。到1790年，伦敦人口已经接近90万人。④

19世纪40年代至20世纪50年代，第二次产业革命在美、德、英、法等国兴起，工业化促进这些国家全面的城市化推进并基本实现了城市化。在

---

① ［美］刘易斯·芒福德：《城市发展史——起源·演变和前景》（中文），中国建筑工业出版社1989年版，第469—473页。
② 《马克思恩格斯全集》第3卷，人民出版社1960年，第68页。
③ ［美］乔尔·科特金：《全球城市史》（中文），社会科学文献出版社2006年版，第135、133页。
④ ［美］乔尔·科特金：《全球城市史》（中文），社会科学文献出版社2006年版，第129页。

这一时期，城市集中了产品生产和销售两个功能，一方面机器大工业的强大的生产能力生产出的大量的工业产品促进了交换规模的扩大，形成了市场经济，促进了商业的繁荣；另一方面商业的繁荣又增强了城市的竞争力，商业同样成为城市发展的助推器，促进了城市化进程。以美国纽约为例，商业是城市的中心，发达的商业使纽约成了能够影响世界经济的城市。到1990年，纽约控制着全国所有银行超60%的结算额，纽约港的进出口贸易占美国进出口贸易的40%以上。纽约这个"商业城市"因为她在"国际贸易、金融、传媒方面的主导地位"而成为"新的城市世界的中心"[1]。

可见，工业生产构成了工业城市的基础，但商业依然是城市的基本功能推动着城市的发展。而且随着生产的专业化、分工的深化，交换普遍化并形成了市场经济，随着全球化的发展贸易突破了民族国家的界限形成了全球市场，贸易的全球化催生出一批国际大都市。

20世纪中叶至今，信息化推动了现代城市化。从20世纪50年代以来，主要发达国家开始了第三次产业革命，以信息化为核心的高新技术产业成为主导产业，发达国家由此向信息经济时代迈进，影响着这些国家的城市化进程和城市人口分布形态，信息化推动的现代城市化走向了前台，工业城市被认为已经"走向没落"[2] 代之以"网络城市"或"智慧城市"。实质上，正如中国中科院院士梅宏所说：大数据是信息化的新阶段，数据是信息的一个载体，将信息技术应用到制造业、服务业能够使其更加优质高效，更加个性化，商品能够更适合消费者的需求，因而更有市场；同时使交易更快捷、方便，促进了商品的流通。中国最大的电商交易平台天猫2018年"双11"全球购物节开始后仅2分5秒，成交额就突破人民币100亿元；15小时49分39秒成交额超过2017年全天交易额，到12日零点，成交额2135亿元，首

---

① ［美］乔尔·科特金：《全球城市史》（中文），社会科学文献出版社2006年版，第149，152—153页。

② ［美］乔尔·科特金：《全球城市史》（中文），社会科学文献出版社2006年版，第200—201页。

次突破 2000 亿元大关，物流订单突破 10 亿。2017 年中国国内网络零售市场交易规模达 71751 亿元，相比 2016 年的 51556 亿元，同比增长 39.17%，预计 2018 年中国网络零售市场交易规模有望达 93863 亿元。信息技术条件下的城市商业依然是城市繁荣发展的标志，依然是城市发展的推动力。

　　无论是古希腊罗马的城市国家、欧洲中世纪的商业城市、近现代的工业城市还是信息技术主导的当代信息化城市，发达的商业都是城市的活力所在，商业是一个城市最本质的构成，因而也是我们理解城市的真正奥秘所在。

第二节　人们在城市中形成的新关系——契约关系

　　乡村社会中人们之间的关系的基础是身份关系，在城市中，商业活动的普遍性使契约关系成为人们之间的基本关系。

一、商业活动需契约保证

　　刘易斯·芒福德在《城市发展史——起源、演变和前景》中认为最早的人类生活的社会形式是村庄，城市则是"新事物"①。城市在村庄原有的构成因素基础上增加了新的成分，人类组织因而更复杂了。这些新增加的成分是原有的猎民、农民、牧民之外的矿工、樵夫、渔人，他们进入城市，给城市带来了相应的工具、技艺以及他们在各自的生活中形成的生活习惯，并由此产生了工匠技师、船夫水手，进而产生出士兵、钱庄经纪人、商人、僧侣等，结果城市成了由复杂异质多元主体构成的更高的统一体。从村落社区分化出了不同的职业、具有权威的王权、因王权的组织向城市聚合的人群、扩大的社会交流等等要素形成了新的社会结构。他认为在城市形成中王权、宗

---

　　① ［美］刘易斯·芒福德：《城市发展史——起源、演变和前景》（中文），中国建筑工业出版社 2005 年版，第 31 页。

教是起着关键作用的因素。国王主持公道，是最高的统治者；神灵是城市的保护神。宫殿成为"权力的中心和贡品的贮藏库"，庙宇圣地本身是宗教性质的领地但又并非完全如此，还具有世俗性质，既具有"从事贸易的领地"的职能，交易在此领地范围内加工制造的物品；又具有'购物中心'的职能，在这里可以贮存货物和分配货物。寺庙、宫殿成为统治的中心①，垄断了经济和政治。这种"经济和政治上的垄断，正是城市后来飞速发展的先决条件之一"②。可见，城市发展需要能够控制经济和贸易的力量③。乔尔·科特金指出因为城市中大规模人口的长期生存需要足够的资源来维系，所以，一方面城市的成功靠商业市场，"需要一个有活力的经济"创造财富以满足人们的生活需要。这一观点与刘易斯·芒福德关于经济是城市发展的先决条件的观点有着实质上的一致性。发展经济是统治的功能，统治的必要性最重要的就在于能够组织生产、提供人们生活所需的物质资料，这是维系统治的需要，也是城市发展的条件；另一方面他认为城市也为贸易的快速增长创造了条件④，他甚至认为，公元前 2000 年在地中海和海岸山脉之间的腓尼基地区的港口城市就已经发展成为赫梯帝国和埃及帝国的贸易中心，腓尼基人依托海岸向强大的邻国进行货物贸易（也包括服务业）丰富自己的城市生活，在公元前 9 至 8 世纪就出现了"有影响力的甚至起统治作用的商人阶层。"⑤

　　城市经济的这种贸易活动，同乡村经济不同。乡村的生产是自给自足，自己生产自己消费，可以概括为是一种**"自我目的性"** 的生产，而城市经

---

　　① ［美］刘易斯·芒福德：《城市发展史——起源、演变和前景》（中文），中国建筑工业出版社 2005 年版，第 65 页。

　　② ［美］刘易斯·芒福德：《城市发展史——起源、演变和前景》（中文），中国建筑工业出版社 2005 年版，第 52 页。

　　③ 见［美］刘易斯·芒福德：《城市发展史——起源、演变和前景》（中文），中国建筑工业出版社 2005 年版，第二、三章。

　　④ ［美］乔尔·科特金：《全球城市史》（中文），社会科学文献出版社 2006 年版，序言第 20 页。

　　⑤ ［美］乔尔·科特金：《全球城市史》（中文），社会科学文献出版社 2006 年版，序言第 21—22 页。

济所依赖的贸易则潜在地存在着自己的产品被他人需要的前提，因为如果不为他人所需产品就交换不出去（只是在最初这一前提并没有被明确意识到）。之所以说是"潜在地存在着他人需要的前提"是因为早期的城市贸易是剩余产品的交换，自己的剩余产品又恰好为他人所需要，生产的目的是自己的需要而不是交换，正如恩格斯所说："生产或者是为了生产者本身的直接消费，或者是为了他的封建领主的直接消费。只有在生产的东西除了满足这些消费以外还有剩余的时候，这种剩余才拿去出卖和进行交换。"①　因而满足了他人需要并不是产品所有者的自觉的选择，这同后来逐渐成熟起来的商品交换中商品所有者的产品就是为了满足他人（交换者）需要而生产不同，可以称之为**"非自觉互利的自我目的性"**　生产。

在这个过程中形成了一种不同于乡村的新的社会关系。乡村的农业经济最基本的生产资料是土地，土地的空间位置相对固定，因而在土地上进行生产的劳动者也必须相对稳定，生产者要较长时期居住在一个地方。血缘家庭往往聚族而居，不易迁徙，具有这种生产所需要的稳定性，因而成为社会基本的生产和消费单位，形成了乡村经济自给自足的特点。毛泽东在谈到中国封建时代的经济制度和政治制度时指出：在自给自足的自然经济中"农民不但生产自己需要的农产品，而且生产自己需要的大部分手工业品"②。有西方学者把这种生产概括为具有"泛能化"的特点：稳定而简单的生产"分工"，自己的生产能够满足自己各个方面的全部需要。列宁指出："在自然经济下，社会是由许多单一的经济单位（家长制的农民家庭、原始村社、封建领地）组成的，每个这样的单位从事各种经济工作，从采掘各种原料开始，直到最后把这些原料制造成消费品。"③　简单的"分工"、生产者同消费者一体的"泛能化"生产不可能形成普遍性的交换，由此决定的多样性的社会交往和联系也就不可能出现。同时家庭作为生产单位必然是相对孤立的，土地

① 《马克思恩格斯选集》第 3 卷，人民出版社 1972 年版，第 441 页。
② 《毛泽东选集》第 2 卷，人民出版社 1991 年版，第 623 页。
③ 《列宁选集》第 1 卷，人民出版社 1972 年版，第 161 页。

的空间阻隔使人们很少流动，具有封闭性，正如费孝通先生所指出的："自给自足的乡土社会的人口是不需要流动的，家族这个社群包含着地域的涵义。"① 因此，血缘家庭关系就是最基本的社会关系，人与人之间的关系是直接的、密切的，是一个熟人社会，每个人在这个关系直接、密切的熟人社会中有着固定的地位或身份，是一种身份关系。但是城市的贸易活动首先就必须打破地域的限制，产品（商品）所有者必须向市场流动和聚集，必须要建立起与交易对象在血缘家庭关系之外的新的、更丰富的社会联系，形成新的社会关系，即契约关系。

"契约"即"证明出卖、抵押、租赁等关系的文书"，这是《现代汉语词典》中对契约基本含义所做的解释。《中国大百科全书》"法学卷"中认为发生一定权利义务的协议都属于广义上的契约。契约主体相互间是自由、平等的关系，缔结契约是双方或多方的合意，所以契约自带规范性，内涵着要被契约主体所遵守制约作用。因此"契约是一个诺言或一系列诺言"，法律在某种情况下，"认为履行这种诺言乃是一种义务"。从其发生看，契约最初是同氏族部落间的经济交换相联系，同商品生产和商品交换相联系的。但在历史上，契约不仅仅发生在经济行为中，它也和氏族部落、邦国之间的政治军事上的交往、联盟有关：不同的氏族部落之间由于共同利益的需要而产生的盟约。所以，从一开始契约就有着广泛社会意义。

如前所说，契约现象在原始氏族部落就已经出现。但作为一种普遍的、经常性的社会活动则同商品生产和交换相联系，而同自给自足的自然经济没有直接关系。因为自然经济生产的目的是自己消费不是为了交换，即或有交换也只能是个别的、偶然的，所以契约也就是个别的、偶然的。但商业经济则不同，商业经济生产的目的是为了交换，交换是经常的、普遍的，为了使交换活动得以维持，需要彼此之间的信任，为了保证这种信任不被单方面的行为所毁掉，就需要有契约。

---

① 费孝通：《乡土中国：生育制度》，北京大学出版社 1998 年版，第 70 页。

二、契约关系构成城市的基本的关系

契约方依照契约建立起来的关系就是契约关系，其实质就是以协议的形式确定的人们之间的交互权利义务关系。

英国历史学家汤因比在分析环境对文明发展的影响时认为古希腊贫瘠的土地无法支持早期希腊人的生活，使他们不得不进行跨海交易，在进行商业活动中古希腊人就建立起了契约关系：古希腊一些岛屿"土壤十分硗薄，所谓的剥蚀过程将土壤从山上冲入海中，使得到处岩石裸露。"当"牧场缺水，农田荒芜的时候，它的人民抛弃了畜牧业和谷物种植业——当时希腊的主要生活来源——转而发展出本地的特有生产方式——橄榄种植业和利用陶土。雅典娜慷慨赐予的树种不仅在秃岩上成活而且长得十分茂盛。然而，人类单凭橄榄油是无法为生的。为了从橄榄林中获得口粮，雅典人必须用他的阿提卡橄榄油去交换西徐亚的粮食。为了将橄榄油送至西徐亚市场，雅典人必须将它封罐，用船运到海外"。因此他们发展起了贸易船队，进行海上贸易。这就发生了"海上迁徙"。在"海上迁徙"过程中社会组织中"首先要抛弃的便是原始的血缘群体"，而与船上的同伴建立起契约关系。"跨海迁徙"的积极成果是建立了一种新的政治关系："这种新的政治不再以血缘为基础，而以契约为基础"。这种契约关系也被带到了陆地，"在岸边和海上，伙伴关系要胜过亲缘关系。"① 契约关系在希腊社会成为一种普遍的关系。

19世纪英国著名的法律史学家亨利·詹姆斯·萨姆那·梅因就将契约关系看成是乡村社会同城市社会之间的基本区别。在乡村，土地是最基本的生产资料，而土地归家庭所有，人们在家庭之外往往无法谋生——自给自足的自然经济条件下，分工及其简单，家庭之外少有可以提供给人们的劳动工作机会——所以个人生活必须要依赖家庭，个人要获得土地只能从家庭中继

---

① ［英］阿诺德·汤因比：《历史研究·上》（中文），上海人民出版社2010年版，第94—95，106—109页。

承，而这种继承权又仅仅决定于他在家庭中的地位亦即他的身份，所以在乡村社会人们之间的关系是身份关系。城市则不同。在城市土地是可以交换的商品，这就意味着人们可以通过交换获得土地，土地买卖的双方形成了一种契约关系，因而梅因认为土地成为可以交换的商品决定了人们之间的关系从身份到契约的转变："这种从身份到契约的变化是按照对财产（尤其是土地）的占有方式而同时进行的。在乡村，土地被家族所共同拥有，而在城市中土地成为重要的可以交换的商品，所以个人可以不再依附于土地或者家庭。"梅因认为契约关系的形成是乡村和城市的区别："包括家庭依赖性逐渐解体和个人责任增加的进步。这也包括建立于个人在家庭中所处位置基础上的继承责任，渐渐被契约和有限的责任所替代。"①

　　同早期的古代城市不同，欧洲中世纪的城市发展既不是政治和宗教力量的推动、城市也不为它们掌控，而是经济发展的推动，是商业城市。乔尔·科特金以当时最发达的商业城市威尼斯为例说明了这一点：威尼斯的伟大之处"主要源于市场的经济力量，威尼斯的富足不是通过帝国征服或凭借其神圣中心的位置获取的。它的财富……几乎都是凭借精明的经商之道获得的"②。同早期的城市交换剩余产品因而满足交换对象的需要并非出于交换者的自觉不同，威尼斯等地的商人是自觉地购买为交换对象所需的"香料、丝绸和精致的工业制成品"进行贸易，并且自己建设生产基地造船、生产军需品、制造玻璃等商品，通过出售给需要者而获利。如果说早期的古代城市的贸易是"潜在地存在着他人需要的前提"，很显然在中世纪的商业城市已经有着明确的"他人需要的前提了"，是一种**"自觉互利的自我目的性"**生产。并且早期的城市交换的是剩余产品，因为生产力低下，生产的东西仅限于农产品、粮食，这种产品的单一抑制了人的需要，而随着生产力的提高，分工的发展，生产产品种类的增加，人的多样化需要被激发出来了，需要多

---

　　① 见［美］布莱恩·贝利：《比较城市化》（中文），商务印书馆 2010 年版，第 11 页。
　　② ［美］乔尔·科特金：《全球城市史》（中文），社会科学文献出版社 2006 年版，第 104 页。

方面的交换以满足人不断增多的需要，导致交换多样化了，他人需要的考量是多样化交换的前提，人们在为他人的需要而生产和交换的过程中实现自己的利益。在这种多样化交换的基础上进一步形成了更为复杂、广泛的契约关系。在一些发达的商业城市契约关系已经成为重要的社会关系。契约已经成为对人的行为有直接约束作用的规则。英国文艺复兴时期戏剧家莎士比亚的戏剧《威尼斯商人》中威尼斯商人安东尼奥和高利贷者夏洛克之间签订借款契约，安东尼奥以他尚未回港的商船为抵押品向夏洛克借三千块金币。夏洛克因为安东尼奥影响了他的高利贷行业，又侮辱过他，所以仇恨安东尼奥，便乘机设下圈套。不巧的是后来安东尼奥的商船行踪不明，因而遭到夏洛克按照契约索取他一磅肉的噩运。尽管这一磅肉可能会导致他的性命不保，但安东尼奥也准备履约，所以希望见到巴萨尼奥最后一面。聪明的鲍西娅假扮律师答应夏洛克可以剥取安东尼奥的任何一磅肉，但是却不能使其流下一滴血（契约上只写了一磅肉，却没有答应给夏洛克任何一滴血），否则就用他的性命及财产来补赎，对此夏洛克也只能履行契约，为了保全自己的生命财产只好放弃对安东尼奥的索赔，因此安东尼奥获救。可见，契约意识、契约必须遵守的观念在文艺复兴晚期已经成为商业城市中的维系商人之间关系的文化价值。市民（欧洲中世纪时，商人们在原有的城镇和城堡脚下建立起定居地。从十世纪起商人聚集地即商业地点不断地发展壮大，形成了城市。商人们为了安全在城市修筑城墙、城堡，所以城市被称为新堡，以有别于原来领主和主教的旧堡。新堡的居民在十一世纪初开始被称为市民[①]。）的自由身份和个人权利是商业活动的自然结果："城市的自然倾向是成为城市共和国"[②]，甚至它最初只是商人用来谋利的一种工具：早期的市民阶级的思想中根本没有所谓人权和公民权的观念，没有把人身自由当作自己的天赋的权利，他们寻求人身的自由只是因为自由有利于他们获取财富，如果自由妨碍

---

① ［比］亨利·皮雷纳：《中世纪的城市》（中文），商务印书馆1984年版，第90—93页。

② ［比］亨利·皮雷纳：《中世纪的城市》（中文），商务印书馆1984年版，第140页。

了获利他们就宁可不自由，对此皮雷纳说："这是千真万确的"，在阿拉斯商人为了享受给予农奴的免缴商品通行税的权利便企图冒充圣瓦斯特修道院的农奴①。但是，唯其这样"自然"，使得自由成为城市商人的基因。是他们的身份——"自由的身份"，决定了他们的贸易活动同早期城市商人的贸易活动要受政治、宗教力量的影响控制不同，具有自治性②，契约意识因此有了广泛的社会基础，并在之后的发展中逐渐成为一种社会的文化传统。

应该说一种社会性的契约关系的形成是在近、现代的工业城市。因为在欧洲中世纪以前，农业生产是城市社会经济的基础，农业生产具有自给自足的特性，商品生产和商品交换在社会经济中并不占主要地位。这一阶段还属于德国社会学家斐迪南·滕尼斯所说的"礼俗社会""社会中组织的基本单元是家庭或靠血缘维系的族群，作用和责任是由传统的权威所界定，社会关系是本能的或惯常的，合作为习俗所左右"③。所以契约关系无法构成社会的普遍关系。但是到了近现代社会，这种情况发生了变化。

产业革命是西方近代社会开始的重要标志。欧洲的产业革命、工业化、城市化和资本主义生产方式是同步出现的，对此恩格斯指出："向城市集中是资本主义生产的基本条件。"④ 乔尔·科特金认为："自治城市和新兴的资本主义一起成长。"⑤ 随着产业革命的兴起、机器大工业和社会化大生产的形成、资本主义生产方式的出现和发展，以大工业为中心的近、现代城市大规模涌现。在工业城市中，一方面工业生产专业化、生产分工深化、劳动的职业化使自给自足失去了基础；另一方面，生产能力的极大提高，正如马克思恩格斯在《共产党宣言》中所指出的"资产阶级在它的不到一百年的阶

---

① ［比］亨利·皮雷纳：《中世纪的城市》（中文），商务印书馆 1984 年版，第 105 页。

② ［比］亨利·皮雷纳：《中世纪的城市》（中文），商务印书馆 1984 年版，第 118，105 页。

③ ［美］布莱恩·贝利：《比较城市化》（中文），商务印书馆 2010 年版，前言第 12 页。

④ 《马克思恩格斯选集》第 3 卷，人民出版社 1972 年版，第 335 页。

⑤ ［美］乔尔·科特金：《全球城市史》（中文），社会科学文献出版社 2006 年版，第 101 页。

级统治中所创造的生产力，比过去一切世代创造的全部生产力还要多，还要大。自然力的征服，机器的采用，化学在工业和农业中的应用，轮船的行驶，铁路的通行，电报的使用，整个大陆的开垦，河川的通航，仿佛用法术从地下呼唤出来的大量人口"①，在社会劳动里蕴藏这样大的生产力是过去任何世纪中的人们所不可想象的，这样巨大的生产能力生产出的大量产品必须为他人所需要才能实现它的交换价值从而达到生产者资本增值、获利的目的，所以交换普遍化了。更为重要的是由于发展工业而使大量的农民土地被剥夺，失去了土地的农民大量地涌入城市，成为雇佣劳动者，以出卖自己的劳动力为生，劳动力成为商品，因而马克思指出："资本主义时代的特点是，对工人本身来说，劳动力是归他所有的一种商品的形式，他的劳动因而具有雇佣劳动的形式。"② 当劳动力成为商品时，交换达到了最大化。这一时期被德国社会学家斐迪南·滕尼斯称为"法理社会"，在法理社会中人们之间的关系以契约为基础，形成了契约关系："社会和经济关系建立在个人之间的契约上"，每个人都是生产分工中的专门角色，个人的收入不再由世俗的权力决定，而是决定于竞争性的劳动力作为商品的价格，劳动力成为市场中一种最重要的生产要素，作为商品的所有者，商品交换要订立契约从而形成契约关系。血缘亲情关系对个人产生的影响在弱化，而专业化生产中的同行的影响在增强，家庭关系由首要因素变为次要的因素，决定社会关系建立的是理性和效率，而不再是传统③。交换关系最大化了，交换所必需的契约以及由此形成契约关系当然也就具有最大的普遍性。

在现当代，由于交换的普遍性以及契约的普遍性，契约关系已经超越了民族国家内的人际（企业）之间而具有了国际性。

契约关系这种变化的原因一方面是市场国际化了，形成了所谓全球市场。市场全球化的动力从根本上说是经济，生产力的发展是其深层原因。生

①　《马克思恩格斯选集》第 1 卷，人民出版社 1972 年版，第 256 页。

②　《马克思恩格斯全集》第 23 卷，人民出版社 1972 年版，第 193 页。

③　［美］布莱恩·贝利：《比较城市化》（中文），商务印书馆 2010 年版，前言第 12 页。

产力的不断发展导致了新的分工的形成和深化，人们为了得到自己的所需满足自己的需要，必须增加交换。人的需要是多方面、多层次的，需要的多样性决定了交换在本质上的开放性和普遍性，就是说分工不断深化、复杂化决定着交换不断扩大、延伸，全球化是发展的必然。但是在传统社会中依靠自然力，手工生产、人畜贩运的条件，生产和交换的能力都是极其有限的，人们无法克服时空的阻隔、地域的限制，无法摆脱自身的封闭状态，所以全球化难以实现。机器大工业的出现、交通通信技术的发展改变了这种状况，人们之间的交往、沟通能力增强了，交通通信越来越快捷，范围在不断扩大，人们的相互依赖性更强、依存度更高，商品交换超出了地域的界限而具有了世界意义。马克思恩格斯指出："由于机器和蒸气的应用，分工的规模已使脱离了本国基地的大工业完全依赖于世界市场、国际交换和国际分工。"[1]这就是马克思所说的世界历史的开始：它使每个文明国家以及这些国家中的每一个人的需要的满足都依赖于整个世界，它消灭了以往自然形成的各国的孤立状态，首次开创了世界历史[2]。人们"需要的满足都依赖于整个世界"，而作为商品的所有者要出售商品、实现商品的交换价值从而进行再生产也必须不断扩大市场，因而也"依赖于整个世界"，契约关系就具有了国际意义。

尤其是在当代，信息、网络技术的发展极大地推动了市场的全球化，网上贸易让人们能够"全球买全球卖"，使契约关系得以在世界范围内普遍化。

2018 年中国电商"天猫双 11"购物节期间，开场 41 分钟全球速卖通 AliExpress 在悉尼就完成支付订单 100 万笔，1 小时完成支付的订单超过 162 万笔，覆盖的国家和地区 193 个。近年来，随着中国国际化程度、消费能力的提高，中国消费者增加了对全球优质货品的需求，海淘和跨境电商应运而生。从 2014 年阿里天猫国际上线、亚马逊"直邮中国"业务开通起，唯品国际、网易考拉、京

---

① 《马克思恩格斯选集》第 1 卷，人民出版社 1972 年版，第 132—133 页。
② 《马克思恩格斯选集》第 1 卷，人民出版社 1972 年版，第 67 页。

东海外购等跨境电商品牌相继面世，人们可以"足不出户买全球"，2018 年"双 11"期间，共有 75 个国家和地区的 3900 个品类的近 1.9 万个海外品牌供消费者选择①。

可以说通过电商平台，众多的网店同任何一个有相关商品需要的顾客建立了契约关系。

第三节　契约关系与契约精神

契约关系与**契约精神**相互孕育、互为生长的条件。契约关系涵养着契约精神，契约精神是契约关系建立的前提，契约关系内在地需要契约精神维系。

一、契约关系的实质是契约方互为权利主体

契约关系形成的重要条件是商业城市明确的"自觉互利的自我目的性"生产。正如亨廷顿所说，在传统社会农村支配城市，城市往往起着次要或第二位的作用。工业革命以后，城乡的关系出现出了变化，城市逐渐支配乡村，成为社会发展的主导力量。乡村的生产是自给自足，是一种"自我目的性"的生产，而城市经济依赖于商品交换、依赖于贸易。因而城市生产的产品必须能够为他人所需，或许最初人们没有明确意识到他人需要是生产的前提，但它潜在地存在着，因为只有产品被他人所需才能交换出去。早期的城市贸易是剩余产品的交换，生产产品的目的是自己的需要而不是为了交换，因而不存在他人需要的考量，产品为他人所需并不是所有者的自觉选择，所以他人需要的前提只是潜在地存在着，这与之后逐渐成熟起来的商品交换中商品所有者生产的目的就是为了满足他人（交换者）需要不同，但所交换的

---

① 《"双 11"见证中国网购变迁》，见《人民日报》2018 年 11 月 12 日（9）。

剩余产品又确实能够满足交换者的所需，可以说是一种"非自觉互利的自我目的性"生产。在这种条件下，有契约，但不能形成普遍的契约关系。

由经济力量的推动发展的欧洲中世纪的商业城市，为商人所掌控。当时欧洲最发达的商业城市之一威尼斯，到 16 世纪已经"变成了欧洲最富有的城市"它的富足不是通过政治和宗教的力量而是"主要源于城市的经济力量""它的财富……几乎都是凭借精明的经商之道获得的"①。同早期的城市交换是剩余产品因而其满足交换对象的需要并非生产者生产的自觉不同，威尼斯等地的商人以交换为前提采购货物、生产产品，自觉地将市场（买方）需要作为目的，他们购买交换对象所需的"香料、丝绸和精致的工业制成品"并以之进行交换，他们造船、生产军需品、制造玻璃等目的是出售给需要者而获利。可见在中世纪的商业城市中，"他人需要的前提"已经不是"潜在地存在"在交换中，而是交换前的明确考量，是一种"自觉互利的自我目的性"生产。在这种"自觉互利"的生产活动中，人们通过交换实现互利，为了保证交换的顺利实现需要订立契约，社会性的契约关系形成了。同机器大工业、资本主义一同发展起来的西方近现代工业城市交换普遍化为市场经济，契约关系成为社会的基本关系，信息时代的城市则使契约关系普遍地全球化了。

交换活动是人们之间契约关系形成的基础也是它的载体，契约关系通过人们的交换活动得以体现，这种契约关系的实质是契约方作为平等的权利主体形成的互为权利主体的关系。马克思指出："为了使这些物作为商品彼此发生关系，商品监护人必须作为有自己的意志体现在这些物中的人彼此发生关系，因此，一方只有符合另一方的意志，就是说每一方只有通过双方共同一致的意志行为，才能让渡自己的商品，占有别人的商品。可见，他们必须彼此承认对方是私有者。这种具有契约形式的（不管这种契约是不是用法律

---

① ［美］乔尔·科特金：《全球城市史》（中文），社会科学文献出版社 2006 年版，第104—105 页。

形式固定下来的）法权关系，是一种反映着经济关系的意志关系。"① 在这里马克思揭示了契约关系的蕴含：

第一，是主体间的关系。人是主体、是自己活动的主体。人的主体性体现在人是有意识、有目的、自觉、能动、自主选择地进行一定的活动。交换活动的双方所进行的交换就是他们有意识、有目的、自觉、能动、自主选择进行的，是他们"自己的意志"的体现，所以交换中形成的契约关系是主体间的关系；

第二，是主体间的信用关系。相信对方能够按照彼此的共同意志"一致"行动，能够信守彼此的行动要"符合"他人意志的承诺；

第三，是自由、平等的关系。这是"主体间的关系"另一种表达。能够按照"自己的意志"自主选择自己行为活动的人们之间一定是自由、平等的关系，如果不自由他就不可能"自主选择"自己的行为，如果不平等他就不能按照"自己的意志"活动；这种自由、平等的关系也是双方作为"私有者"的必然，因为作为商品的所有者他可以自由地决定是否进行交换、作为商品的所有者他只有在平等的条件下才会同意交换而不必依附于任何人，也无须屈从于任何人的意志。

第四，互利的关系。"让渡自的商品"，是为了"占有别人的商品"说明交换的目的是为了自己的利益、满足自己的需要。达到这一目的前提是交换双方各自的商品必须同时为对方所需，是对方的利益所在，所以交换双方既要主张自己的权利——对方必须能够满足自己的需要，同时又要尽自己的义务——尊重他人的权利，满足他人的需要，互为权利义务主体，并不以牺牲一方的利益为代价。合意互利是契约精神的重要内容。这种私人之间契约精神对商品经济的发展起了重要作用。

---

① 《马克思恩格斯全集》第 23 卷，人民出版社 1972 年版，第 102 页。

二、契约精神的形成及其伦理意义

契约精神——包括自由、平等、守信及互利的精神——始终存在并影响着人们的契约关系、契约行为。但是在最初，契约精神并没有被人们自觉到，只是人们交易中的习惯性方式。人们由于彼此不信任，担心自己在交换中遭受损害而订立契约，希望用契约的强制性保证自己的利益。因而彼时的契约是外在于契约方的，契约对契约方而言必须遵守，否则就要受到惩罚。契约的强制作用使人们对它由不得不遵守到习惯遵守，逐渐成为人们的行为自觉，认同契约中的自由、平等、守信、互利的价值精神并内化为自我意识，所以契约精神成为人们的行为引导和支持。

当契约精神成为人们的意识自觉，契约对人就由外在的规范变为人的内在的自觉，具有了道德意义，成为人们建立契约关系的价值选择。如在亚里士多德那里公正就成了契约订立的根据。亚里士多德认为使社会结合在一起的是商品交换，相互交换的商品其数量与其相对价值处于相互补偿的比例，即质量上占优势的一方被数量上占优势另一方所平衡，这种商品交换就是正义的。就是说契约当然地以公正为标准①；教会法学家认为道德义务决定了契约的正当性。在他们看来契约本身就包含着对契约方信守承诺的期许，这种期许源自人的良心、义务感，源自契约方的平等：承诺作为一个良心问题，本身就是具有约束力的。构成契约的基础并赋予它以效力的是其正当性。而正当性来自订立具体契约的当事人预先所有的道德义务。出于道德义务、具有正当性的契约才被认为是具有法律约束力的。而为了使这种道德性得以维护，契约方的目的应当是合理的和平等的等等②。

---

① 见［英］亨利·西季威克：《伦理学史纲》（中文），江苏人民出版社 2008 年版，第 60 页。

② 见［美］哈罗德·J. 伯尔曼：《法律与革命》（中文），中国大百科全书出版社 1993 年版，第 305—306 页。

　　契约精神支持契约关系，同时契约关系又体现着契约精神，是契约精神在人的行为中的外化，是契约精神的载体。契约关系有一个从私人之间到社会的发展，相应的，契约精神也呈现为从私人之间的价值认同向社会的契约精神的延伸。

　　契约精神向社会的延伸形成了社会契约理论。西方资产阶级革命时期古典自然法学派将契约观念应用于社会领域，提出社会契约论。社会契约理论以天赋人权论为前提，认为在自然状态下，人们订立契约，建立国家，并让渡出一部分个人权利赋予国家，由国家来保护每个公民的人权。在人民与政府的关系上，由于人们自愿放弃权利，把一部分权利转让给国家而不是给任何个人，因此，人民在国家中应该是自由的，国家的主权只能是属于人民，人民可以更换政府，即"主权在民"。这种社会契约精神在推进社会民主、制约公权力，实现人权方面具有重要意义。

　　社会契约论不仅用契约精神解释国家的起源而且按照契约精神构建现实社会的国家政治。它的思想前提是"天赋人权"，认为人生而平等、享有自由，人的自由和平等是"天生"的、是人性的"要素"、是天赋的权利。为了保障人的天赋权利人们订立契约、建立国家。这一理论认为虽然自由平等是人的基本权利，人人享有，但在资源匮乏的条件下人的贪婪本性会导致人们之间对有限的资源进行争夺导致冲突使人的权利受到损害。为了解决冲突，人们订立了人人都同意的契约，订立统治原则，规范人的行为以控制人的本性、协调人们的行为，避免权利危机。英国启蒙时期最具影响力的思想家洛克认为，人具有理性，人们进入社会，把权力交给政府，目的是为了使政府为社会谋福利。政府的权力只能是"人民之许可他们的统治者们，在法律没有规定的场合，按照他们的自由抉择来办理一些事情，甚至有时与法律的明文相抵触，来为公众谋福利。"总之政府的权力是要服务于人民的福利，否则人民就有权力对政府的权力进行限制。所以，人民和政府订立契约，从根本上来说能够给社会、给人民来更大的福利、更多的好处①。法国思想家卢梭认为，每个人都是生而自由、平等的，私有制条件下异化了的现实世界导致了原本在自然状态下平等的个人之间的不平等，造成了人的不幸。要使人回归平等就必须改变造成不平等的根源的私有制国家，订立新的、真正的契约，形成一种新的人与人之间结合的社会共同体即国家，通过国家的力量保证每一个共同体成员的个人利益，而国家权力之所以能够如此是因为它是每一个自由平等的人的自愿结合的力量，说到底是人民的权力，用卢梭的话说就是"要寻找出一种结合的形式，使它能以全体共同的力量来卫护和保障每个结合者的人身和财富，并且由于这一结合而使每一个与全体相联合的个人又只不过是在服从自己本人，并且仍然像以往一样地自由。"他认为通过全体共同的力量来维护和保障每个结合者的人身、财富和自由这就是社会契约所要解决的根本问题②。西方资产阶级革命以后这种社会契约思想极大地影响着资本主义民主政治的发展。

在当代，罗尔斯的正义理论产生了广泛的影响，他通过对洛克、卢梭、康德等人的契约思想的概括，试图用契约的办法确定一种指导社会基本制度建构的根本道德原则即正义原则，提出了一种现代意义的契约思想。他假定人们在一种"无知之幕"的背后，不知道自己的社会地位、所处的阶级、自然禀赋；不知道自己的价值观念；不知道自己的经济政治状况，总之，在原初状态中人们是在没有任何关于他自己的特殊信息、也不知道同他人的矛盾和对立的状况下选择了一种原则，这样的原则一定合于所有的人的最基本的利益，是正义的③。

---

① ［英］约翰·洛克：《政府论》下篇（中文），商务印书馆 1964 年版，第 103—104 页。
② ［法］让－雅克·卢梭：《社会契约论》（中文），商务印书馆 1980 年版，第 9—10，23 页。
③ ［美］约翰·罗尔斯：《正议论》（中文）中国社会科学出版社 1988 年版，第 131 页。

三、契约精神在信息时代的发展

自由、平等、守信、合意、互利的契约精神在信息社会得到了充分的发展。

由网络支持的信息社会对人类社会生活的影响是革命性的。网络城市中契约性是城市的一种蕴含，这是由网络的特点决定的。

在信息社会中知识是社会中最重要的资源。在传统的农业社会中最重要的生产资料、最重要的社会财富是土地，在工业社会中最重要的生产资料、最重要的财富是资本，与此不同，信息社会中人的知识、智力、人的创造才能成了社会最重要的财富和最重要的资本。由于知识、智力的个人性，使得个人成为信息社会发展的重要推动力。美国公认最有影响力的新闻工作者、三次获得普利策奖、《世界是平的》一书的作者托马斯·弗里德曼甚至认为在信息社会，全球范围内的合作和竞争的"独特动力""就是个人"①。他认为从全球化的角度看待人类社会的发展，全球化经历了三个时代：1492 年到 1800 年为第一个时代，在这一时期发展的主要推动力是国家和实力，即一个国家的人力、马力、风力和后来的蒸汽动力。核心的问题是国家在全球竞争中的地位、是国家的竞争力；1800 年左右到 2000 年间是第二个时代，在这一时期发展的主要推动力是跨国公司。可以分为前后两个阶段：前一阶段是得力于铁路和蒸汽机带来的运输成本的下降并推动一体化，后一阶段是得益于电话、电报、电脑、卫星、光纤电缆和初期互联网等带来的通信成本的下降。在这一时期，由于国家间的充分的商品和信息的流动形成了真正的全球市场。主要的问题是公司在全球竞争中的地位和竞争力；从 2000 年开始是第三个时代，人类社会进入了一个新纪元。这一阶段的"与众不同的新特征"是个人成了在全球范围内的合作和竞争的独特的推动力。他把"个人和

---

① ［美］托马斯·弗里德曼：《世界是平的》（中文），湖南科学技术出版社 2006 年版，第 9 页。

小团体在全球范围内亲密无间合作的现象称为平坦的世界"①。平坦的世界是个人电脑、光缆、工作流程软件的综合产物。在这一时期，人们的个人意识开始觉醒，认识到了"他们拥有了前所未有的力量，可以作为一个个人走向全球"，同其他的个人进行竞争合作。所以这一时期的最主要的问题是我（个人）在世界的竞争中处于什么样的位置？我（个人）如何同他人进行全球合作？②

因此，信息社会激发出了个人的自主性，形成了极其普遍的契约关系。拥有知识、智力的个人运用计算机、网络自己就可以进行产品的制造，创造的劳动产品属于个人或个人所在的研究团队或一个企业所有，形成了所谓的知识产权。在信息社会用来交换的商品就是人们的知识、智能所创造的智力产品。以个人的创造力推动创造的智力产品是极其庞大的。大量的创造和创新的智力产品造就了大量的知识产权所有者，产品制造中对各知识产权所有者的产品的交互使用，使知识产权、专利产品的交换无处不在，契约关系因此渗透在社会生活的方方面面。

现实的普遍的契约关系成为契约精神生长的丰厚土壤，自由、平等、合作的意识大大增强。

网络条件下人们的平等是全方位的：互联网的网状结构本身就体现着平等。在网络上的每一个人都是平等的，每个人的人格平等。网络不是一个层级结构，不存在建立在等级基础上的绝对的权威，网络是分布式的，没有中心节点，所以互联网是无中心、无层级的无限链接，是去中心化的、平等的；个人可以平等地获取信息。网络是信息汇聚的巨大平台，信息对所有的人开放，任何人都可以平等地获取网络上的信息。谷歌公司（Google Inc.）的创始人之一塞吉·布林说，一个人不管他是柬埔寨的小孩子、大学教授还

---

① ［美］托马斯·弗里德曼：《世界是平的》（中文），湖南科学技术出版社 2006 年版，第 9 页。

② ［美］托马斯·弗里德曼：《世界是平的》（中文），湖南科学技术出版社 2006 年版，第 8—9 页。

是公司的管理者都同样可以通过网络获取同样的信息，这是完全平等的①；个人通过网络能够争取更多平等的机会。信息的快捷、充分、有效地传递带给人们更多的合作前景，人们发现他们能够找到更多的合作对象和竞争对手，人们互相竞争和合作的对象是来自世界上不同地方的众多的个人，他们将会在日益增多的工作岗位上互相竞争和合作，从而有着越来越多的机会上的平等②；人们也可以平等地发挥自己的能力。弗里德曼指出过去推动、参与和塑造全球化的是西方国家、公司和探险者，在信息社会个人成为竞争和合作的推动力，所以不同国家和地区、不同种族和肤色的每一个个人，都是全球化的驱动者，都可以参与其中③。

在信息时代人们的自由也是全方位的：在网络上人们的言论自由可以达到最大化。人们可以就自己关注的事物自由地发表观点、进行评论，从朝韩两国的关系、中美贸易战到一个城市的环境、交通问题，从"双十一"购物到食品安全，包罗万象；人们的交往自由也可以达到最大化。人们在网络空间中，可以形成需要不同的各种交往群体，有着共同的兴趣爱好者可以在网上聚集，进行讨论互动、交流分享，微信中的朋友圈就起着这样的交往作用；人们有了从工作中获得的新式自由：人们通过电脑、网络可以将自己的"知识工作和知识资本"自由传送到网络平台，这种依赖智力的工作让人们有了"崭新的自由"④。

在信息时代人们的合作互利也是全方位的：借助于网络人们可以更快地找到自己的合作伙伴、建立合作关系；通过大数据人们也可以找到更好的合

---

① ［美］托马斯·弗里德曼：《世界是平的》（中文），湖南科学技术出版社 2006 年版，第 138 页。

② ［美］托马斯·弗里德曼：《世界是平的》（中文），湖南科学技术出版社 2006 年版，第 7 页。

③ ［美］托马斯·弗里德曼：《世界是平的》（中文），湖南科学技术出版社 2006 年版，第 9—10 页。

④ ［美］托马斯·弗里德曼：《世界是平的》（中文），湖南科学技术出版社 2006 年版，第 6 页。

作伙伴。一个企业可以通过数据分析，在可选择合作伙伴中找到技术更先进、管理更科学、诚信口碑更好的企业进行合作。个人消费者可以买到自己需要的更加物美价廉的消费品；借助大数据人们可以找到更适合自己的合作伙伴。任何一个契约方作为个体都有自己特定的需要、有自己的特质，更精准地了解彼此的特点和需要有利于契约方的有效合作。通过网络充分的信息传播可以减少由于信息的不对称而造成的损害。通过网络掌握更多的有效信息有助于契约方的合作、达到共赢。

总之，城市的发展，必然促进契约精神的发展。

第四节　城市的契约精神与公共性

城市中的契约精神就其价值蕴含而言既有追求个人利益的一面又有超越个人利益追求公共利益的一面，是社会利益目标和个人利益目标的结合，表现为公共利益价值取向、一种**公共性**。

一、个人契约精神的公共利益价值取向

如前所说城市的生产具有"自觉互利的自我目的性"，就是说生产、交换的目的是为了个人获取收益、增加财富、得到利益，但是并不排斥他人利益，甚至认可他人同自己相关的利益并认识到他人利益的实现同自己利益实现的正相关性。

重要的是，这种互利为城市活动的主体所明确意识并且是有意而为——虽然不是目的但却是一种意识到了的实现目的所必需的途径。商品交换发生在两个或更多的各自拥有对自己产品的所有权的个人之间，他们是独立、平等、自由的个体，他们不仅清楚自己的权利、知道彼此的利益，而且知道彼此之间的利益相互联系、相互依赖，个人利益就在这种利益的联系中，所以，共同利益是他们的选择，是人们相互间的契约。

我们或许可以将其同亚当·斯密的"看不见的手"进行比较来加以理解。

英国经济学家、哲学家、古典经济学的代表人物亚当·斯密认为人们从事经济活动出发点是为了实现自己的利益、增殖自己的财富，但结果所获的劳动产品却为所有的人分享，并非本意地仿佛是一只看不见的手的推动促进了社会的利益。他在《道德情操论》中指出：尽管人们生性自私和贪婪，尽管他们雇用千百人劳动的唯一目的是满足自己的无尽的欲望，但是"他们还是同穷人一样分享他们所做一切改良的成果。一只看不见的手引导他们对生活必需品做出几乎同土地在平均分配给全体居民的情况下所能做出的一样的分配。从而不知不觉地增进了社会利益"①。在《国富论》中他表达了相似的观点："确实，他通常既不打算促进公共利益，也不知道他自己是在什么程度上促进那种利益。……他所盘算的也只是他自己的利益。……他受着一只看不见的手的指导，去尽力达到一个并非他本意想要达到的目的。……他追求自己的利益，往往使他能比在真正出于本意的情况下更有效地促进社会的利益。"② 看不见的手的关键是说主体的行为无意要去促进公共利益，促进了公共利益"并非他本意想要达到的目的"，对于公共利益仅仅是没有意愿去促进，但并不是没有对其存在的意识。所以看不见的手能够说明的是：第一，经济活动主体的"自私和贪婪"，他并不是没有意识到他人利益、公共利益的存在，他要生产、要交换就一定知道和他交换的一方需要他的产品，他的生产就有他人利益、公共利益需要的前提考量，甚至他要付给雇佣工人工资也表明他意识到工人的利益所在，他仅仅是不把这种利益当作追求的目的；第二，他不把他人利益、公共利益当作目的，没有去实现他人利益、公共利益的意愿，但又在事实上"促进了公共利益"恰恰说明公共利益内在于这种经济活动之中，是不可回避的；第三，没有促进公共利益的意愿

① ［英］亚当·斯密：《道德情操论》（中文），商务印书馆1997年版，第230页。
② ［英］亚当·斯密：《国民财富的性质和原因的研究》下卷（中文），商务印书馆1974年版，第27页。

却促进了公共利益，说明人的活动往往有其内在的逻辑，不以人的意志为转移。

亚当·斯密"看不见的手"是意识到他人利益、公共利益而无意去促进他人利益、公共利益，这同城市的契约关系、契约精神所蕴含的尊重他人利益、公共利益，谋求互利相区别。城市创造的价值追求在于能够使每一个在城市的人更好地生活，为了每一个在城市的人能够更好地发展，这就需要人们有促进他人利益、促进公共利益的意愿，要具有公共利益意识，而不能仅仅局限于个人利益的追求，不能停留在"自私和贪婪"的本能状态上，必须有对人的本能的超越，培养起公共意识。事实上，城市在发展中就在塑造着人的公共性。

乡村生产不具有这种"自觉互利的自我目的性"，因而无法形成公共性价值取向。

例如，在中国传统的乡村社会中，个人同家庭的伦理关系是家庭本位，家庭是个人的目的，《礼记·大学》所说的："物格而后知至，知至而后意诚，意诚而后心正，心正而后身修，身修而后家齐，家齐而后国治，国治而后天下平"就是这种关系的明确表达，个人修身的目的是为了齐家治国平天下（这里"家"是指"家庭"，而不是"大夫"的采邑，朱伯崑先生在其所著的《先秦伦理学概论》中专门做过说明。"家国同构"，家庭是缩小了的国家，国家是放大了的家庭。）。这种个人对家庭的忠诚、家庭本位的伦理关系是建立在个人对家庭的依赖关系基础上的：作为最基本的生产资料、最主要的生活资料来源的土地为家族所共同拥有、为父家长所有，个人生活必须要依赖家庭，家庭是个人利益的保障，所以这种"家庭本位"不是建立在个人权利基础上，个人不是权利主体而是处在个人权利无意识的状态，不是出于个人对家庭利益至上的自觉，而是有着经济上的"强制"意味。滕尼斯对乡村社会的特点做了这样的概括："社会中组织的基本单元是家庭或靠血缘维系的族群，作用和责任是由传统的权威所界定，社会关系是本能的或惯常的。合作为习俗所左右"说的就是血缘家庭本位、个人没有自主性、只有血亲间的利益关联没有社会互利联系的状况。德国社会学家西美尔认为在乡村"个人完全沉浸在直接接触的小社会圈中，……全部个性被其所在的群体所决定和主宰"，也就是说在乡村个人没有主体地位而只是依附于血缘家庭的被规定的存在①。由于血缘家庭是社会关系的基础，因而社会是一种"熟人"社会，人们之间的关系是一种伦常关系，建立在个人权利主体之间的契约关系没有普遍的社会基础，不存在建立在契约基础上个人主体之间对共同利益的意识，因此，在乡村社会中契约关系无法构成社会的普遍关系。

二、社会契约的公共利益价值取向

十七八世纪的社会契约论将私人（个人）契约精神应用于社会，从本质上看是一种以契约来说明国家和社会的形成、道德和法律原则的正当合理性的学说。代表人物有英国的政治家、哲学家托马斯·霍布斯（1588—1679）和哲学家约翰·洛克（1632—1704）、法国十八世纪启蒙思想家、哲学家让-雅克·卢梭（1712—1778）。他们都从假设的自然状态出发。认为在自然状态下每一个人都是自由、平等的，都有着同样的权利。

霍布斯认为：人是自然的一部分，趋乐避苦是人本能的欲望。由于能够满足人的欲望的资源匮乏，人与人之间不可避免地要进行争夺，使一切人处于对一切人的战争状态，结果是任何人的欲望都无法得到满足、任何人的利益都不能得到实现。人的理性使人认识到和平的重要，而且理性发现了自然法，即"方便易行的和平的条件"②，这个条件就是人自愿放弃自己对一些事物的权利并相互转让权利，权利的相互转让就是契约。自然法要求"所订信约必须履行"③。信守契约就是要强制人们对等地维持通过的相互约定，保护自我利益，从而也就保护了每一个人的利益。所以，契约有维护公共利

---

① 见［美］布莱恩·贝利：《比较城市化》（中文），商务印书馆 2010 年版，第 12 页。
② ［英］托马斯·霍布斯：《利维坦》（中文），商务印书馆 1985 年版，第 97 页。
③ ［英］托马斯·霍布斯：《利维坦》（中文），商务印书馆 1985 年版，第 108 页。

益的效用，"遵守有效的信约"就是正义①。人们转让出的权利交给了公共权力即主权者，使人从自然状态走向政府状态，因而政府是要维护公共利益的。

洛克认为在自然状态下人们以自然法作为行为的准绳、受不证自明的自然理性即自然法和公道（正义）原则的支配②，是一种人人平等的状态。理性即自然法则的作用在于禁止人们相互侵犯他人的生命和财产，每一个人都是这一法则的执行者，因而每一个人都有权惩罚违反自然法的人。自然状态是人人享有自由、和平、平等及私有财产，人人具有理性正义、仁爱的黄金时代，但自然状态缺乏一个公共仲裁者，而人们在运用自然法则时对他人比自己更严厉，导致人们往往因一些小的纠纷而引起致人死地的战争，因此人类必须脱离自然状态。脱离自然状态就是人们让渡出组成共同体所必须的权利，交付给共同体的大多数，就是契约。通过契约，人们过渡到国家。人们转让和让渡权利的条件是公共权力必须保护转让人的利益与财产。由此得出的结论同样是国家或政府要维护其国民的利益。国民的利益就是公共利益。

卢梭设想人类曾经有过这样的境地：在自然状态中，不利于人类生存的种种障碍超过了每个人在那种状态中为了自存所能运用的力量。所以人必须改变自己的生存方式，否则就要灭亡。人类改变自己生存方式的办法是集合起来形成一种力量，以克服不利于人类生存的各种障碍。如何能够使人们致力于这样一种力量的总和又不至于伤害自己即"要寻找出一种结合的形式，使它能以全体共同的力量来卫护和保障每个结合者的人身和财富，并且由于这一结合而使每一个与全体相联合的个人又只不过是在服从自己本人，并且仍然像以往一样地自由"呢？这样的"形式"就是契约。他区分了个别意志、众意、公意。他所说的个别意志是个别人利益的体现，众意只是着眼于私人的利益，是个别意志的总和，公意是公共人格的体现也就是国家意志。

① ［英］托马斯·霍布斯：《利维坦》（中文），商务印书馆1986年版，第109页。
② ［英］约翰·洛克：《政府论》下（中文），商务印书馆1964年版，第4—5页。

国家是由个人通过契约形成的"全体共同的力量"，国家意志也就是全体共同的意志，是公意。他认为"公意永远是公正的，而且永远以公共利益为依归"①。

当代美国政治哲学家、伦理学家约翰·罗尔斯设计了无知之幕。他假设在无知之幕下，人们全体一致达成了契约。这个契约的内容就是他所谓的正义原则。这个正义原则有两个部分：第一个正义原则是"每个人对与所有人所拥有的最广泛平等的基本自由体系相容的类似自由体系都拥有一种平等的权利。"即公民个人在基本自由方面是一律平等的，这是公平，是第一位的。第二个原则是"社会和经济的不平等应这样安排，使它们：①在与正义的储存原则一致的情况下，适合于最少受惠者的最大利益；并且，②依系于在机会公平平等的条件下职务和地位向所有人开放。"这是说社会制度对于收入和财富的分配即使无法做到完全平等，也必须合乎每一个人的利益，这是正义。他指出"正义是社会制度的首要价值"②，正义的制度就是要维护每一个人的利益、维护公共利益③。

三、网络契约的公共利益价值取向

可以说计算机网络的发展体现了这一技术的创造者、推动者们的公共利益价值取向的自觉，或者说是公共利益的价值取向、是共享意识推动了网络的发展。

在互联网发展的历史上有一些具有重要意义的时间节点：1977 年乔布斯等人发明了著名的家用电脑苹果Ⅱ；1981 年 IBM 制造的第一台私人电脑投入市场；1985 年微软的 windows 操作系统问世。Windows3.0 系统和 IBM 个

---

① ［法］让 - 雅克·卢梭：《社会契约论》（中文），商务印书馆 1980 年版，第 23，39 页。

② ［美］约翰·罗尔斯：《正议论》（中文），中国社会科学出版社 1988 年版，第 292，1 页。

③ ［美］约翰·罗尔斯：《正议论》（中文），中国社会科学出版社 1988 年版，第 203 页。

人电脑使每个人可以处理和传播比以往多得多的信息。在 20 世纪 80 年代初，人们用一个个人电脑和调制解调器就可以用电话上网，并通过网络服务供应商发送邮件，形成了启动全球信息变革的基本平台①。但最初的平台受到很多限制，网络只具备最基本的程序用以交换文件和电子邮件，不同的操作系统和应用程序互不兼容，文件交换必须在使用相同操作系统和应用程序的用户之间通过电子邮件或文件转移才能实现，但就是这些简单的操作也只有那些电脑高手才能完成，很不方便。到了 20 世纪 90 年代互联网出现了。英国物理学家蒂姆·博纳斯·李是互联网的创造者。他提出了万维网的概念，即"建立一个系统，以便创造、组织和链接文件，方便人们浏览"②。对此他解释道：万维网是一种抽象的想象的信息空间，它与因特网的不同在于后者是通过计算机之间的电缆进行计算机之间的相互连接，而万维网则是通过超文本链接连接的是各种文件、声音、录像等信息。万维网使得因特网更为有用，它给人们提供了"以极低的成本进行全球沟通的工具"，使信息交流更方便了。而博纳斯·李放弃了开办软件公司用技术发明创造财富的决定，创建了非营利性的万维网联盟，致力于用技术的开放为人们创造平等自由的信息交流的平台，美国《时代》周刊评价博纳斯·李："他设计出了万维网……并且，他……努力让万维网保持开放、非私人专有和自由浏览。"由于这种"开放、非私人专有和自由浏览"使得因特网的用户以指数的形式递增，在 5 年之内从 60 万人上升到 4 亿人，平均每隔 53 天用户量就会翻一番③。由于博纳斯·李的公共精神使更多的人能够分享这一技术带来的信息和机会。

　　大数据是新一代信息技术。信息技术与经济社会的交汇融合引发了数据

---

① ［美］托马斯·弗里德曼：《世界是平的》（中文），湖南科学技术出版社 2006 年版，第 45—46 页。

② ［美］托马斯·弗里德曼：《世界是平的》（中文），湖南科学技术出版社 2006 年版，第 48 页。

③ ［美］托马斯·弗里德曼：《世界是平的》（中文），湖南科学技术出版社 2006 年版，第 49—50 页。

迅猛增长，数据已成为国家基础性战略资源，对全球生产、流通、分配、消费活动以及经济运行机制、社会生活方式和国家治理能力等影响重大，已经成为国家基础性战略资源的数据，也必须共享才能发挥其作用。2015 年 8 月 31 日中国国务院发布的《促进大数据发展行动纲要》提出：要"稳步推动公共数据资源开放。……加快建设国家政府数据统一开放平台。""数据开放""数据开放共享""政府数据共享"等体现公共性的表达频频出现在这一"行动纲要"中。

依托大数据建设的"智慧城市"通过深入发掘公共服务数据，推动传统公共服务数据与互联网、移动互联网、可穿戴设备等数据的汇聚整合，开发各类便民应用，能够优化公共资源配置，提升公共服务水平。上海对智慧城市的建设做出了清晰的规划，目标可见：2020 年 2 月 10 日上海市发布的《关于进一步加快智慧城市建设的若干意见》提出：要"更多运用互联网、大数据、人工智能等信息技术手段，推进城市治理制度创新、模式创新、手段创新，提高城市科学化、精细化、智能化管理水平。"要"统筹完善'城市大脑'架构"，通过深化数据汇聚共享、强化系统集成共用、支持应用生态开放，"一体化建设城市运行体系"，做到"一屏观天下、一网管全城""依托电子政务云，加强各类城市运行系统的互联互通，全网统一管理模式、数据格式、系统标准，形成统一的城市运行视图，推动硬件设施共建共用，加快形成跨部门、跨层级、跨区域的协同运行体系。""着力提供智慧便捷的公共服务。"① 可以说，共享是网络的价值。信息社会公共利益的价值取向已经成为城市的内涵。

---

① 《关于进一步加快智慧城市建设的若干意见》，上海市人民政府网，2020 年 2 月 10 日。

第三章　公共性与公共伦理

公共性作为一种价值取向意指人的行为活动的公共利益选择。人的行为活动的价值是人的行为活动对人的需要的效用。公共性要引导人的行为需要具体化为道德规范、转化为公共伦理，或者反过来说公共伦理就是公共性的规范形式。公共性需要向公共伦理转变，才能实现其现实作用。

亚里士多德把人定义为政治动物。所谓政治简单地说就是统治、是管理。而统治和管理需要有统治者和被统治者、管理者和被管理者，所以，人是政治动物意味着人一定是一种有着相互联系的群体性的存在。中国战国时期的思想家荀子（荀况）认为，形成相互之间的联系、结成群体是人区别于、优于动物的最重要的方面。在他看来人同动物相比，力气比不过牛、奔跑的速度比不过马，但是牛马却为人所驱使，原因在于人能够"群"，也就是说是一种群体性的存在。马克思则深刻地将人定义为是"社会关系的总和"，揭示了人的本质。相互联系、结成群体是人的存在方式。人之所以要以群体的方式存在是因为通过相互联系、彼此合作、共同行动人才能够更好地实现自己的目的。人的目的或目标从根本上说就是人的生存、生活，在直接的意义上则是人的劳动活动的目标，即将外部对象加工改造成为能够满足自己的生存、生活所需的物品。因此人的存在方式动态地说就是人的活动、人的劳动活动，这也就是黑格尔所说的：人就等于他的一连串的活动。马克思明确指出人的自由自觉的劳动就是人的本质。但是，很显然，人的活动是人的需要的推动，人们之所以加工改造外部对象是因为唯有如此外部对象才能够按照人的需要发生变化从而满足人的需要。因此马克思才说需要即人的本性。而需要首先是个人的需要。有着不同需要的个人结成群体其目的就是为了要通过群体的力量实现单独个人所不能够实现的目标。所以这个目标一定是合于组成群体的每个个体的需要。问题在于，有着各自需要的个体如何才能够形成共同的目标并朝着共同的目标行动，这就需要有一种力量能够协调人们的行为。道德就是这样一种社会的协调力量。

但是，人类进入文明社会之后，利益的分化、阶级的形成使道德成为阶级道德，成为反映一定阶级的利益需要反过来又为一定的阶级利益服务价值观念，具有鲜明的意识形态特点。不同阶级有不同的道德，道德多元化了。道德的多元性影响其对于社会生活的协调，进而影响社会的有序运转。因此，一些思想家如帕森斯、布罗代尔等都强调对于一个社会而言，需要有一个统一的价值观念、统一的行为准则，也就是说需要有共同的道德。但是，在现实生活中社会利益分化、利益主体的多元化反应在道德上的多元、差异是一个事实。统治阶级或管理者所倡导的强调整体利益价值取向的道德在社会层面上往往要受到多元道德的挑战。在城市社会，由于城市本身经济生活的特殊性、人们之间的契约性关系和在这个关系基础上所形成的人的自由、平等、自利、互利的观念，给"社会道德"带来的挑战更为明显。因而也才使得 20 世纪 30 年代美国的芝加哥学派的一些学者提出了在城市中作为国家意志的法律取代了道德，成为社会生活中的最重要的调节力量的观点。

的确，法治作为现代社会的内涵，法律的调节作用在社会生活中是强有力的。但是，这绝不意味着道德可以被边缘化。实际上，由于道德自身的自律性和非国家强制力强制的特点使道德对人的行为的调节作用更为深刻也更为广泛，在社会的治理过程中同法律相互作用，是不可或缺的。

问题在于，随着社会的民主化的推进，人的自我意识、对个人权利的诉求越来越强烈，对个人利益和整体利益关系的认识越来越深刻。一方面许多社会成员认同舍己为人、贡献社会的行为在价值上具有优越性、高尚性，另一方面则强调个人权利的合法性和道德上的合理性。在城市社会生活的层面上，强调合作、共赢、互利的价值观念具有广泛的社会共识。伦理道德研究应该重视社会观念的变化。

人是社会的，但是社会由个人组成，社会的前提是个人的存在。社会的利益因其代表着更多的个人利益而具有价值上的优越性，就是说社会利益的价值优越是因为它能够代表更多的个人利益，所以，整体的价值必须能够代表个人利益并通过个人利益的实现才具有真实性，因此，个人利益是前提、是基础。马克思主义认为人的社会历史活动具有合目的性即是以人为目的、要满足人的需要。人的需要首先是个人的需要。所以，他们看到人们奋斗所争取的一切，都同他们的现实利益有关、人总是从自己出发的，以人为目的就要关心个人的需要、重视个人的利益，这是马克思主义社会发展目标的现实要求，马克思主义的社会理想就是实现每一个人的全面发展。在这个意义上应当肯定个人的正当需要、正当利益的合理性、合道德性。

肯定个人正当利益的道德合理性并不归结为个人主义。其内在逻辑是每个人追求自己正当利益同时也应尊重他人追求自己正当利益的权利、承认其道德合理性，在此基础上人们寻求彼此间的共同利益、寻找人们之间利益上的最大公约数并以此作为社会生活中的行为准则，是一种以个人利益为前提和基础由所有个人共识的共同利益为行为原则的道德，即公共伦理道德。以人的共识性利益为基本原则的公共伦理在城市这个多元的、个人主体的社会结构中，其**"弱意识形态"**的特性可以对人的行为发挥着广泛、普遍性的协调和规范作用。

第一节　作为价值取向的公共性

公共性是众多学科研究的问题，公共哲学、政治哲学、管理学、社会学等学科都从公共利益的意识和公共利益价值取向形成的层面对公共性进行了探讨。

公共的概念在共同的意义上作为一种存在方式同人的存在、人的生活一样久远的，是人的一种存在状态，是人性的直接呈现。

汉语大辞典中对"公共"所做的解释是"公有的，公用的；公众的；共同的"。因此，从字义上说，"公共"强调多数人共同或公用，有共同活动、共同需要和公共利益之意，引申为公共财产。公与私相对。所谓私指个人的、自己的，个人活动、个人需要和个人利益之意，引申为私人的财产。

私和公是人的存在的两种形式，通常被表达为个体和群体、整体、人类。

一、人的社会性与公共性

人在马克思那里指个人。在《1844 年经济学——哲学手稿中》马克思指出："人的异化劳动，从人那里（1）把自然界异化出去，（2）把他本身，把他自己的活动机能，把他的生命活动异化出去，从而也就把类从人那里异化出去。""共产主义是私有财产即人的自我异化的积极扬弃"①，显然，这里的人是个人。

按照马克思主义的观点，个人作为现实的人"是他们的活动和他们的物质生活条件"②，从事劳动、进行物质生产是人生存的基础，"社会生活在本质上是实践的"③。为了进行物质生产个人之间相互联系形成了社会关系，因而生产是社会活动，从事生产的人只能在社会中，是社会的人，所以马克思说人的本质在其现实性上是一切社会关系的总和，社会性就是人的本质属性。人的本质属性指人之为人、区别于其他事物的本质特点。人有多重属性。作为自然界长期发展的产物人有自然属性，所谓饮食男女；人从动物转

---

① 马克思：《1844 年经济学——哲学手稿》（中文），人民出版社 1979 年版，第 49，73 页。

② 《马克思恩格斯选集》第 1 卷，人民出版社 1972 年版，第 24 页。

③ 《马克思恩格斯选集》第 1 卷，人民出版社 1972 年版，第 18 页。

化而来，又具有动物性，所谓弱肉强食；人有意识，能思维，具有理性，是所谓理性存在物；人能够区别利害，趋利避害，具有善恶判断和选择能力，具有道德性等等，但只有社会性是人的本质特点，"人是最名副其实的社会动物，不仅是一种合群的动物，而且是只有在社会中才能独立的动物"①。社会是人的"交互活动"，是人的共同活动，就此而言，人的存在就是一个"共同"状态，人的公共状态同人的社会性是一致的。

但是，不能把公共性等同于人的社会性。社会性作为人的本质属性是人的存在本身，有人就有、是人就有社会性。公共性则不然。公共性作为一种公共生活和公共活动、作为一种社会生活的现实，在古希腊罗马时期就已经存在，但公共性的价值取向作为一种明确的思想观念形成并自觉地对人的公共生活进行引导则发生在现代化、城市化过程中。

二、公共性的现代形成

中国人民大学教授张康之等人对公共性进行了考察，指出"作为一种观念，作为一个用来进行学术叙事的概念""公共""是在现代化的过程中发明的"②。

首先，公共性伴随着人们个体意识的形成、个人权利观念的增强而产生。

个体意识的形成、个人权利观念的增强是公共性形成的前提，没有个体意识的形成、个人权利观念的增强及其对社会生活的影响，也就不会有人们对公共生活、公共活动、公共利益的诉求的增强，对公共性的研究就不会成为时代的需要，对公共性作为价值观念的培育也就不会那么迫切，在当代尤其如此。

公共意味着世界为生活于其中的人所共同拥有。"人"是众多个人、是

---

① 《马克思恩格斯选集》第 2 卷，人民出版社 1972 年版，第 87 页。
② 张康之、张乾友：《考察"公共"概念建构的历史》，《人文杂志》2013 年第 4 期。

个人的集合，否则就无所谓共同拥有。但"人"仅仅是众多个人、是个人的集合还不能保证能够共同拥有世界，要真正做到共同拥有个人还必须是独立的、自由的、平等的，这是公共性理念形成的前提、基础。根据张康之等人的研究，"公共"同"共同"不同，"共同"（common good）指传统社会、农业社会、前现代社会中的"共同"，"被视为国家的一个目的——事实上是国家的最高目的。它是全部政府活动的一个象征"并且成为"王室利益"的代名词。显然，这是一个个人同国家的未分化的状态。而"公共"（public interest）则是新兴的资产阶级要实现自己的利益诉求发明的新的概念武器，"标志着封建共同体的解体和个体意识的生成"，是"人们开始在分散的、孤立的个体之间寻求一种具有 public"即公共属性的东西，其前提、基础是个体利益，是"与王室所解释的 common good，即'共同''国家的最高目的''王室利益'相对立"的，彰显的是一种个体取向。至少在开始时，那些言说着利益语言的人的根据往往是个体公民的私人。而只有个体公民具有独立性，相互之间是自由、平等的关系，才会有个体之间的共有、才会有公共性（否则，只能是为一些人所"共同拥有"）。而人的社会性并不以"个体意识的生成"、不以个体公民的独立性、不以其相互之间自由、平等的关系为前提，原始人没有个体的自我意识，等级观念、依附意识在传统社会中是社会的等级制度的反映，而所有这些——个体的无意识、等级观念、依附意识等都是人的社会性在特定社会历史条件的表现形式。独立、自由、平等是现代人的普遍诉求，所以，人在经历农业社会向工业社会转型、经历城市化的过程中，也包含着一种从"共同"向"公共"转型的内容，包含着从 common good 向 public interest 的转型①。

　　分散、孤立的个人之所以要寻求具有公共属性的东西，是因为意识到个人利益的存在必然要导致对个人利益的要求，在这一诉求不能自然实现时，就要采取行动去争取，而在一个复杂的社会系统中，面对着决定自己利益实

---

　　①　张康之、张乾友：《考察"公共"概念建构的历史》，《人文杂志》2013 年第 4 期。

现与否的社会权力，个人的行动往往微不足道、很难奏效，需要形成众人的公共意识和观念、通过众人的共同行动才能达到目的。在这个过程中人们发现了公共利益、认识到公共利益需要人们通过共同行动去争取，这样一种基于公共利益诉求的共同行动就是公共性的形成。哈贝马斯将其表达为"公共领域"。

"公共领域"即公共性。

德国哲学家、社会学家尤尔根·哈贝马斯在《公共领域的结构转型》中对公共领域即公共性进行了研究。他所说的"公共领域"指的是资产阶级公共领域。他认为资产阶级公共领域是特定历史条件的产物，同源自欧洲中世纪的"市民社会"的独特发展历史有关。在他看来真正的"公共舆论"（或公共意见，即资产阶级公共领域）出现在17世纪后期的英国和18世纪的法国。因此，哈贝马斯是从历史的视角将"公共领域"当作一个历史范畴加以讨论，"公共领域和公共意见的概念"要"从一个具体的历史情境中"去"获得它们的特殊意义"。在城市，市民公开地、自由地、理性地对公共问题进行讨论，而"公共意见，按其理想，只有在从事理性的讨论的公众存在的条件下才能形成"①。加拿大哲学家查尔斯·泰勒也指出：公众舆论"是在争辩与讨论之中得以详尽阐述的，并被我们诸色人等作为共同执掌之物加以承认。这一共同承认的要素便是在较强的意义上使公众舆论成为公众的。"② 当社会上一些人个人权利意识膨胀到极端致使对他人权利漠视、损害的现象严重存在的时候，城市的发展历史性地向人们提出关注公共性的问题，人们研究公共性，用公共生活、公共活动、公共利益的价值取向作为对抗人们的冷漠无情、自私自利、损人利己的方式。

其次，公共性是对多元社会价值反思所做的选择。

---

① ［德］哈贝马斯：《公共领域》（中文），见王晖等主编：《文化与公共性》，三联书店1998年版，第126页。

② ［加］查尔斯·泰勒：《呼求市民社会》（中文），见汪晖等主编：《文化与公共性》，三联书店1998年版，第188页。

如前所说公共性的前提、基础是个体利益，具有一种明显的个体取向。人的生活实践本质是说人的行为活动就是人的现实生活，人的活动要受需要的支配、是按照人的需要的尺度加工改造对象满足自己需要的过程，对象满足人的需要就是人的利益，所以人的行为又可以说是受利益的驱动。对人而言能够满足需要、对自己有利的对象就有价值，所以人的行为又是有价值目标的。对象所满足的人的需要既是个人的也是社会的，既是个体的也是公共的，无论是个人和社会还是个体和共同体都既可以在静态上也可以在动态上即人的行为活动意义上使用，但是公共性的提出则仅仅是从动态的角度指向人的行为的，指人的行为具有谋取公共利益的价值，就是说它是为表达人的行为的价值取向而提出的，即一种行为的公共利益价值取向。

最初它是作为"共同"即"王室利益"代表的"国家目的"的对立面，为争取个体利益而诉诸个体之间的共有的、公共性的行为。在西方社会，经过工业革命、资产阶级革命，封建制度受到了沉重的打击，启蒙运动则对封建专制主义，宗教愚昧及特权主义进行了猛烈的批判，主张"天赋人权"、自由、民主和平等的思想，自由主义在社会中产生了广泛深远的影响，以至于导致了近代以来社会在思想观念上的重大变化，影响着人们的行为方式，个人权利成为人们普遍的价值追求。20 世纪 60 年代以来在西方出现的所谓"后现代主义"就是这种社会变化的极端化反映。后现代主义者认为社会已经进入后现代，有必要对现代社会进行反思，认为作为现代性特征的普遍性、一元性、同一性、确定性等已经失去了合法性，应该用特殊性、多元性、差异性和变异性等来代替，肯定和崇尚特殊性、多元性、差异性和变异性。当代法国著名哲学家，后现代思潮理论家让-弗朗索瓦·利奥塔认为：后现代知识能够使我们对"形形色色的事物获致更细微的感知能力，获致更坚忍的承受力宽容异质标准。后现代知识的法则，不是专家式的一致性；而是属于创造者的悖谬推理或矛盾论"①。这就把特殊性、多元性、差异性和变异性等等强调到了极端，个人利益、个人权利就成了人们行为的终极目标。查尔斯·泰勒概括地叙说了这一变化，他指出："人们过去常常把自己看成一个较大秩序的一部分。在某种情况下，这是一个宇宙秩序，一个'伟大的存在之链'，人类在自己的位置与天使、天体和我们的世人同侪共舞。宇宙中的这种等级秩序曾反映在人类社会的等级结构中。人们过去总是被锢锁在给定的地方，一个正好属于他们的、几乎无法想象可以偏离的角色和处所。"② 因而渴望自由。但是当人们把自己作为自由的个体时却失去了世界和社会生活的行为意义，陷入了自我中心的黑暗之中，自我专注，导致了"对那些更大的、自我之外的问题和事务的封闭和漠然""忽略了对他们自身之外的关怀"③。结果人与人之间的关系疏离、冷漠甚至敌视，将他人的存在视为对自己权利的否定、对自己主体地位的威胁，"他人就是地狱"，所以为了实现自己的利益可以不择手段。但是，在现代社会，个人权利属于公民权，同公民义务相联系，逻辑地蕴含着对他人、对公共利益的尊重，个人利益至上、为了个人利益损害他人和公共利益并不是个人权利的必然走向，而是其被抛弃了平等基础、公民义务的规约后将自我利益膨胀到了极端的表现，

无论社会是否进入了所谓"后现代"（哈贝马斯不同意这一提法，认为现代性是一个未完成的谋划，当今社会仍处在现代社会中），在当代社会一些人私欲膨胀、相互倾轧、为了个人利益不择手段，侵害他人、公共利益的现象确实严重存在，结果是个人利益往往不能如愿实现，人们常常陷入"零和博弈"的状态，循环往复，一些人的幸福快乐总是伴随着另一些人的不幸痛苦以至于紧张、焦虑、不安成了现代人的生存状态。正是在这个过程中人

---

① ［法］让-弗朗索瓦·利奥塔：《后现代状况》（中文），湖南美术出版社1996年版，第30—31页。

② ［加］查尔斯·泰勒：《现代性之隐忧》（中文），中央编译出版社2001年版，第3页。

③ ［加］查尔斯·泰勒：《现代性之隐忧》（中文），中央编译出版社2001年版，第17页。

们认识到了公共利益目标的重要、认识到遵循公共行为准则尊重他人利益、尊重公共利益之于个人利益实现、社会发展的重要："必须有一些价值体系是共有的，必须有一个共同的价值体系。"即社会需要一种共识性的道德、共识性的价值，没有一种能够整合社会成员行为的道德、价值共识，"如果这种共识瓦解得太彻底，所得到的惩罚是社会的灭亡"①。

所以如果说传统社会、农业社会、前现代社会向现代社会、城市社会转型过程中的公共性是从"共同"中释放出的，那么当代的公共性则是在个人利益、个人权利中"寻找""发现"出来的。正如犹太裔美国政治理论家汉娜·阿伦特所说："世界对我们所有人来说是共同的"，并与我们的私人处所相区别，因此"公共"一词指的就是世界本身。人们共同生活在世界上意味着"事物世界存在于共同拥有它们的人们中间"，如同一张桌子的四周围坐着许多人一样，世界像每一个中间事物一样，既同时将人联系起来又分离开来②。阿伦特认为过一种公共生活是人的生活的本质，她认为：一切人类活动的事实是：人必须共同生活在一起，人如果仅仅去过一种私人生活，不被允许进入公共领域或自由选择不进入公共领域，他就不能算是一个完完全全的人。

人们认识到在个人生活之外还有公共生活、在个人权利之外还有公共利益、在"自我"之外还有"他人"因而尊重他人（个人或共同体、社会和国家）的权利；认识到自己所从属的共同体（社会、国家）对于个人所具有的重要价值就逐渐形成了所谓对公共性"认同"的理论。按照美国芝加哥大学教授爱德华·希尔斯的观点，公民（即希尔斯所说的市民）认同包括：第一，对社会的归属感即对整个社会依归的态度；第二，是对社会整体利益的关怀，"它是关怀整个社会福祉的态度"，包括"个人性、地区或集团性、'整体性'"；第三，是对社会制度和社会管理机构的尊重："市民认同是对

① ［美］塔尔科特·帕森斯：《社会行动的结构》（中文），译林出版社 2003 年版，第 436、440 页。

② ［美］汉娜·阿伦特：《人的境况》（中文），上海人民出版社 2009 年版，第 34 页。

构成市民社会的那些制度或机构的一种珍视或依归。""关注整体的福祉或较大利益。"① 即是一种对社会公共利益（社会制度要体现公共利益要求、社会管理机构要为公共利益服务）的价值取向的肯定性的观念。

2012 年被时任美国总统奥巴马授予国家人文奖章的美国洛克菲勒大学和普林斯顿大学的哲学教授夸梅·安东尼·阿皮亚的观点在一定的程度上反映了人们对现代社会价值问题的反思。阿皮亚强调个人的重要和优先、强调要把个人和个人利益放在第一位。在阿皮亚的思想中，生活是个人的，所以个人是人们对生活选择和判断的依据："我总是从致力于塑造其生活的个人视角开始。"② 而个人必须是自由的："自由是重要的"。自由之所以重要是因为有了自由人们才能够发展自己的"个性"，因而才会有幸福："人的个性培养自身就是福祉的一部分"。但他认为个性之重要不仅在于它是一种个人福祉，而且在于它是人类福祉的"核心要素"，在于它"不仅仅有助于，而且构成了社会之善"，在于它能够"产生出或者才能够产生出发展得很好的人类"。所以个人离不开社会、个性就寓于社会性之中，个人利益、个人幸福同他人利益、他人幸福同社会利益、生活幸福完全融合："个性预设了社会性，它不仅是对其他人个性的勉强尊重。一个自由的人是一个人类自我，……是社会人。"③ 一个人是"人类自我"，是人类中的自我，他人同我一样也是人类中的自我，所以要彼此认同。认同使人们团结一致，使人们进行公共活动、过一种公共生活："认同还创造出团结的形式：如果我认为自己是 X，那么，有时另外一个人也是 X，仅凭这个事实，我们就倾向于与他们一起做些什么或为他们做些什么"。他承认个人重要和优先、个人和个人利益是价值的来源，但他同样地认同他人和社会利益，认同公共生活也是价

---

① ［美］爱德华·希尔斯：《市民社会的美德》（中文），见 J. C. 亚历山大、邓正来等《国家与市民社会》，中央编译出版社 2002 年版，第 41 页。

② ［美］夸梅·安东尼·阿皮亚：《认同伦理学》（中文），译林出版社 2013 年版，第 10 页。

③ ［美］夸梅·安东尼·阿皮亚：《认同伦理学》（中文），译林出版社 2013 年版，第 37 页。

值的来源："认同所提供的是另一种价值的源泉，它帮助我们在这些选项中进行选择。采取一种认同，让它成为我的，就是让认同去构造我的生活方式。"如同要从"个人视角"开始塑造其生活一样，也要用认同的模式来思考生活："认同有其内在的模式……，这种模式帮助我来思考我的生活。"①

所以，公共性的提出是人们在对多元价值反思的过程中从人的利益实现、生活幸福、有效发展的目标做出的价值选择。公共性是基于重视个人利益、尊重个人权利引导人们超越自我、关心公共利益目标旨在破除"零和博弈"实现共赢而提出的价值选择。

最后，伴随着社会管理模式向公共治理的转变而强化。

社会管理模式决定于社会的经济的、政治的、文化的状况。社会的经济政治制度不同、文化传统不同管理模式就会有差异，随着社会的发展变化社会的管理模式也在相应地发生变化。

管理模式主要的是统治和治理两种。

统治指掌握国家政权的统治阶级、政府自上而下的发号施令、制定和实施政策，对社会公共事务进行管理。

治理是政府及其他社会力量通过相互合作、沟通协商、形成认同、明确目标对社会的公共事务进行管理，旨在更有序有效、更大程度地实现公共利益，其实质是协调个人利益。因此社会治理的核心是人的发展、是个人的发展。

个人发展受社会的物质生活条件的制约、受社会的生产方式和交换方式的制约："个人怎样表现自己的生活，他们自己也就怎样。因此，他们是什么样的，这同他们的生产是一致的——既和他们生产什么一致，又和他们怎样生产一致。因而，个人是什么样的，这取决于他们进行生产的物质条件。"② 从人们的劳动交换关系的发展看，马克思认为社会发展依次经历了

---

① ［美］夸梅·安东尼·阿皮亚：《认同伦理学》（中文），译林出版社 2013 年版，第 42—43 页。

② 《马克思恩格斯全集》第 3 卷，人民出版社 1960 年版，第 24 页。

三个阶段，分别是"人的依赖关系""人的独立性""自由个性"的阶段。他指出："人的依赖关系"阶段同自然经济相联系，是自然经济类型的社会；"人的独立性"阶段是商品经济占主导地位类型的社会；"自由个性"阶段是产品经济类型的社会。

"人的依赖关系"即自然经济阶段包括原始社会、奴隶社会、封建社会。在原始社会条件下生产力极其低下，人们只有依赖相互合作才能同自然界进行物质交换，"人的依赖关系"主要决定于自然因素；在奴隶社会，奴隶主对奴隶进行超经济强制，奴隶从属于奴隶主，是奴隶主的一种活的财产；在封建社会，地主（领主）剥削农民，农民对地主存在着人身依附关系，"人的依赖关系"主要决定于社会历史因素。原始社会的部落成员直接地同氏族部落融为一体，没有自我意识、没有个人的独立性；奴隶社会的奴隶、封建社会的农民由于奴隶主和封建地主的压迫，自我意识被抑制也缺少独立性。无论是原始社会中的部落成员还是奴隶社会的奴隶、封建社会中的农民，个人都不是权利主体。因此，就社会管理而言原始社会是通过长者的威望、风俗习惯维系社会的秩序、维护氏族部落的整体利益；在奴隶社会和封建社会，社会管理"没有任何基本法律，也没有法律的保卫机构""君主就是一切政治的与民事的权力的泉源""政体的性质要求绝对服从：君主的意志一旦发出，便应确实发生效力"，而其他人就是一个服从君主意志的生物体，"人的命运和牲畜一样，就是本能、服从与惩罚"，君主一个人按照一己的意志与反复无常心情领导一切，是君主专制的统治方式①。显然，这种统治从根本上说是维护统治者、维护君主的利益。因此，在"人的依赖关系"阶段，社会管理在本质上不在维护个人权利、个人利益，因而也就谈不上公共利益。

"人的独立性"在西方指的是资产阶级革命和工业革命以来的资本主义

---

① ［法］孟德斯鸠：《论法的精神上》（中文），商务印书馆 1963 年版，第 20，18，32—33 页。

社会。这一阶段"人的独立性"以物的依赖性为基础，就是说人之所以独立是因为他是商品的所有者。机器的使用使社会生产力大大提高，生产出的商品大大增加，商品生产和商品交换在社会经济活动中占据主导地位，形成了商品社会，商品交换普遍化了，交换关系成为社会的基本关系。在商品交换中，商品的所有者具有独立的主体地位，是具有个人利益要求的权利主体。而且随着机器大工业的发展，资本主义工厂需要大量的劳动力，吸引了大量的农村人口进入城市成为工厂工人，工人成了他自身的劳动力这一特殊商品的所有者，从而获得了同他的劳动力的购买者在法律上的平等地位。所以除了自身的劳动力之外一无所有的工人同奴隶、农民不同具有法律意义上的独立人格，有着法律所赋予的权利主体的地位。"人的独立性"取代"人的依赖关系"成为人的存在方式。"人的独立性"实质是人的个人权利的独立性，个人是权利主体。权利需要权力的维护。"契约论"提出人、人民不仅是权利主体也是权力主体，根据这种"主权在民"的理性原则建立起来的代议民主成了西方工业化国家的普遍的政治形式，政府代替人民行使权力，因此政府必须维护作为权力主体的人民的权利、维护公共利益。所以从 19 世纪末 20 世纪初开始在近百年的时间里，社会管理实行的是所谓公共行政即政府实施公共政策和提供公共服务。

"公共行政的关键要素包括：'法治'居于主导地位；聚焦于规则和指导方针制定；官僚制在政策制定和实施过程中扮演者至关重要的角色；公共组织内'政治与行政'相分离；奉行增量预算；专业人员在公共服务提供中居于主导地位。"① 公共行政的实践是福利国家。在福利国家内，公民希望国家满足其"从摇篮到坟墓"的所有经济的和社会的要求，当这种需求超出了公共资源的承受能力时，福利国家和公共行政受到了从学术到政治的越来越多的批评。当公共行政已经无法有效地实施公共政策、提供公共服务时，

---

① ［英］史蒂芬·奥斯本：《新公共治理——公共治理理论和实践方面的新观点》（中文），科学出版社 2016 年版，第 2 页。

"新公共管理"兴起了。

新公共管理的一个观点是将私人部门的管理技术应用于公共服务提供中会自动导致公共服务效率及效益的提高。

新公共管理也受到了人们的批评，人们对其批评的要点是：在日益多元化的世界中，这种管理依然将焦点集中在组织内部；在大量证据表明私人部门技术不具适用性的情况下，依然热衷于将过时的私人部门技术应用于公共政策实施和公共服务提供中。批评者认为：在一个日益碎片化的、跨组织的环境中，新公共管理对公共服务和公共服务组织的管理与治理进行掌控和贡献的能力是有限和单维的①。可以说行政管理和新公共管理的实践，在面对西方工业化国家在发展过程中普遍出现的在社会资源配置中"市场失灵"和"政府失灵"的情况时无法有效应对，因为一方面政府无法通过国家计划和行政命令达到对社会资源的最优分配，无法促进和保障公民的政治权利和经济利益；另一方面市场则追求利益最大化，无法实现公共品的有效供给、达到社会公平。

正是在这样的背景下，人们提出了"治理"机制，以求更有效、更大程度的保障公共利益。

所谓"社会治理"的有代表性和权威性的定义是由政府全球治理委员会提出的，认为社会治理是指各种公共的或私人的个人和机构管理其共同事务的诸多方式的总和，它是使相互冲突的或不同的利益得以调和并且采取联合行动的持续的过程，它既包括有权迫使人们服从的正式制度和规则，也包括各种人们同意或认为符合其利益的非正式的制度安排。

分析这一定义可以发现，治理的主体具有公共性，各种公共的或私人的个人、机构都是治理主体，是多元主体的共同管理；治理的目标是公共的：通过持续的联合行动调和相互冲突或不同的利益，实现社会的公共利益，可

---

① 见［英］史蒂芬·奥斯本：《新公共治理——公共治理理论和实践方面的新观点》(中文)，科学出版社 2016 年版，第 4—5 页。

以说治理的实质就是多元治理主体建立在公共利益及对其认同基础上的合作。

英国爱丁堡大学教授史蒂芬·奥斯本用"网络"说明治理的特点，认为："新公共治理核心的资源分配机制是组织间网络"，就是说治理的力量不是单一主体而是多主体，多主体才能构成网络。多主体的治理就必须协调主体之间的关系，这种协调的方式是治理主体间的协商，通过协商化解分歧共担责任："其责任需要通过网络内部组织间和人际间的协商来决定。"① 多主体间能够化解分歧、共同担责的前提是人们在相关问题方面价值观念上有共识，共识的价值观会协调人们的行为。所以奥斯本指出"要求使用起引导作用的价值观"，而这种共识性的价值观就是公共利益原则，即公共性："要求这些价值观在某种程度上更多地体现公共利益的重要性。……如果公共部门的公共性的基本价值理念能够很好地得以制度化的话，那么即使是改变政策执行的前提这样艰巨的任务，也可以更为迅速地完成。"② 公共性作为一种价值观念，其公共利益的价值取向在人们对社会公平的要求日益强烈的现代社会，被作为社会的管理理念是历史的诉求，因而其作为一种价值观的表达工具而得到了管理理念上的强化："只是到了现代，我们才把公共一词与社会治理方面的事务联系在一起，才用来描述甚至定义社会治理方面的事务。"③

公共性表达的是人的社会本质在历史发展中凸显出来的具体的丰富性，这种具体丰富性的凸显是人的独立性、个人自我意识的觉醒、个性的多样性发展、个人权利观念的增强，前提是人的平等尊严。人们在对个人权利反思的基础上选择彼此沟通、协调、包容、共同发展彰显着人的智慧；将公共性

---

① ［英］史蒂芬·奥斯本：《新公共治理——公共治理理论和实践方面的新观点》（中文），科学出版社 2016 年版，第 8 页。

② ［英］史蒂芬·奥斯本：《新公共治理——公共治理理论和实践方面的新观点》（中文），科学出版社 2016 年版，第 43 页。

③ 张康之、张乾友：《考察"公共"概念建构的历史》，《人文杂志》2013 年第 4 期。

作为一种价值观念支持在社会治理中实现公共利益目标表达的是人的理想。在这个意义上公共性是一个关乎人如何才能更好发展的范畴，公共性的增强是人的历史进步。

第二节　城市生活中公共性的历史和展望

公共性是学者们在多学科、从多角度研究的对象。学科不同、角度不同，对公共性的理解往往存在差异。对此有学者进行了梳理：

从社会分化的角度研究公共性的产生。这种研究认为，在西方，公共性的形成同近代国家职能的分化有关。国家职能日趋多样化，其中最基本的两大职能是统治与管理。统治是在统治者对被统治者的统治中实现的，所以，尽管某种程度上统治具有公共性的内容，但在本质上与现代公共性相悖。管理职能中体现着充分的公共性，公共性是其最根本的特性。因此公共性的彰显同社会领域的分化引发国家职能的分解有密切关系。在美国，关于公共行政管理的公共性探讨集中在下面几点第一，从多元主义角度以利益集团形式表现出来的公共性；第二，从公共选择角度以理性选择形式表现出来的公共性；第三，从立法的角度以代议的形式表现出来的公共性；第四，从提供服务的角度以消费者形式表现出来的公共性；第五，从公民权角度以公民权形式表现出来的公共性，等等。

在这里我们对公共性的理解同之前人们的理解的角度有所不同，是基于人的城市化这一城市创建的基本理念，从人的城市创建活动的角度将公共性作为实现城市创建的价值目标，在城市的基本功能中塑造出来的行为的价值取向，是人们在城市社会中更好生活的合理的行为原则。

一、公共性在城市生活中的发展

城市是人的创造性的体现，而人的创造活动具有合目的性即有着价值追求，人们城市创造活动的目的是为了更好地生活、为了幸福。

人的社会活动就是动态的人的社会本质，所以马克思把社会性说成是人们的"交互活动"。人的社会活动就是人的生活本身，因为正是人的社会活动创造出人的生命、生活所需要的条件，人的生活才能够进行。

人的"交互活动"要有序才能有效，为了有序、有效需要对人的活动进行管理，所谓管理就是要根据活动的目标提出规则，使人们依照规则行动。在原始社会，这样的规则来自人们在生活中形成的风俗习惯、来自部落首领的权威，是一种道德力量。进入文明社会之后，社会管理的工具除了道德还有具有国家意志的法律。为了保证管理者的管理活动的合法性，管理还包括了对管理者的管理。所以人的社会活动是一个系统。这个系统的实质就是如何使管理者依照合理的规则有效地管理被管理者的活动。可以说被管理者和管理者是人的活动系统的两端；而规则是价值工具，即保证人的活动真正为人所需要、有利于人、有利于社会的发展。所以规则必须是合理的即要体现人的活动的价值追求；"有效"就是价值的实现。人的城市创造活动也是这样的系统。人的城市创造活动涵养着人的公共性，更好的生活是人们城市生活的目标，是所有在城市生活的人的目标，所以具有公共性。但是正像哈贝马斯所说公共领域（即公共性）是一个历史的范畴，就公共性所内涵的个体意识、个人权利观念的增强、价值多元社会反思性选择、社会管理模式公共治理等要素而言，只能是现代城市活动的价值取向。

原始社会人们的价值观念是"共同"而不是"公共"。原始人没有个人同所在的部落整体相区别的意识，将自己直接同部落融为了一体。原始人的共同生活、共同劳动、平均分配就是这种个体无意识、自己同他人、部落直接等同的表现。根据达尔文的旅行记，即使是在饥荒严重的时候南美的火地岛人也会将偶然得到的食物同部落的其他人分享："年轻的火地岛人跑到海岸边去寻找食物，假如他幸而发现了一条搁浅的鲸鱼，这是他们最喜爱的食物，纵使饿得快死了也不去触动它一下，而是跑回去报告本氏族的成员，他们立即赶快来到发现场所，然后由年长者将鲸鱼的尸体平均分配。"① 甚至把人家送给他的一床被，也按照伙伴的人数，分割成若干片。在中国，中华人民共和国成立前依然处在原始社会末期的独龙族也有这种平均分配的情况，玉米分到最后要数着玉米粒分。原始人没有个人与群体、私人与公共的界限，"公共性"（实质是没有个体自我的共同）不是通过自主选择作为行为的价值取向而是生存方式本身。

随着生产的发展，产品有了剩余，人们以此进行交换，出现了城市的雏形。当增加的剩余产品为一些人私人所有时，人类就脱离了原始状态转向文明社会。

在传统社会中，城市和乡村相互对立，乡村是社会的主导、支配着城市，城市则处在次要或被支配的地位。乡村社会往往由血缘家族构成，一个血缘家族在一个地方繁衍生息，这个地方就成了以血缘为纽带的家族成员的聚集地，在这里血缘家族关系就是最基本的社会关系，家族本位，个人依赖于血缘家庭，所以"这是一种个体意识没有萌芽的状态，是私人利益没有觉醒的状态，在这样的共同体生活中，当一个人决定要做某事时，影响他行为选择的因素往往是这件事情是否能给共同体带来好处，而不是因其符合他自己个人的利益"②。所以，一种以私人为基础，作为私人集合的具有共同、共有意味的公共在乡村并不存在。因而在传统社会中以私人为基础、超越私人利益的公共利益价值取向的公共性不具有普遍意义。但尽管如此，城市在发展中还是在不断增长着公共性因素，"这同乡村那种较为固定的、内向的

---

① ［法］保尔·拉法格：《财产及其起源》（中文），三联书店 1962 年版，第 46 页。
② 张康之、张乾友：《考察"公共"概念建构的历史》，《人文杂志》2013 年第 4 期。

和敌视外来者的村庄形式完全相反"①。

到了近代工业革命以后，城乡的关系出现了颠覆性的变化。始于 18 世纪中叶的工业革命开启了机器大工业时代，机器大工业的发展使城市能够吸纳大量的劳动力，导致乡村人口向城市集中，促进了城市的繁荣，带来了 19 世纪欧洲城市的大发展，城市逐渐取代乡村成为社会的主导力量、支配着社会的发展。这是一个公共性得到大力发展的时期。

哈贝马斯在《公共领域的结构转型》一书中介绍了相关学者的研究，指出"理想类型"的"资产阶级公共领域"（其公共领域即公共性）在 18 和 19 世纪初的英、法、德逐渐形成。德国在 18 世纪产生了主要由"学者群以及城市居民和市民阶级构成"的"阅读公众"，由"阅读公众"发展出了公共领域："阅读公众的产生，一个相对密切的公共交往网络从私人领域内部形成了"，形成了"规模虽然偏小，但已经具有批判功能的公共领域"。在法国，在大革命的影响下趋向于政治化了的原本以文学和艺术批评为特征的公共领域即政治公共领域形成。在英国，到 19 世纪，在 18 世纪形成的自愿协会的基础上产生了"新的公共交往结构"，先前以"文化批判为特征、由受过教育的市民组成的文学公共领域向由大众传媒和大众文化操纵的领域"转型②。显然，这时的公共领域是资产阶级在共同利益的基础上，不同党派在争斗中通过"以阅读为中介、以交谈为核心的公共交往"达成的共识，国家和社会相分离③。哈贝马斯将这样的资产阶级公共领域称为"代表型公共领域"。

这些研究指出"公共领域"具有多元性。代表型公共领域将民众（工人、农民、"暴民"）包括女性排挤在外，他们被剥夺了平等地参与"政治

---

① ［美］刘易斯·芒福德：《城市发展史——起源、演变和前景》（中文），中国建筑工业出版社 2005 年版，第 9 页。

② ［德］哈贝马斯：《公共领域的结构转型》（中文），学林出版社 1999 年版，1990 年版序言第 2—4 页。

③ ［德］哈贝马斯：《公共领域的结构转型》（中文），学林出版社 1999 年版，1990 年版序言第 2—4 页。

意见和意愿形成过程"的权力（资产阶级民主的矛盾）。而大众文化的形成、由大众文化凝聚起了民众"反抗等级世界"的力量，因而在"代表型公共领域"之外形成了由民众组成的"平民公共领域"。就是说"公共领域"不是一个，而是有不同的形式，是多元的。就"代表型公共领域"（即"居于统治地位的资产阶级公共领域"）"压制""平民公共领域"，排挤工人、农民、"暴民"、女性而言，这样的公共领域并不具有资产阶级在反封建中所标榜的自由、平等的理念，不具有"公共"意义上的公共利益价值取向。

哈贝马斯认为公共领域在现代社会出现了转型：同由阅读、交往、形成共识相联系先出现的资产阶级公共领域由于大众文化的发展，书籍、报纸、期刊、杂志的内容发生了变化，人们阅读的内容扩大化、专业化了，导致公共领域在结构上向专业化转型。之后由于电子传媒出现导致公共领域的基本结构向集中化的转型①。"公共领域的结构转型"对当代民主理论的贡献应该在于"从多元性内部""突出"一种"普遍利益"作为公共性的标准②。

显然，电子传媒代表的大众文化同 18 和 19 世纪初的文化不同，18 和 19 世纪初作为资产阶级进行公共交往"、达成共识的中介是所谓"高雅文化"，为受过教育的、有教养的社会精英所拥有。但是，在当代社会，电子传媒所代表的文化产业的兴起和发展，使大众文化成为匈牙利哲学家阿格尼丝·赫勒所说的"为所有的阶级和阶层生产"的"产品"③。更确切地说，作为一种普遍的文化形式，大众文化具有适用于各个不同层次的人需要的特点。"传媒力量"成为哈贝马斯所说的新的"影响范畴""大众传媒影响了公共领域的结构，同时又统领了公共领域"，影响了人们的公共性认同。

---

① ［德］哈贝马斯：《公共领域的结构转型》（中文），学林出版社 1999 年版，1990 年版序言第 15—16 页。

② ［德］哈贝马斯：《公共领域的结构转型》（中文），学林出版社 1999 年版，1990 年版序言第 19 页。

③ ［匈］阿格尼丝·赫勒：《现代性理论》（中文），商务印书馆 2005 年版，第 177 页。

在这一点上，法兰克福学派左翼主要代表人物、哲学家赫伯特·马尔库塞有类似的看法，他认为在当代，社会技术的发展使发达的工业能够带给人们自由："个人将从劳动世界强加给他的那些异己的需要和异己的可能性中解放出来。这时，个人将会自由地支配他自己的生活"，使意志自由成为可能，这是工业文明发展的目标，是技术进步的目的。但实际发生的却是"相反的趋势"，技术成了新的意义上的社会控制的形式，"通过既得利益者对各种需要的操纵发生作用"①，大众传媒就是这样的"社会控制的形式"。"大众传媒作为灌输和操纵力量"培养了人们对"过度的生产和消费的压倒一切的需要"，结果是在人为物所奴役、"沦为物"的情况下，"个人同他的社会、进而同整个社会所达到的直接的一致化"②，失去了对资本主义制度的批判意识。这是一种在商品这一新的社会控制力量之下形成的消费文化导致的个人主义、享乐主义对公共性的冲击，可以说，在日常生活的层面，"普遍利益"作为公共性的标准还远未达成。

二、公共性在当代社会中的价值担当

但在当代，从社会治理的层面，公共性则构成了当代城市社会发展、人们更好生活的保障。

城市化必然伴随着政治上的民主化。

城市化与民主化都是现代化进程的社会不同方面的特征，彼此相互作用、相互促进、相互印证。亨廷顿指出：城市化、工业化、民主化是现代化进程的主要层面，"它们的出现绝非是任意而互不相关的"③。现代化和城市化、民主化是对同一社会发展过程的不同描述。城市化是现代化在社会结构方面的体现，而民主化则是现代社会的政治模式。现代化强调的是社会发展

---

① ［美］马尔库塞：《单向度的人》（中文），上海译文出版社2006年版，第4—5页。
② ［美］马尔库塞：《单向度的人》（中文），上海译文出版社2006年版，第8—11,32页。
③ ［美］塞缪尔·亨廷顿：《变化社会中的政治秩序》（中文），三联书店1988年版，第30页。

的阶段性，通过对社会由低级向高级、落后向先进的转化揭示社会的发展，城市化主要是从社会结构的变迁来说明社会的进步，而民主化则从社会治理主体的多元化所保障的公共利益体现了社会促进人的发展的理想。

现代化和城市化是相互规定的，现代化的过程就是社会的城市特质逐渐增加的过程，而一个城市化的社会也必然是一个逐渐地获得现代特质的社会。同样地，一个现代社会一定是以城市为中心、以城市为主导的社会，而一个城市社会则必然是一个充满现代性的社会。这是因为现代化和城市化的前提和条件是相同的，在时间上则具有同步性，我们可以说这样一个社会既是现代的又是城市的，从人们对现代社会和城市社会特征的规定上我们可以发现这种同质性。

作为现代社会结构体现的城市，在社会结构方面有着独特性：

首先，经济上独立的个人是社会结构的基础。在传统的乡村社会中，经济上的依赖关系是社会最基本、最普遍的关系。在家庭中子女在经济上依赖父家长、依赖家庭；在社会上臣民在经济上依赖君主、依赖掌控天下资源的最高统治者。而在现代社会，城市占据主导地位，即或在古代，城市中的商人和手工业者就是一些经济上独立的个体，在今天，随着城市的发展，独立的个人则在现代社会中成为经济主体。

其次，现代城市社会具有聚集大量人口的能力。城市巨大的生产能力能够吸纳大量的劳动力给人们提供谋生的条件，人们为了谋生而纷纷来到城市，形成了人口的大量聚集。一方面，职业分工、专业化生产本身将人口密集地组织在一起，另一方面，职业分工、专业化生产带动服务业的发展，提高了市民生活社会化程度，为兴趣、爱好、价值观念的相同的人提供了聚集的空间。

复次，城市社会具有内在的自治功能。职业分工、专业化生产的程度越高人们之间的依赖性越强，职业关系构成了个人直接的关系，支撑着城市社会生活。人们的职业关系构成了社会生活的基本秩序。为了调节职业内部和职业间的关系，产生了众多的行业组织和管理机构，不同的社会自治组织、中介组织、同业协会等等程度不同地在城市治理中发挥着作用。可见，城市结构中具有自治性。自治是城市的传统。皮雷纳在分析欧洲中世纪的城市时指出：由商人们领导、由商人、工匠、穷人、织工组成了城市共同体"……要求相当广泛的政治自治和地方自治"①。在传统社会，城市被乡村统治，城市的自治要求是为了从封建统治阶级那里争取和维护自己的利益；近代社会，城市在国家政治领域中具有支配地位，现代社会中城市支配了整个社会，城市的自治不再是要求国家给予自己权力而是自己就是社会权力的一部分，是自己在行使治理社会的权力，其表现或者是行业组织和管理机构作为社会资源的拥有者成为权力主体通过市场和政府之外的公益慈善寻求社会的公平或者是公民个人作为法定的权利主体要求在事关社会公共利益的问题上能够参与决策、监督政府权力等等。

最后，城市网络交往结构的形成。（见"三、网络的共享特质与网络空间的公共性"）

综上我们看到，随着城市成为社会的基本结构民主就成为国家制度、政治权力的价值内涵，城市化促进了政治上的民主化。而民主政治的运行需要公共性的中介。在这个意义上说，公共性又在公民参与公共事务的过程中得到建构，成为公共参与的价值支持。

这样的当代变化——公共性从政治层面向社会生活层面、从一定的阶级、阶层向社会共同体转变，从国家与社会的二元对立中的意识形态工具向社会生活的目标的转变——在理论上得到了反映。

哈贝马斯在谈到资产阶级公共领域的起源时指出：资产阶级公共领域的"政治化"："直至19世纪中叶，'社会生活的政治化'、舆论报刊的繁荣、对抗官方检查制度以及争取舆论自由等表明，不断扩大的公共交往网络的功能发生了转变。"② 将公共领域作为公众向国家、政府争取利益的一种方式、

---

① ［比］亨利·皮雷纳：《中世纪的城市》（中文），商务印书馆1985年版，第105页。

② ［德］哈贝马斯：《公共领域的结构转型》（中文），学林出版社1999年版，1990年版序言第4页。

途径。

在 20 世纪八九十年代，人们是把公共领域（市民社会）作为一个表示国家权力之外的社会和经济力量，"市民社会与国家相对，并部分独立于国家。它包括了那些不能与国家相混淆或者不能为国家所淹没的社会生活领域"①。即所谓二分法；也有人用国家——经济——公民社会的三分法代替国家和社会的同构以及国家与市民社会的二分法，认为"市民社会由所有私人领域（特别是家庭）、团体领域（特别是志愿性结社）、社会运动及公共交往形式组成"，是"介于经济和国家之间的社会互动领域"。还有人区别了三种不同意义上的市民社会：（1）市民社会是处于国家权力的监护之下的自由社团；（2）市民社会是独立于国家监护之外的社会自治组织；（3）作为第（2）种意义的替代和补充，市民社会有能力影响国家政策的制定②。哈贝马斯认为市民社会是私人领域，分为私域和公域，私域即商品交换和社会劳动的领域，构成了狭义的市民社会③，而"公域可以首先被看作是私人身份的人们作为公众聚集一起的领域"④，人们通过这一组织形式参与公共政策的制定和公共事务。爱德华·希尔斯在《市民社会的美德》中认为：市民社会是社会中的一个部分，与国家相区别，大都具有相对于国家的自主性，是由一套经济的、宗教的、知识的、政治要素组成的"自主性机构"⑤。

到了 21 世纪初，人们在谈到"公共性"时则开始将其作为人们共同行动的目标追求，并将公共性发展成一种新的哲学理论形式："公共哲学"，用

---

① ［加］查尔斯·泰勒：《市民社会的模式》（中文），见 J. C. 亚历山大、邓正来：《国家与市民社会》，中央编译出版社 2002 年版，第 3 页。

② ［加］查尔斯·泰勒：《呼求市民社会》（中文），见汪晖等：《文与公共性》，三联书店 1998 年版，第 175 页。

③ ［德］哈贝马斯：《公域的结构性变化》（中文），见 J. C. 亚历山大、邓正来：《国家与市民社会》，中央编译出版 2002 年版，第 155 页。

④ ［德］哈贝马斯：《公域的结构性变化》（中文），见 J. C. 亚历山大、邓正来：《国家与市民社会》，中央编译出版 2002 年版，第 151 页。

⑤ ［美］爱德华·希尔斯：《市民社会的美德》（中文），见 J. C. 亚历山大、邓正来：《国家与市民社会》，中央编译出版社 2002 年版，第 33 页。

公共哲学来研究公共性。

日本公共哲学运动的发起者之一韩国籍学者金泰昌教授认为："公共哲学"中的"公共"应该是动词，不是名词或形容词。公共哲学是一门"共媒——共働（dong）——共福"的学问。"共媒"就是相互媒介；"共働"的"働"字在日语中的意思是"作用"，在这里就是相互作用；"共福"，顾名思义就是共同幸福，公共哲学是为了探索一种让人们共同幸福如何成为可能的学问①。"公共性的哲学"就是探索"公共性"是什么的问题之专家、学者所追求的哲学；公共（作用）的哲学就是把"公共"作为动词把握，以"公""私""公共"之间的相克——相和——相生的三元相关思考为基轴，对自己——他者——世界进行联动把握的哲学，其目标是促进"活私开公——公私共创——幸福共装"的哲学②。认为公共哲学是一个崭新的学术领域，并且这种学问正是这个全球化时代中人们所体验的后现代意识形态才可能产生的学问……③。

另一位日本学者、探索公共哲学的代表性人物山胁教授认为：公共哲学"新"意之一是"以提倡'公的存在''私的存在''公共的存在'进行相关把握的三元论，取代原来的'公的领域'与'私的领域'分开对待的'公私二元论'思考"④。很明显，山胁虽然承认公共哲学的"崭新"的内容，但不把公共哲学作为"崭新"的学问的原因在于他不认为这种学问是同传统学问不同的东西⑤。

---

① ［日］佐佐木毅、［韩］金泰昌主编：《21 世纪公共哲学的展望》（中文），人民出版社2009 年版，总序第 5 页。

② ［日］佐佐木毅、［韩］金泰昌主编：《21 世纪公共哲学的展望》（中文），人民出版社2009 年版，总序第 9 页。

③ ［日］佐佐木毅、［韩］金泰昌主编：《21 世纪公共哲学的展望》（中文），人民出版社2009 年版，总序第 8 页。

④ ［日］佐佐木毅、［韩］金泰昌主编：《21 世纪公共哲学的展望》（中文），人民出版社2009 年版，总序第 13 页。

⑤ ［日］佐佐木毅、［韩］金泰昌主编：《21 世纪公共哲学的展望》（中文），人民出版社2009 年版，总序第 8 页。

公共性在城市中的建构不仅在民族国家内，而且也在国际间。全球化表明人类是一个大的利益共同体，全球化使不同国家在分工合作中形成了你中有我、我中有你的利益格局；人类面临的共同问题也让人们意识到共同利益的存在。不仅如此，人类就是一个命运共同体。当前，由于国际上出现的逆全球化现象，国际社会在解决贸易、环境、难民等问题方面遇到了极大的困难，影响了地区安全和世界的稳定，所以人们在呼吁多边主义、尊重多元文化，推动世界和平发展。一种国际间的公共性意识的构建对世界的发展有着现实的价值。

三、网络的共享特质与网络空间的公共性

美国麻省理工学院教授威廉·J. 米切尔在《伊托邦——数字时代的城市生活》中预言："以网络为媒介，属于数字电子时代的新型大都市将会历久不衰。"① 这种新型大都市是否会历久不衰是后辈人才能够进行判断的，但是网络给城市带来的变化是我们已经看得见的。

我们今天生活于其中的互联网是由一些有分享精神、公共精神的人创造和分享的具有共享、公共性的新的社会形式。

互联网本身就有分享的特质。分享是互联网的价值所在。互联网的网状结构本身是信息汇聚的巨大平台，信息对所有的人开放，任何人都可以平等地获取网络上的信息。一个网络平台汇集、传播的信息量越大，价值就越大。同样，通过由分享的网络构成的社会是一个共享、关注公共性、公共利益的社会。

互联网形成了一个没有边界的城市空间。城市有多重含义，就城市研究而言主要关注两个方面：一种含义是"建筑环境的建设和组合，这种建设和组合也是物质环境中社会关系结构的体现，如工厂、道路系统、市区、郊区

① ［英］威廉·J. 米切尔：《伊托邦——数字时代的城市生活》（中文），上海科技教育出版 2005 年版，第 1 页。

等"；第二种含义是"空间单元中社会组织的组合，如社区、城市、地区、国家、世界等。城市是空间性社会结构的组成部分或形式之一，其他空间结构包括邻里、地区、民族国家等"①。在前网络时代，第一种空间被称为物理空间，连接城市的网络在古希腊、罗马、威尼斯、英国、美国、中国等地域内，其能够达到的距离边界是有限的，而网络条件下的网络连接则大大拓展了这一边界。第二种空间被称为社会空间，在前网络时代基本形式是面对面的、具体的，受物理上地域、空间的阻隔、交通通信手段的限制，在一定的时间内这种组织形式也无法达到真正普遍的联系。而网络形成的社会空间由于信息传输得十分快捷大大增加了人们之间的联系的普遍性。互联网使每一个参与的用户联结在一起，形成一个由无数节点组成的巨形网络，产生了新的无限的城市空间。

网络空间的资源是信息。信息资源的效益在于信息的关注度和信息对人的影响力，即所谓网络的流量。网络的全方位平等使连接到网络上的"个体"（个人、企业、团体或组织）都可以在网络上传播、交流、共享信息。在多元社会中不同阶级、阶层，不同利益诉求、价值偏好，不同职业、行业，不同兴趣、爱好的人关注的信息不同、反映也不同，只有那些关乎公共利益的信息、关乎公共利益的行动建议才能引起更多的人的注意、才能动员更多的人的参与。流量决定网络平台的生命力，关乎公共利益的信息能够带来最大的流量，在这个意义上说网络空间自带公共性。

借助于网络形成的城市空间——由于网络的多节点、去中心化的特点能够在社会资源的配置更公平合理，如远程教育、在线医疗等——在一定程度上能够缓解优质社会资源的不足的问题，有助于缓和居民生活质量和利益上的矛盾冲突，有助于提高人们的社会认同感②。

---

① 高国鉴：《新马克思主义城市理论》，商务印书馆 2006 年版，第 95 页。
② 高国鉴：《新马克思主义城市理论》，商务印书馆 2006 年版，第 109 页。

第三节　公共性与利己主义和利他主义

"公共"同"公""私"构成了"三元相关思考"，"公共的存在"同
"公的存在""私的存在"构成了三元论，所以研究"公共"离不开对"私"
即"己"、"公"即他（他人、社会）的思考，研究公共性即公共利益的价
值取向离不开利己主义即个人利益、自我利益的价值取向和对利他主义即
他者（他人、社会）利益价值取向的思考。

一、利己主义和利他主义

人的更好的发展是进步，是人的生活更富裕、身体更健康、知识能力更
全面、精神理想更丰富的趋向。人的发展是人的行为实践的结果，通过行为
实践人创造能够使自己更好发展的条件，马克思指出，"社会生活在本质上
是实践的""是他们的活动和他们的物质生活条件"①。人的行为活动受人的
意识的支配，人按照自己的认识去塑造对象、创造自己需要的客体。人的认
识包括对客观世界的认识和对自己的需要的认识，人的实践活动是依据对客
观对象本质的认识遵循客观规律以自己的需要为目的的创造客体的过程，所
以支配着人的实践活动的意识既是合规律的认识也是合目的的认识。合目的
的认识就是价值认识，人的实践活动受人的价值观的支配，就是说，人的实
践活动内在地具有价值目标。人是价值主体，人的需要是价值目标。但人的
存在既是个体的也是集体的，人作为主体当然既指个人也指集体。问题在于
个人（私人）同集体、社会（共同体）的需要并不总是一致而常常是不一
致的，当个人同集体、社会的需要、利益有矛盾并且如果不减损或牺牲一方
的利益矛盾就不能解决时，就需要行为主体（价值关系中的客体）做出选

① 《马克思恩格斯全集》第 3 卷，人民出版社 1960 年版，第 23 页。

择，是选择个人需要还是选择社会需要呢？如何选择取决于行为主体的价值观，取决于他对个人同集体、社会价值大小的判断。

利己主义认为"为了他人的利益而付出努力或牺牲，是绝对不可能的"[①]。心理利己主义认为就人性而言人的行为的心理动机都是受自我利益的驱使，其行为追求必然是自私自利的；伦理利己主义则认为追求自己的最大利益，是每一个人的生活和行为的标准和原则。心理利己主义因此否定了人的行为利他动机的可能，否定了人的行为包含他人利益的考虑；伦理利己主义则认为即使一个人可能为他人的利益而行动，他应该做的也是他认为对自己最有利的事情，只有做对自己最有利的事情才是道德的。简单地说心理利己主义认为"人的行为目的只能是利己的"，伦理利己主义认为："人的行为目的都只应该是利己的。"[②] 伦理利己主义以心理利己主义为依据，而心理利己主义的依据是人的行为源自自己的动机、欲望或者本能，而不是他人。他们认为在任何时代、任何国家人们过去、现在和未来都是爱自己甚于爱别人。人们好像在牺牲，但是从来不为别人的幸福牺牲自己的幸福[③]。所以人的行为总是追求自己的目的、满足自己的欲望。当自己的需求得到了满足，他就会感觉到快乐。所以人们行为真正的欲求都是自己的快乐。

利他主义认为人的行为的动机纯粹是为了他人才有道德价值，只有无私利他的行为才是善的、道德的。利他主义或用动物中的利他行为作为证明，这一观点集中表现在社会生物学理论中，借助于动物中存在着某种利他行为来证明在人类在天性中也存在着利他动机；或用人的需要的多样性作为证明，认为人的本能需要是多方面的，人既有自私的一面，也有利他的一面，不论多少，仁慈确实是存在的。利他主义分为两种：温和的利他主义和极端的利他主义。温和的利他主义认为至少在某些人的行为动机中有一些是利他行动的理由，是基于对行为者之外的他人的利益的考虑。温和的利他主义旨

---

① 见程炼：《伦理学导论》，北京大学出版社 2008 年版，第 7 页。
② 见王海明：《伦理学原理》，北京大学出版社 2009 年版，第 198 页。
③ 《十八世纪法国哲学》，商务印书馆 1963 年版，第 501，537 页。

在要人们有牺牲自己的利益、去服务于他人的利益的意愿而并不坚持人们在任何情况下都要自我牺牲、服务他人。极端的利他主义则要求人具有毫不利己、着力奉献的英雄般的动机和举动。

利己主义与利他主义往往各执一词，相互攻击。利己主义抨击利他主义"虚伪"，而利他主义则回击利己主义是"人性的堕落"。对利己主义和利他主义评价也一直存在相互对立的观点："其中有些人出于对利己主义的义愤而从利他主义的道德教育中寻找出路；而另一些人强调利己的个人主义的创造性进取精神；还有一些人则希望从两者各取一小部分，强调个人主义的创业精神的必要性，不过要在道德的基础上和在道德的范围内"①。美国哲学家爱因·兰德认为，利己主义把自己本身看作目的，利他主义则把自己当作他人的工具。利己主义认为道德上的任何行为都应该有利于行为主体本身，而利他主义则认为他人利益是第一位的，他人利益高于自己的利益，利己主义认为人的行为都是由自我利益驱动的，一个真正利己的人的行为也会使他人受益，但使他人受益并非他的初衷，指导他行为的基本目标和追求只有他自己的利益，只是由于他的行为由理智所引导，而理性人的利益是不会自相矛盾的，意即有理性的人有着同样的利益要求，一个理性人做出的选择其他的理性人也会如此选择，他人因此才会从他的行为中获得益处。"真正的利己""代表着一种深刻的道德进步"②。

利己主义的观点受到了批评。北京大学教授王海明反驳利己主义认为人的行为仅仅受利己动机驱使绝不存在利他的观点，指出：一个人为了满足自己的需要和欲望同为了自己是根本不同的。人的行为是为了满足自己的需要，但这需要本身可以分为为了满足自己的"利己需要"和为了满足自己的利他需要两种。为了满足自己的利己需要是为了自己，属于目的利己，但是

---

① ［捷克］奥塔·锡克：《经济——政治——利益》（中文），商务印书馆 1985 年版，第284 页，转引自罗国杰：《伦理学》，人民出版社 1989 年版，第 176 页。

② ［美］艾因·兰德《新个体主义伦理观》（中文），上海三联书店 1993 年版，第 174—175，178—179 页。

为了满足自己的利他需要是为了他人，属于利他的行为。所以不能把满足自己的需要和欲望等同于为了自己，因此，心理利己主义是站不住脚的[1]。北京大学教授程炼也对利己主义进行了反驳。他以霍布斯的施舍为例，霍布斯看到乞丐的窘境时内心感到不安，而他要缓解自己的不安情绪的唯一方法是帮助乞丐，因此霍布斯帮助乞丐的行为是出于自己要获得心安这样一个欲望。显然，这个欲望是自私的。但是，霍布斯的行为也可能是出于乞丐应该吃上一顿饭这样的欲望。同前一个欲望的直接对象是霍布斯自己的福利即心安不同，它的直接对象却是乞丐的福利即让乞丐能吃上饭。前者是自私的而后者利他的。程炼认为，就经验而言，是不能否定利他的这样一种欲望存在的。所以在他看来，霍布斯的满足是帮助乞丐这个行为的结果。在这个意义上说，人们是从帮助他人中得到快乐而不是我们为了得到快乐而去帮助他人。所以心理利己主义否认人会有帮助他人的欲望和需要，这一点是不能够成立的[2]。

利他主义也受到了批评。有学者认为利他主义把利己的目的说成是恶的源泉，抹杀了利己的善的方面，把本身是善的利己的目的说成是恶的，具有片面性[3]。也有的学者认为利他主义是从人的抽象本能出发，来颂扬人的利他精神、牺牲精神。认为利他主义在谈论人的利他精神时片面肯定利他精神的高尚往往包含着反个人的倾向，不能辩证理解个人利益与他人利益的关系，没有看到正当个人利益的合理性[4]。

利己主义和利他主义的对立说到底是人们在利益关系上的矛盾的反映，要克服这种对立就必须要解决导致这种对立的人们的利益关系上的矛盾。马克思和恩格斯深刻地指出："共产主义者既不拿利己主义来反对自我牺牲，也不拿自我牺牲来反对利己主义，理论上既不是从那情感的形式，也不是从

---

[1] 王海明：《伦理学原理》，北京大学出版社 2009 年版，第 197 页。
[2] 程炼：《伦理学导论》，北京大学出版社 2008 年版，第 14 页。
[3] 王海明：《伦理学原理》，北京大学出版社 2009 年版，第 199 页。
[4] 罗国杰主编：《伦理学》，人民出版社 1989 年版，第 176—177 页。

那夸张的思想形式去领会这个对立，而是在于揭示这个对立的物质根源，随着物质根源的消失，这种对立自然而然也就消失。"① 在现实社会中，多元利益主体的存在决定了反映不同利益主体需要的利己和利他的观点对立必然存在。但是我们可以通过寻求多元利益主体的共有的利益，在此基础上形成一种超越利己和利他为多元利益主体认同的道德共识以协调多元利益主体的行为。

二、公共性对利己主义与利他主义的超越

公共性承认人的行为的个人利益前提，但不归结为利己主义，肯定人的行为的利他动机，并且将其作为人应该有的善行；公共性认同他人利益，坚持对他人利益的平等尊重，但不否认人的行为的个人动机，并且认为正当的个人利益具有道德上的善。

如前所说，公共性表达的是一种支持在社会发展中实现公共利益目标的价值观念、是一个关乎人如何才能更好发展的范畴，二者之间有一种逻辑上的递进关系：即人的行为同公共利益相一致、以公共利益为目标对（个）人的发展有利、可以使（个）人获得更好的发展。但公共性是具有个性的个人对由个人组成的共同体的利益价值的共识，所以理解公共性必须从"个人视角开始"② "个性预设了社会性，它不仅是对其他人个性的勉强尊重。一个自由的人是一个人类自我，……是社会的人"③，即公共性是一种主张在个人利益前提下公共利益价值取向。

从历史上看，一些思想家尽管在理论前提或研究方法上有所不同，但其伦理思想程度不同地具有对利他主义和利己主义的超越的特点。

---

① 《马克思恩格斯全集》第 3 卷，人民出版社 1960 年版，第 507 页。
② ［英］夸梅·安东尼·阿皮亚：《认同伦理学》（中文），译林出版社 2013 年版，第 10 页。
③ ［英］夸梅·安东尼·阿皮亚：《认同伦理学》（中文），译林出版社 2013 年版，第 37 页。

　　西方资本主义发展早期的一些思想家如霍布斯、爱尔维修、边沁、密尔等都将趋乐避苦、自保自爱作为人的本性，主张利己主义。但是他们并没有因为坚持人的利己本性而否定他人和社会的利益，休谟甚至批评那种认为利他不过是人们实现个人利益的工具的观点，指出有人认为人的所有的德性、情感都起源于人的利己的本性：他们赞成那些促进社会秩序、保证他们平静拥有幸福生活的习惯和原则是因为由于个人同社会的联系，感到自己的生存要依赖于社会；人们呼唤正义和人道，是因为人们重视自身的幸福和福利。他明确地指出来自"大自然和经验的声音似乎明显地反对""这种根据自爱或对私人利益的尊重而做出的道德演义"①。他认为人们具有"对人类的天然的爱"的情感，如果人们不是出于个人利益、报复心或嫉妒心，这种情感就会使人的行为趋向于对"社会的幸福以优先选择，并由此而给予德性而非其反面以优先选择"②。他指出人们始终一致地认为社会德性的价值就在于产生于人的"天然的仁爱情感"的"对人类和社会的利益所怀抱的那种尊重。"人作为上帝的造物"不可能完全漠不关心他的同胞被造物的幸福和苦难"③。他指出对利他行为的肯定不是个别人的观点，而是社会性的认识：人们始终如一加以称赞的是一个人的"交往和善行给社会带来幸福和满足"④。

　　亚当·斯密认为怜悯和同情是人的本性。这种怜悯和同情的本性使人关心他人的命运，把他人的幸福看成是自己的事情，为别人的幸福感到高兴。在他看来一个人如果人性未泯，那么只要他看到他人不幸就会抱有强烈的同情而对他人的幸福感到高兴⑤。穆勒（密尔）认为人的社会情感是一种自然禀赋："人类的社会情感是一种强大的自然情感"，它构成了道德的即善的一

---

① ［英］大卫·休谟：《道德原则研究》（中文），商务印书馆 2001 年版，第 65—66 页。
② ［英］大卫·休谟：《道德原则研究》（中文），商务印书馆 2001 年版，第 78 页。
③ ［英］大卫·休谟：《道德原则研究》（中文），商务印书馆 2001 年版，第 81 页。
④ ［英］大卫·休谟：《道德原则研究》（中文），商务印书馆 2001 年版，第 30 页。
⑤ ［英］亚当·斯密：《道德情操论》（中文），商务印书馆 1997 年版，第 1 页。

个基础①。

　　法国唯物主义思想家不仅肯定人的利他性、肯定人有利他和社会的行为，而且把公共利益作为道德的标准和基础，行为符合公共利益才是有道德的人。爱尔维修认为："在整个世界上，道德的人乃是使这种或那种行为合乎人道、符合公共利益的人。"② 主张在个人利益和公共利益结合中培养人的道德品质："惟一造就道德公民的办法，是把个人利益与公共利益联系起来。"③ 甚至认为美德的内涵就是追求公共幸福："美德这个名词，我们只能理解为追求共同幸福的欲望；因此，公益乃是美德的目的，美德所指使的行为，乃是它用来达到这个目的的手段。"④

　　可以看出，这些思想家理论上的包容性往往反映着他们对人性的思考。就人的个体存在而言，要趋利避害、自爱自保，要追求个人利益的满足，有个人利益的考量，这是人性自然。但同时人又是社会的存在，个人的利益的实现必须以社会作为条件，因此就必然要同社会的利益相协调，同社会的需要保持一致，将社会的要求作为行为选择的尺度。在这个意义上说，利己和利他都深植于人性之中。

　　马克思主义认为人是社会历史的主体。社会历史是由人创造的。人创造的历史归根结底是为了人本身的，人是人创造历史的目的，马克思指出："创造这一切、拥有这一切并为这一切而斗争的，不是'历史'，而正是人，现实的、活生生的人。'历史'并不是把人当作达到自己的目的的工具来利用的某种特殊的人格，历史不过是追求着自己的目的的人的活动而已。"⑤人的活动是有意识、有目的的，而目的受欲望驱动，欲望则是由需要转化而来。人的需要最基本的是生存的需要即对物质生活条件的需要，所以马克思

---

　　① 转引自［美］夸梅·安东尼·阿皮亚：《认同伦理学》（中文），译林出版社 2013 年版，第 37 页。

　　② 《十八世纪法国哲学》，商务印书馆 1963 年版，第 526 页。

　　③ 周辅成：《西方伦理学名著选辑》下卷，商务印书馆 1987 年版，第 64 页。

　　④ 《十八世纪法国哲学》，商务印书馆 1963 年版，第 465 页。

　　⑤ 《马克思恩格斯全集》第 2 卷，人民出版社 1957 年版，第 118—119 页。

的这段话实际上是说人的自然属性是人性，（生存需要是人的生物本能）其具体表现是个人的需要。在这个意义上说个人就是人性的承担者。马克思指出现实世界中，个人有许多需要，并指出人的需要就是人的本性："他们的需要即他们的本性"。所以人的社会历史活动直接的表现为在个体需要支配下的个人的活动，"在任何情况下，个人总是'从自己出发的'"①，人（类）创造社会历史是通过每一个人从自己的需要出发、追求自己的目的而进行的个体活动的方式展开的："人们总是通过每一个人追求他自己的、自觉期望的目的而创造他们的历史。"②

　　但这绝不是说历史就是由个人的活动创造的。人所需要的物质生活条件是人对外部世界加工改造、人的劳动活动的结果，所以马克思主义在其早期著作《1844年经济学哲学手稿》中认为，人的类本质是一种"自由自觉的活动"③。而人的劳动活动必须通过相互合作来进行即要通过社会关系——"许多个人的合作就是社会关系"④，通过社会——"人们交互作用"，即社会——⑤来进行。不仅如此。人们对劳动成果的享受也是通过社会关系形式实现的。所以无论是人们进行生产的方式还是对生产的成果的消费和享受都是社会的："无论就其内容或就其存在的方式来说，都是社会的，是社会的活动和社会的享受。"⑥ 所以满足需要的活动把人们联系起来了。由于需要即人的本性，因而个人之间必然要发生相互联系，形成社会关系。因而马克思说社会关系就是人的本质，人在其现实性上"是一切社会关系的总和"⑦。借助于社会这一形式人加工改造客观对象的劳动活动才能够进行，人的需要也才有可能得到满足、人的利益才能够得到实现，没有社会个人的利益就无

---

① 《马克思恩格斯全集》第3卷，人民出版社1960年版，第514页。
② 《马克思恩格斯选集》第4卷，人民出版社1972年版，第243—244页。
③ 马克思：《1844年经济学——哲学手稿》（中文），人民出版社1979年版，第50页。
④ 《马克思恩格斯选集》第4卷，人民出版社1972年版，第34页。
⑤ 《马克思恩格斯选集》第4卷，人民出版社1972年版，第320页。
⑥ 《马克思恩 格斯全集》42卷，人民出版社1979年版，第121—122页。
⑦ 《马克思恩格斯选集》第1卷，人民出版社1972年版，第18页。

法得到实现。所以马克思恩格斯指出："只有在集体中，个人才能获得全面发展其才能的手段，也就是说，只有在集体中才可能有个人自由。"① 问题在于社会利益不是个人利益的简单相加，社会利益不能直接地同样体现为每一个个人利益。组成社会的每一个个人都有着自己的特殊需要、特殊利益，因而个体之间的需要、利益不可避免地会产生矛盾和冲突。这种矛盾和冲突如果不能够有效的协调，社会的劳动活动就无法进行，势必会导致所有的个人的利益都会受到损失甚至完全无法实现。社会共同体的价值在于协调个人之间的利益需要，寻求个体之间共有的最大利益，以此作为共同活动的目标、进行共同活动，创造对象从而满足人的需要、实现人的发展。所以看似每一个人通过追求他自己的、自觉预期的目的在创造历史，实际上创造历史的却是许多按不同方向活动的愿望及其对外部世界的各种各样作用的合力，是社会的力量。

必须特别指出的是，一方面恩格斯强调社会整体力量在社会历史发展中的作用：明确提出社会历史发展是人作为历史主体及其合力的结果："在社会历史领域内进行活动的，全是具有意识的、经过思虑或凭激情行动的、追求某种目的的人；任何事情的发生都不是没有自觉的意图，没有预期目的的。"恩格斯进一步指出：许多在特殊的生活条件下形成的单个意志相互冲突、无数互相交错的力量的共同作用创造出历史："许多按不同方向活动的愿望及其对外部世界的各种各样影响所产生的结果，就是历史。"② "历史是这样创造的：最终的结果总是从许多单个的意志的相互冲突中产生出来的，……这样就有无数互相交错的力量，有无数个力的平行四边形"，历史结果是作为整体的、不自觉地和不自主地起着作用的力量的产物，是一种合力的作用。另一方面又指出个体力量对社会历史发展的贡献："每个意志都对合力有所贡献，因而是包括在这个合力里面的。"③ 肯定个体意志、个人

---

① 《马克思恩格斯全集》第3卷，人民出版社1960年版，第84页。
② 《马克思恩格斯选集》第4卷，人民出版社1972年版，第243，244页。
③ 《马克思恩格斯选集》第4卷，人民出版社1972年版，第478—479页。

在社会发展中所发挥的各自独特的作用。

　　创造和贡献同获取和享有是一致的。既然社会整体、社会"合力"与个体、个人都对历史的发展做出了贡献那么也就都应当享有社会历史发展的成果。可见，马克思恩格斯在人的劳动活动、人的社会实践的基础上通过对整体和个人在推动社会进步、人的全面发展中共同作用的分析，肯定了人——包括整体和个人——的创造价值，这一观点的逻辑必然是对人——整体和个人——作为价值主体的肯定，即人是享有自己的创造成果的价值主体——包括社会主体和个人主体，也就是说人——包括整体和个人——是利益主体，这就不仅肯定了整体利益同时也肯定了个人利益的道德上的合理性。

　　但社会整体的利益必须体现为组成整体的个体的利益或整体的利益必须代表组成整体的个体的利益，整体利益才具有真实性，所以马克思主义所说的整体是"个人的这样一种联合（自然是以当时已经发达的生产力为基础的，）这种联合把个人的自由发展和运动条件至于他们的控制之下"①，整体利益是代表个人利益的整体利益。所以个人、个人利益、个人价值始终都在马克思主义创始人的视线之内，被视为人类社会发展的前提、基础和条件："任何人类历史的第一个前提无疑是有生命的个人的存在。"② 社会结构和国家经常是从一定个人的生活过程中产生的③。人们的社会历史始终是他们个体发展的历史④。马克思恩格斯在《共产党宣言》中说："代替那存在着阶级和阶级对立的资产阶级旧社会的，将是这样一个联合体，在那里，每个人的自由发展是一切人的自由发展的条件。"⑤

　　可见，马克思恩格斯既强调解放全人类、实现每一个人的发展，又重视所设想的理想社会是一切人的自由发展，但这一发展是以每个个人都能够得

---

　　① 《马克思恩格斯全集》第 3 卷，人民出版社 1960 年版，第 85 页。
　　② 《马克思恩格斯选集》第 1 卷，人民出版社 1972 年版，第 24 页。
　　③ 《马克思恩格斯选集》第 1 卷，人民出版社 1972 年版，第 29 页。
　　④ 《马克思恩格斯选集》第 4 卷，人民出版社 1972 年版，第 321 页。
　　⑤ 《马克思恩格斯选集》第 1 卷，人民出版社 1972 年版，第 273 页。

到自由发展为前提的，所以在个人同社会整体的关系上，个人是基础是前提，社会整体是个人发展的条件，社会发展的目的是实现每个个人的发展。所以马克思恩格斯的理论在人类社会发展的合目的性上将个人利益和整体利益统一起来，其价值观具有对利他主义和利己主义的超越。

马克思恩格斯的思想为我们理解公共性问题提供了理论指导。

公共性对人的行为提出了公共利益的价值取向，其合理性在于其包含了个人利益但又超越个人利益，追求个人利益但也尊重他人、社会公共利益。只强调个人利益、强调在价值取向上利己的唯一性就违背了契约精神；仅仅认为行为牺牲自己的利益、服务于他人的利益，毫不利己、着力奉献才具有道德价值就消解了契约精神的载体。公共性所内涵的利己与利他两个方面能够承载和体现契约精神。以公共利益为行为的直接诉求，是一种在正常的社会条件下具有"帕累托最优"即对所有相关者有利至少可以保证不会有哪个人因此不利，所以说公共性从个人出发通过公共利益最终又包含了个人利益。

公共性的规范形式是公共伦理，或者反过来说公共伦理就是公共性的规范形式。公共性需要向公共伦理转变，具体化为公共伦理规范才能够更好地发挥其价值引导的作用。

第四节　伦理与公共伦理

伦理和道德常常被连在一起使用，也常被互换着在同一意义上使用，但从学理上说，二者之间既相一致又相区别。

一、道德和伦理

通常人们将道德和伦理通用，都作为行为规范。这是一种积习，在使用时并不会产生歧义，但二者之间确有区别，所以有必要做一辨析。

伦理就是人伦之理。"伦"即人与人之间的关系，尤其是人群关系。黄健中先生认为这种人群关系可分为三个方面，（1）"集合关系"之义，即传统伦理中的所谓家、国、天下；（2）"对偶关系之义"，即父子、兄弟、夫妇、朋友等；（3）连属之义，即所谓集体与集体之间如邦与邦、国与国之间的关系。"集合连属即相倚关系，对偶即相待之关系。故曰：伦为相待相倚之生活关系也。"① 东南大学的樊和平（樊浩）教授在《伦理精神的价值生态》一书中认为黄建中所说的"伦"表现的关系有待进一步研究，但"它以'关系'尤其以'人群之关系'为基本特质则是确定的"②。理即体现一定价值观念的人伦关系构建的道理。因此伦理就有着说明人伦关系是什么、应该如何的原则之意。显然，当指出一种人伦关系应该如何的时候，伦理就从人伦关系的构建的道理转向了如何处理人伦关系的实际，成为一种行为的规范。

道德就是道德规范，是体现一定善价值的人的行为准则、原则。所谓价值指的是客体的属性对主体需要的效用。价值由价值主体和价值客体两个方面构成，是一个关系范畴。道德是人的行为的规范，是关于人的行为的，用以规范人的行为以使其合于人（社会）即道德主体的目的。人的行为合于道德主体的目的即满足了主体的需要，则行为就具有善价值，就是善的，反之违背道德主体的目的即阻碍了主体需要的满足，则行为就具有恶价值，就是恶的。在同一道德价值关系中，道德价值的客体即行为主体同道德价值主体不可能是同一的，即道德行为主体不可能是道德价值主体。因为人的行为是由需要发动的，因此行为一定是要满足行为主体自己的需要，对于他自己而言一定是善的，这样一来就无所谓恶了，这同我们的经验相悖；道德价值主体也不可能是道德价值的客体即行为主体之外的其他个人，如果是这样，虽然可以对行为做出善恶的区分，但由于人们的需要各有不同，将个人作为道

---

① 黄健中：《比较伦理学》，转引自樊浩：《伦理精神的价值生态》，中国社会科学出版社2001年版，第135页。

② 樊浩：《伦理精神的价值生态》，中国社会科学出版社2001年版，第135页。

德价值的主体，则必然使善恶标准失去普遍性，因而依此制定的道德规范就失去了普遍意义，而没有普遍意义的道德规范就失去了其协调人们行为的作用失去了存在的价值。所以作为道德价值主体只能是社会，衡量人的行为价值的是社会的需要。可见，道德是社会的道德，道德规范只能是社会的道德要求。

伦理中的人伦关系具有自然客观性的一面，而道德作为社会提出的规范要求则是主观的，因此伦理与道德不同。但伦理又同道德一样是人的行为应该如何的规范，因此在实际应用中人们往往将伦理与道德通用，所以既有伦理规范的表达也有道德规范的表达，伦理规范就是指道德规范。

樊和平教授基于对传统中国社会人伦关系的分析，对"伦理""道德"进行了探讨，指出伦是中国文化的特殊概念，伦的文化特性在于其结构性、秩序性和血源性。伦首先是一个血缘的概念，纵向上意指在血缘关系即家谱族谱中处于什么样的地位，属于哪一个"辈"，横向上"辈"同样代表了在这个网络中的地位，"分"即权利与义务，"辈"与"分"相连，辈不同，分就不同，"辈分"是在社会关系网络中地位不同的人的不同的权利和义务，所以伦理是人的一种权利和义务关系。在中国传统伦理中人伦的基础是"天伦"，"人伦"不仅包括体现具有客观自然性的家族血缘关系的伦理关系，而且这种客观自然性的伦理关系往往是整个人伦的基础："人伦"概念突出的是伦理关系的自然基础，特别是血缘家庭的基础①。理"则是人伦关系建构的理性，是人与人之间的伦理互动"，人伦原理"是由价值引导的社会生活秩序的自我组织、建构的原理。它是人的为人的道理，是人与人相处的原理②。樊和平将伦理和道德的关系解释为："伦"是客观的伦理，"理"是主观伦理，"伦理"就是客观伦理与主观伦理的统一。伦理要维系或调解人伦关系，必须将"理"转换为具体的"道"即人的行为，"理"向"道"的转

---

① 樊浩：《伦理精神的价值生态》，中国社会科学出版社 2001 年版，第 129—136 页。

② 樊浩：《伦理精神的价值生态》，中国社会科学出版社 2001 年版，第 129—136 页。

换是社会伦理向个体道德的转换，这一转换体现了个体对伦理的认同而将伦理内化为自觉。

中国的传统社会结构以家庭为核心，以伦常关系为基础，即孟子所说的父子、君臣、夫妇、长幼和朋友五伦，其中父子关系是主轴，依此为中心延伸出整个社会关系。要维系这种社会关系，需要有所谓的人伦之理，即人伦关系如何的价值观念，伦理体现在人的行为上就是一种行为规范。所以，伦理本身既表明一种关系即人伦关系，也蕴含着这种关系之理即这种关系应该如何的认识，同时也包含着在这一关系中人们行为应该如何的规范。因此，伦理有人伦关系也有行为规范之意。由伦理而来的行为规范即道德。在中国，人们的道德思考在三千多年前的殷商时期就开始了，殷商甲骨文中已经出现了"德"字。西周初期大盂鼎铭文中的"德"字已经有了一定的道德意义，包含按照当时的规范行事而有所得的意思："今我佳（唯）即（训为就）井（通型，效法）宙于玟王正德，若玟王令（命）二三正。"周康王有鉴于殷的统治者嗜酒误国，表示自己要以文王为典范，用文王之德来治理国家。在中国最早的典籍中，"道"表示事物运动和变化的规则，"德"表示对道的认识后有所得。按照许慎在《说文解字》中的解释，所谓"德"是"外得于人，内得于己"，意思是说，一个人在处理人和人的关系时一方面能够"以善念存诸心中，使身心互得其益"；另一方面又能够"以善德施之他人，使众人各得其益"。在成于春秋战国时期的《管子》《庄子》《荀子》等典籍中已将"道德"二字连用形成了一个概念。荀子说"故学至乎礼而止矣，夫是之为道德之极"①，"礼"源自周礼，是奴隶制国家的典章制度，包括了道德规范，就是传统社会中的人伦关系、人伦秩序，"礼"在这里被视为最高的道德准则，因此可以说伦理同道德在含义上有相同的一面即行为的规范。

北京大学教授陈少峰认为中国古代伦理学的核心问题包括行为的普遍价

---

① 《荀子·劝学》。

值和行为的身份性要求两个方面，"伦理是由社会规范的礼与内在的道德情感、品质的德相辅而成的"，礼作为人伦秩序是对具有"贵贱亲疏不同"，地位、身份有异的具体个人的行为要求。也就是说，在这里伦理有着具体的道德准则、要求的含义①，被作为道德规范使用。

中国著名哲学家张岱年先生也将伦理作为个人的道德品质使用，认为伦理思想的实践就表现为个人的品质并形成社会的风尚，他指出：古往今来，不但有伦理思想，而且有伦理实际，伦理实际即个人的品德风范和社会的道德风尚②。在西方学者中，法国哲学家亨利·柏格森的著作《道德与宗教的两种起源》的英文译者用"morality"来翻译"morale"，他们提醒读者的"一个极其重要的问题"是在法语中这个词的意义比在英语中要宽泛，既指道德又指伦理③。

夸梅·安东尼·阿皮亚同意美国著名哲学家、法学家罗纳德·德沃金对伦理和道德的使用"约定"，即伦理"包括有关哪种类型的生活对一个人是好生活或坏生活的信念"，道德包括"一个人应该如何对待其他人的原则"，他认为从道德义务的领域转移到伦理提升的领域关注的是"我们应该过什么样的生活，并且认为值得过的生活优于满足我们偏好的生活"④。伦理优于道德。

一方面，现代城市社会中人与人之间的关系最基本的是契约关系，这种关系及人伦之理是一种平等、自由、互利的关系，在这种关系中活动的人会形成相应的行为规范。所以，重要的是在城市中人与人的契约关系，因此用伦理来表达城市中人们的行为价值取向、行为规范容纳了人们的伦理关系和道德规范要求两个方面，更加适合城市的特性。另一方面西方学者在伦理层

---

① 陈少峰：《中国伦理学史》上册，北京大学出版社 1996 年版，导论第 4 页。
② 张岱年：《中国伦理思想研究》，江苏教育出版社 2005 年版，第 2 页。
③ 见［美］夸梅·安东尼·阿皮亚：《认同伦理学》（中文），译林出版社 2013 年版，第 6 页。
④ ［美］夸梅·安东尼·阿皮亚：《认同伦理学》（中文），译林出版社 2013 年版，第 7 页。

面反思"我们应该过什么样的生活，并且认为值得过的生活优于满足我们偏好的生活"同人们在城市是要更好地生活的价值目标相契合，用伦理来涵括伦理关系和道德规范要求两个方面更合于城市生活的特点。

伦理或道德具有意识形态特点。所谓意识形态是指意识反映人们的利益要求又为人们的利益服务。伦理或道德作为行为规范是社会的道德要求。但是在现实生活中社会分化为不同的利益集团，形成了不同的利益主体，不同利益主体有着不同的道德要求，所以社会道德是多元的。道德是协调社会关系、进行社会整合从而促进社会发展的重要方式，道德要发挥这样的作用需要多元利益主体形成共识性的伦理道德，需要公共伦理。

公共伦理是公共性的规范形式，指对"共识的认同"即对各自价值观中共有价值的认可，并以之作为人们在城市生活的规范原则。这种伦理观念涵盖着多元城市主体伦理道德的"最大公约数"：第一，最普遍的伦理主体，即是一种为最普遍的公众所认同的伦理道德；第二，最普遍伦理的客体，即最普遍的道德行为主体；第三：最普遍的道德对象，即受到伦理道德对待的对象是最普遍的公众，是一种"公共伦理"。

二、公共伦理的特点

公共伦理之所以必要、不可取代在于他所具有的特点。

首先，价值融合性。即公共伦理具有**弱意识形态**的特点。

所谓弱意识形态特点是说公共伦理反应社会成员的共同利益、是不同阶级阶层、不同职业行业、不同利益诉求的人们通过理性认知、生活体验、沟通协商而形成的价值共识，是价值共识的规范性表达，因而有着普遍的规范作用，在多元社会中能够协调社会的整体行动。比如友爱、宽容、公平等等。

意识形态的实质是特定主体的价值观。道德即道德规范，是价值观念的规范性表达。一个国家的道德是由统治阶级或管理者代为表达的，因而为统治阶级或管理者所倡导的道德，在本质上就是一种意识形态。马克思将法律、政治、宗教、艺术或哲学（包括道德）概括为意识形态，他在《〈政治经济学批判〉序言》中对意识形态做了经典的论述，指出意识形态同自然科学不同，是由"经济基础"决定的"上层建筑"，会随着经济基础变化而变化："在考察这些变革时，必须时刻把下面二者区别开来：一种是生产的经济条件方面所发生的物质的、可以用自然科学的精确性指明的变革，一种是人们借以意识到这个冲突并力求把它克服的那些法律的、政治的、宗教的、艺术的或哲学的，简言之，意识形态的形式。"[1] 意识形态是一种意识形式，反映的是现实的社会物质生活条件，其依据是真实存在的，但这种意识为什么不是科学或者说达不到科学呢？原因在于社会的物质生活条件是人们的生活环境，直接关系人们的切身利益，决定着人们的生活，因此人们是根据自己的利益需要评判社会环境合理不合理、公平不公平，人们的意识形态因受自身现实利益的制约对社会环境的反映不可避免地带有主体的利益偏好、色彩，不可能做到真正客观，同自然科学相区别。因学科、学派、政治立场的不同，角度、方法方面的差异，当代学术界对意识形态表达多有不同，有的似乎相去甚远，但对其实质的理解却十分接近。无论是从西方马克思主义还是当代中国意识形态理论研究中都能够发现这一点，即意识形态是人们基于各自的利益对社会现实所做的带有态度偏好、价值倾向的反映，不是科学。所以，利益相同的人往往有着相同的意识形态，是利益共同体的价值观念、理想追求并以之为利益共同体服务。一个国家的意识形态是国家的统治、管理的工具：利昂·P. 巴拉达特指出："现代国家政治实体，不管它们之间有何差异，至少都有一个共同特征：它们都热衷于令其国民共同为实现国家的目标而努力；而意识形态便是现代政府用来动员民众的主要手段之一。"[2]英国的社会学家。约翰·B. 汤普森认为："意识形态现象就是只有在特定社

---

① 《马克思恩格斯选集》第 2 卷，人民出版社 1972 年版，第 82—83 页。
② ［美］利昂·P. 巴拉达特：《意识形态起源和影响》（中文），世界图书出版社 2010 年版，第 3 页。

会—历史环境中服务于建立和支撑统治关系的有意义的象征现象。"①

意识形态具有整合利益共同体成员的行为、凝聚利益共同体力量的作用。在社会转型变革、旧的利益格局被打破新的利益关系正在形成的时间节点，意识形态能够有效地激发共同体成员实现利益目标的意愿、有力地动员共同体成员争取共同利益的行动，道德就是如此。西方文艺复兴时期新兴的资产阶级提出的人道主义、自由、平等、博爱的价值观把包括资产阶级、工人、农民在内的整个被压迫阶级动员起来形成了反封建的巨大社会力量；诞生于 19 世纪的马克思主义在无产阶级同资产阶级矛盾尖锐的资本主义社会用"无产者联合起来"的口号号召无产阶级为了自身的解放而同剥削阶级进行斗争；20 世纪初的中国共产党人用中国化了的马克思主义、用集体主义引领中国的劳苦大众为推翻三座大山进行了艰苦卓绝奋斗；……。但是在社会回归生活常态时，人们往往更趋向于在社会秩序内得到利益的实现，所以通过沟通、协调的方式实现自己的利益就成为一种方法诉求。马尔库塞批判在"发达的工业社会"人们失去了对社会制度的批判意识——"技术的进步扩展到整个统治和协调制度，创造出种种生活（和权力）形式，这些生活形式似乎调和着反对这一制度的各种势力，并击败和拒斥以摆脱劳役和统治、获得自由的历史前景的名义而提出的所有抗议"② ——的态势在一定程度上反映了社会的这种变化。而能够通过沟通、协调实现的利益往往是相关方面共有的，是一种公共利益，所以人们行为方式的改变有其现实的社会基础，因而在社会道德中增强反映人们利益共识的公共道德意识具有必要性。

其次，认同的普遍性。

从文字上说认同有肯定、赞同、认可之意，从社会意义看则是个人对于其所从属的群体的价值的重要性的体认，爱德华·希尔斯认为是市民对社会

---

① ［英］约翰·B. 汤普森：《意识形态与现代文化》（中文），译林出版社 2012 年版，第62—63 页。

② ［美］赫伯特·马尔库塞：《单向度的人》（中文），上海译文出版社 2006 年版，导言第 4 页。

制度和社会管理机构的尊重，是对社会的归属感和对社会整体利益的关怀："市民认同是对构成市民社会的那些制度或机构的一种珍视或依归（attachment）。它是对整个社会——包括社会的所有阶层与部分——依归的态度。它是关怀整个社会福祉的态度。……它关注整体的福祉或较大利益。"①

在一个分化、多元化的社会对公共利益的认同是否可能？万俊人教授从四个方面做了肯定的回答：首先，它是一种经验事实。尽管人们由于政治、经济、文化传统等方面的原因存在着差异和多样性，但是人们之间的交流、分享和某种程度的认同都已经成为事实，不可否认；第二，它是人性的内在需要。人的基本存在方式是相互交往和相互依赖，这就意味着他必须道德地存在。因此，人们寻求达成某种程度的道德共识是可能的，也是必要的；第三，是人类面临着共同的道德问题和解决这些道德问题的需要。共同的问题需要人们共同寻找解决的办法，而共同的解决办法通过人们的相互协商才能求得。通过沟通、辩谈等方式在行动中达成共识，进而在公共理性的基础上建立普遍可接受的道德规范。人们面对的共同问题只能通过共同的道德来解决；第四，从历史上看，人们共享许多基本相同或相似的道德原则、道德规范、道德观念和道德理念，所以达成道德共识不仅可能，而且是一种人类道德文明的事实。他认为达成道德共识的有效方式可能丰富多样、多层次，但是较为现实、合理的方式只能是低限度的、普遍化方式，或者说只能是在宽容基础上的公共理性化方式，而不能是最高限度的、理想化方式②。

一定社会中其成员对社会道德的认同是这一社会道德作用的机制。道德对个人而言都是外在、他律的，道德要为个人所认同、成为个人的自我意识从而成为个人行为的自律是个人在社会化的过程中逐渐培育起来的，而公共伦理对于个人而言则具有个体的行为构成性。一个人的行为无疑都是要实现自己的目标、使自己能够得到更好的生活，而只有当个人在这个过程中同时

---

① ［美］爱德华·希尔斯：《市民社会的美德》（中文），见 J. C. 亚历山大、邓正来等：《国家与市民社会》，中央编译出版社 2002 版，第 41 页。

② 万俊人：《寻求普世伦理》，商务印书馆 2001 年版，第 33—40 页。

也能够同样地使他人得到更好的生活、实现自己的目标并且得到了他人同样的回报时，他人的贡献就成为个人更好生活的内在构成。这是一个相互认同彼此利益并以此作为行为价值选择的过程，公共伦理在这个过程中得到建构，对此牛津大学教授约瑟夫·拉兹说："首先，个人要过好的生活必须亲自从事某些活动；第二，只有当其他人以同他认同的希望、目标、关系和志向等相契合并且对之有所贡献，以正确的方式契合于他的生活，就能够促进他本人的福利；第三，伙伴和友谊是个人在生活中能够实现的最重要的一种善，人们的福利如职业、休闲活动、文化兴趣等等，都是人们互助的产物。"① 认同在构造我们的生活方式，彼此合作、相互帮助、共谋福利，正如阿皮亚所说："许多价值对于一种认同来说是内在的：它们是拥有那种认同的人必须去考虑的价值……。"所以，就公共伦理塑造着人们的生活目标、希望、内在地促进人们的福利而言，是人们"必须去考虑的价值"②，因此它有着更高程度的认同。

再次，参与行为的直接性。

人们认同公共利益必须体现在促进公共利益实现的行为上。市民通过对话沟通、讨论协商、投书上访、结社请愿、监督选举、网络媒介等形式介入公共生活，如参与社会治理和公共政策的制定、民主评议政府、参加选举、居民自治、公民监督等活动，以保证公共利益的实现。保证公共利益的实现是公民参与的根本目的。利益指好处，是人们受客观规律制约、为满足生存和发展而产生对一定对象的各种客观需求，即人的需要的总和。满足人的需要的对象是社会资源，是由社会分配给个人的。社会分配资源有不同的形式：政府、市场、公益慈善等。政府分配资源要依据相应的分配制度、政策；市场分配资源，要看效益；公益慈善则要靠人的道德良心、社会责任

---

① ［英］约瑟夫·拉兹：《公共领域中的伦理学》（中文），江苏人民出版社 2013 年版，第 12 页。

② ［美］夸梅·安东尼·阿皮亚：《认同伦理学》（中文），译林出版社 2013 年版，第 43 页。

感。人们对资源分配的诉求是公平、体现公共利益，而不同的分配形式所能够达到的公平、公共利益目标都需要人们的参与：或者作为资源分配的监督者或者作为资源的所有者直接分配资源，有着广泛的参与性。

参与公共事务体现了人们对公共利益的关注，应该成为现代公民的一种品德。英克尔斯认为"现代社会以作为一个'参与'的社会为其特征"，公民要关注社区和全国各个层次上的公共问题，积极参与社会公共事务，而"参与性"本质意义在于这是公民应有的一种品质、态度、价值观念、习惯和意向①。这种个体对公共事务的直接参与，使公共伦理有着最大的对人的行为的动员能力，是价值融合、认同普遍的行为体现。

复次，目标的协商性。

市民参与公共事务往往采取共同行动的方式，每一具体关涉公共利益问题的解决都会有具体的目标诉求，为了实现目标需要有共同的行动规则，这样的行为规则的形成往往是市民协商的结果。协商性是公共伦理作用的机制。道德发挥作用同法律不同，法律是靠国家权力的强制，道德则是通过社会舆论、风俗习惯、人的内在的道德信念的力量，是一种"非权力强制"，是人的自律。但事实上，"非权力强制"也是一种强制，在一定的社会、一定的团体中，人们生活于其中，群体中的价值观念总是会对人们的价值判断、价值选择产生影响进而决定人们的行为。尤其是在社会生活中，社会主导的道德由于统治阶级的倡导、由于人们的行为是否合于这一道德直接影响着人们能否或在多大的程度上获取社会资源，所以，存在着行为并非出自自觉、自抉、认同而是为了利益所做的迎合，就这种情形而言，道德对人存在着某种程度的强制。这也是为什么在中国的历史上会出现魏晋时期社会多道德上的虚伪之士、生活中会有道德上的双重人格的原因。而公共伦理在行为层面上是行为主体依据互利、公共利益相互协商形成的一致原则，认同是这

---

① ［美］亚历克斯·英克尔斯：《现代人的模型：理论和方法的问题》，见［美］西里尔·E.布莱克编：《比较现代化》（中文），上海译文出版社1996年版，第470页。

种一致性原则的建构要素，因此这种原则容易为人们所遵守，成为人的行为的自觉。

最后，支持的制度性。

一方面，法律制度本身就是最低限度的道德，具有对人的行为的直接规范性。在现代社会，法律制度作为国家意志是公民意志的体现，因而是公共利益的最普遍的反映形式，罗尔斯关于正义是社会制度的首要价值的观点说的就是制度的这种合道德性。制度中合于公共利益的规定是公共伦理的一种表达方式，制度的公平、制度所建立的社会保障体系、社会公共服务体系等等是公共利益的现实化、是公共利益在日常生活中实现的保证；对于公民参与的制度设计有力地保证了公民对公共事务参与的权利，使公共利益能够得到合法的实现；法律规定了公民的个人权利，划定了彼此之间的权利界限，以避免个人权利受到他人的侵犯、保证各自权利得到尊重。所以对法律制度实行本身就是公共伦理的实践。另一方面制度具有对人的行为的导向和维系作用，通过制度的强制作用，合于公共利益的行为可以逐渐成为人们的自觉，而违背公共利益的行为则会得到有效的遏制。比如诚信，比如见义勇为。社会征信体制的建立就有利于形成提高人们行为的诚信度，提高人们的诚信的素质；社会设立见义勇为奖，对于那种见义勇为的行为就是一种有力的支持，有助于强化人们相应的行为。

第四章　公共伦理与幸福

　　公共伦理在存在多元利益主体的当代城市社会在实践的层面上深化了道德向人们的日常生活行为的全方位渗透，使道德选择生活化，有助于增强道德对人的行为的规约作用。

　　在当代，公共性作为价值标准则是人们的自觉选择。有学者认为人的生活世界特征是自我与他人的共存，个人对于他人所要承诺和承担的责任、对他人的"无代价的宽容、包容和关怀"是人的宿命：人是为他人而存在、为对他人负责而生活，他人就是我的世界的存在的基础和根源①。这种对个人与他人关系的认识很独特也很深刻。在现实生活中，成熟的市场规则和在长期的市场经济活动形成的规则意识、各种各样的社会自治、中介、独立组织即所谓公民社会对公共事务的参与，都是人们关注共同利益、尊重他人权利的现实场景，有利于人们形成公共性而避免公民意识的异化使公民权利沦为拒斥他人和社会利益的"自我本位"的极端、绝对的个人主义而导致社会的紧张，是社会道德的生活化。这种生活化了的道德是生活于其中的市民幸福感提升的重要条件。

　　恩格斯把每个人都追求幸福视为当然，是一个"无须加以证明的""颠

---

　　①　参见高宣扬：《法国公民教育》，见冯俊、龚群：《东西方公民道德研究》，中国人民大学出版社 2011 年版，第 56—57 页。

扑不破的原则"，是整个历史发展的结果："在每一个人的意识和感觉中都存在着这样的原理，他们是颠扑不破的原则，是整个历史发展的结果，是无需加以证明的。……每个人都追求幸福"。人们到城市生活就是以更主动的姿态追求幸福。

人们追求幸福的方式各不相同，但是通过积善行德得到（无论是在世俗还是宗教意义上）幸福却始终是人们的普遍选择，以道德的方式获取幸福是实现幸福的最可靠的方式。在中国，儒家最早的经典之一《周易》就有："积善之家，必有余庆；积不善之家，必有余殃"的劝勉和警诫。在西方，古希腊的哲学家苏格拉底认为最高的善就是幸福。

德国哲学家康德深入地探讨了道德和幸福的关系。康德认为德性是最高的善，但是他并不认为仅仅有德性就是一个完满的存在。他认为一个完全的善即他所说的"至善"应该包含幸福，是德性和幸福的统一："德性虽然是最高的善，但不是完全的善——至善。一个有德性的人还应该得到幸福"。不仅如此，他还认为仅仅有德性并不是真正理想的状态，最理想的状态是一个人所具有的德性应该给他带来相应的幸福："最理想的情况是所得的幸福和他所有的德性在程度上相一致。得不到报偿的德性虽然可贵，而伴随着应得的幸福的德性却最为理想。"很显然，康德是把一个人的德行作为他获得幸福的条件，一个有德性的人应该得到幸福①。虽然在理论上康德提出达到道德和幸福的一致、使有德之人能够得到幸福必须有灵魂不死和上帝存在这样的条件，也就是说要在无限的发展过程当中才能够使道德和幸福趋向一致，但是康德在谈到道德和幸福的关系时又承认这样的经验：有理性的人不会愿意看到一个毫无道德的人总是气运亨通，所以是不是以道德的方式得到幸福决定了这种幸福是不是值得拥有②，也就是说，只有以道德的方式得到幸福才是值得的。

---

① 参见杨秀香：《论康德幸福观的嬗变》，《哲学研究》2011 年第 2 期。
② ［德］康德：《道德形而上学基础》（中文），上海人民出版社 2002 年版，第 8 页。

一方面，一个人有道德，为人诚实、待人友善和宽容往往能够得到别人的信任，获得更多的合作机会，并由此到更多的社会资源。个人可以以此更好地谋划自己的生活、为自己开启幸福之门。

另一方面，有道德的人才能将城市建设成能够让人们幸福生活的家园。一个城市有着良好的道德环境，市民有着对公共利益的认同并能够积极地维护公共利益、政府的行政能够做到公平廉洁、负责任有效率更容易激发出民众的创造热情，从而使城市富于生机和活力、能够更快更好地发展，在这样的城市中生活民众可以安居乐业能够产生更大的幸福感。

在城市中道德不仅是幸福主体获取资源满足需要得到幸福的条件，所谓有德之人才配享幸福而且是对象能够成为主体满足需要实现幸福的资源的保证，所谓城市创建具有自我目的性，城市建设具有自为的价值。因此，在城市，道德——公共伦理直接影响人们的生活幸福，人们的城市生活幸福需要公共伦理的支持。

第一节　幸　福

幸福是一个始终被关注却始终都没有形成一个公认的定义的概念。事物的概念是对事物本质的揭示，事物的概念达不到一致表明人们对事物本质认识上的分歧。幸福的概念也是如此。但幸福作为人们生活的目的，对于他的理解直接决定着人们的生活方式和行为方式，所以幸福概念又是一个值得我们去探讨的问题。古往今来对幸福的不同解说展示出人们对幸福认识的多样性和丰富性，成为进一步深入理解幸福问题的基础。这些多样性和丰富性解说也是我们思考幸福问题的理论和思想资源。

一、幸福解密

在对幸福问题进行思考时有一个普遍的观点，这就是将幸福视为人生的终极目标，认为人们所做的一切都是为了追求幸福：英国的空想社会主义者约翰·格雷在《人类幸福论》中就说：“幸福是人类一切祈求的最终目的。”① 古希腊的思想家对幸福问题的探讨往往是从对人性的肯定方面进行的。经过了早期的对世界本源思考的自然哲学，一些思想家开始了对人自身生活意义的思考，探讨人的行为的目的，并将人生的目的归结为幸福。苏格拉底、亚里士多德的思想都反映了这一思考。苏格拉底认为人的固有本性是理性，理性的人以善为行为的原则和标准，行为目的是对善的追求，这是一种最佳的生存状态，所以苏格拉底向雅典公民提出“真正重要的是，不仅仅只是活着，而是要活得好”②，即要“善生”，“善生”即幸福。亚里士多德也认为人的特殊的本质是有理性能力，理性是一种分辨是非善恶并趋善避恶的能力，人按照理性的指导去行为理性就成为德性。人出于德性或按照理性指导的行为追求一种最高的善即一种好的生活也就是幸福③。伊壁鸠鲁学派认为人生的目的在于追求快乐也就是幸福，“至善或最高理想是快乐或幸福（快乐论），这是唯一有价值的目的。其余的东西，如果能够带来快乐，成为幸福的手段，才有价值”④。在从 13 世纪开始的文艺复兴运动中，人文主义者发现了人，而这个人是“个人”，他们把人的感性需要视为人的本性，认为人的日常生活的目的就是幸福，因而在那一时期启蒙的主题就是感性幸福，能否满足人的感性需要、给人带来快乐实现幸福就是衡量人们行为的价值、善恶的标准。当代中国学者中国社科院的研究员赵汀阳认为“生活本身的质量才是生活的目的。”生活的目的“只能是生活的某种效果”，在他看来这种效果就是人的幸福，所以幸福感就是人们创造生活的本意，或者说人们创造生活的目的就在于获得幸福感：“生活的根本问题是生活本意或者说生活本身的目的：生活本意在于创造幸福感”。如果牺牲了幸福则人的生活

---

① ［英］约翰·格雷：《人类幸福论》，商务印书馆 1984 年版，第 10 页。
② 见柏拉图：《克里托篇》（中文），48b。
③ 参见赵敦华主编：《西方人学观念史》，北京出版社 2005 年版，第 49 页。
④ ［美］悌利：《西方哲学史》上（中文），商务印书馆 1975 年版，第 112 页。

就毫无意义①。

有人认为人生的目标包括三个部分即主观福祉、人类的发展（包括德性）和公义，但同样是把幸福作为人的生活所追求的目标；也有的人将幸福同友谊和自由共同作为人生的终极目标；还有人将幸福同信任、自尊、没有痛苦、对工作、家庭生活和婚姻的满足感等等一同作为人生的重要目标。

总之，幸福是人的生活目标。但对什么是幸福研究者往往有着不同的理解和表达，没有形成一个共识性的定义，康德曾说"幸福是个很不确定的概念"②，在康德之后的 200 多年的今天，幸福依然是一个"很不确定的概念"。

然而这绝不是说人们对于幸福的认识毫无共同之处。事实上，在对幸福的基本构成方面人们往往有着比较一致的认识，即认为幸福包含着主体的需要和满足主体需要的对象这样两个基本的方面。

生活的目的或目标是人们借助意识、观念表达的体现人的需要的对生活的预期。生活预期的实现意味着人的需要的满足。需要是指生命物体为了维持生存和发展必须与外部世界进行物质、能量、信息交换而产生的一种摄取状态③。人的需要是说人生活缺少某种东西而产生的力求得到的它的心理状态，通常以对某种客体的欲望、意愿或要求等形式表现出来。由此可见人的需要是个体的，带有主观性。因此，幸福作为生活的目的往往是人对需要的满足所产生的主观体验，故一些研究者认为幸福是一种主观感受，约翰·格雷认为："感觉是幸福和不幸的媒介；幸福存在于通过感觉的媒介作用而给予我们的愉快的印象之中，不幸则是由于不愉快的印象而生的。"④ 瑞士苏黎世大学的教授布伦诺·S. 弗雷等研究者认为由于幸福概念的不确定性对其进行定义"不会产生太大意义"，所以他们在《幸福与经济学——经济和

---

① 赵汀阳：《论可能生活》，三联书店 1994 年版，第 8，15，20 页。
② ［德］康德：《道德形而上学基础》（中文），上海人民出版社 2002 年版，第 35 页。
③ 见陈志尚主编：《人学原理》，北京出版社 2005 年版，第 193 页。
④ ［英］约翰·格雷：《人类幸福论》，商务印书馆 1984 年版，第 7 页。

制度对人类福祉的影响》一书中对于幸福问题的研究着眼于个人对"他们什么时间幸福""什么时间不幸福"的判断，着眼于个人的幸福感。因而他们明确：自己书中的研究所说的幸福是一种"主观性的概念"①。有的研究者认为主观幸福感就是幸福，把它当作不言而喻的事实。美国密歇根大学的政治学教授罗纳德·英格尔哈特在研究信任、幸福与民主的关系时就把幸福直接说成是主观幸福感，认为稳定民主的一个必要条件是合理高水平的主观幸福②。

幸福（或幸福感）依赖于外部条件。幸福是人对需要满足所产生的主观体验，而需要就是人要获得生活缺乏的东西的欲望、愿望或要求，所以幸福和对象相关，或者说人的幸福取决于他所获取和享有的对象。在这个意义上人的需要又具有对象性。因此研究能够对人们的幸福感产生影响的对象性因素一直为许多中外研究者所关注。

功利主义的代表人物密尔从不同方面对幸福有过一些界定，他将幸福概念具体化，认为幸福不仅在于金钱、名望、权势的追求，更重要的是，比如崇尚德性、追求健康、热爱音乐以及追求个体的自由发展，都是幸福的要素。

布伦诺·S.弗雷等的研究认为下述五个因素"可能决定人们的幸福"：

1. 个性因素，如自尊、自控、乐观、外向和精神健康；

2. 社会人口因素，如年龄、性别、婚姻状况和教育；

3. 经济因素，如个人及总体收入、失业和通货膨胀；

4. 情形性因素，如具体就业和工作条件、工作单位的压力、与同事亲戚朋友的人际关系、与婚姻伙伴的关系以及生活条件和健康状况；

---

① 见［瑞士］布伦诺·S.弗雷等：《幸福与经济学——经济和制度对人类福祉的影响》（中文），北京大学出版社2006年版，第4页。
② ［美］罗纳德·英格尔哈特：《信任、幸福与民主》，见马克·E.沃伦等编：《民主与信任》（中文），华夏出版社2004年版，第98页。

5. 体制性因素，如政治权力的分散程度和公民的直接参与政治权利①。

近年来联合国每年 3 月 20 日都会发布根据盖洛普（美国从事民意测验和商业调查/咨询的公司，该公司从 2005 年开始对人们的生活状况进行调查，至今调查的范围达到 150 多个国家和地区，人口覆盖率达到世界人口的 95％。）有关人们生活状况的调查数据形成的《世界幸福报告》，对被调查的国家打分排出幸福名次，决定幸福国家名次的是调查者所提出的影响人们幸福感的指标体系。这套标准包括九大领域：教育、健康、环境、管理、时间、文化多样性和包容性、社区活力、内心幸福感、生活水平等。由此可见调查者显然认为决定人们幸福感的因素是多方面的，财富并不是唯一的也不是决定性因素。以《2019 年世界幸福报告》为例，这一指标体系包括人均GDP、社会支持、人均寿命、社会自由程度、宽容度和腐败程度等因素。芬兰蝉联"全球最幸福国家"。根据哥伦比亚大学社会学教授海利维尔（相关报告的撰写人）介绍，虽然芬兰人要为保障社会稳定缴纳高额税款，但他们信任政府、拥有自由，且对他人非常大方。海利维尔说，"他们真的关心彼此"，所以"人们都想生活在这样的地方"。这让他们感到幸福。决定芬兰人幸福感的是政府的公信力、个人的自由、社会成员自己的友好等这样一些因素。

在中国，2007 年以来，新华社瞭望周刊社每年开展"中国最具幸福感城市"调查推选活动，2019 年"中国最具幸福感城市"调查推选活动的标准是更好的教育、更稳定的工作、更满意的收入、更可靠的社会保障、更高水平的医疗卫生服务、更舒适的居住条件、更优美的环境等，成都因"幸福成就"亮眼 2019 年再次成为"中国最具幸福感城市"（地级及以上）②。这些年成都的城市环境变得更美了，政府的公共服务做得更好了，整个社会成

① ［瑞士］布伦诺·S. 弗雷等：《幸福与经济学——经济和制度对人类福祉的影响》（中文），北京大学出版社 2006 年版，第 11 页。

② 骆晓昀：《一起来看"2019 年中国最具幸福感城市"》，新华社 2019 年 11 月 25 日。

员之间的融合度更高了，这些都是让成都市民幸福感不断提高的重要因素。

连接人的主观幸福体验与影响幸福的对象性因素的重要形式是人的道德行为（抽象意义上的道德行为也是一种影响幸福的对象性因素）。就是说以欲望、意愿或要求等形式表现出来的对一定客体即对象的需要必须通过相应的道德行为才能够获取从而使需要得到满足。因为这些对象性的因素是社会的资源，由社会进行分配。只有那些合于社会道德要求的行为才有可能得到这些资源。也就是说社会只会把资源分配给那些按照社会的道德原则规范行为的人。在这个意义上，对《周易》"积善之家，必有余庆；积不善之家，必有余殃"、苏格拉底所说的以善为行为的原则和标准的人以善为行为追求的目的就是"善生"即幸福、亚里士多德认为的人出于德性的行为追求一种最高的善即一种好的生活也就是幸福、康德把一个人的德行作为他获得幸福的条件，一个有德性的人应该得到幸福，"幸福……在任何时候都是以道德上合乎法则的行为为先决条件"这样的观点就可以理解了。

所以说幸福是一种以道德的方式获得的需要实现所产生的主观体验。

在城市中，幸福具有特殊性。

满足作为幸福主体的市民的需要的对象——城市并非外在于主体的独立存在，而是人的创造，是人的创造行为的结果，作为影响人的主观幸福体验的对象性因素，城市无论其物理环境——建筑街道、绿地公园；政治环境——制度、行政；市场环境——诚信经营、公平竞争还是人际关系环境——友善、互助——能否或在多大程度能够让人们产生幸福感取决于人们创建城市的行为是否是为了人的更好的生活、是否把人作为目的，也就是取决于人创建城市的行为的道德性。如果人们的行为是出于满足人的需要、增进人的幸福则所创建的城市就能够给人以幸福。所以在城市道德不仅是幸福主体获取资源满足需要得到幸福的条件，所谓有德之人才配享幸福而且是对象能够成为主体满足需要实现幸福的资源的保证，所谓城市创建具有自我目的性，城市建设具有自为的价值。

概括地说幸福是一种以道德的方式获得的需要实现所产生的主观体验，

所以幸福和对象相关，连接人的主观幸福体验与影响幸福的对象性因素的"介质"是人的道德行为。因为一方面这些对象性的因素是人以道德的方式进行活动创造出来的，另一方面这些对象性的因素是社会的资源，要由社会进行分配。而社会只会把资源分配给那些按照社会的道德原则规范行为的人。所以，对于幸福而言道德具有工具的价值。以道德的方式创造价值、获取幸福是实现幸福的最可靠的方式。

英国的功利主义哲学家密尔认为"美德是对幸福真正有益的东西。"一个健康的社会是有德之人创造并应该使有德之人得到幸福，也只有有德之人才配得到幸福的社会。因此，在城市道德——公共伦理直接影响人们的生活幸福。

二、美德助力幸福

道德影响幸福。休谟认为道德善或恶是由人的感觉印象决定的，"由德发生的印象是令人愉快的，而由恶发生的印象是令人不快的"[1]。他认为人们重视基本德性在于其有用性即能够促进人们的利益使其得到快乐："这些品质只被认为是达到目的的手段，并且随其适合于那个目的的程度、而使我有不同程度的愉快。"[2] 密尔的伦理思想是功利主义的，强调行为的善恶决定于行为的目的，而他认为增进幸福是目的论的最根本的原理，行为能够增进人的幸福就是善的，否则就是恶的，在他看来"美德是对幸福真正有益的东西"[3]。他认为就幸福而言"崇尚德性"比金钱更重要。弗雷等人认为个性因素是决定人的幸福感的因素之一，积极的个性品质如自尊、自控、乐观等精神价值影响人的幸福[4]。综上所述人们所表达的都是这样的观点：道德

[1] ［英］休谟：《人性论》下册（中文），商务印书馆1980年版，第510页。
[2] ［英］休谟：《人性论》下册（中文），商务印书馆1980年版，631页。
[3] 见［美］布尔克：《西方伦理学史》（中文），华东师范大学出版社2016年版，第239页。
[4] ［瑞士］布伦诺·S.弗雷等：《幸福与经济学——经济和制度对人类福祉的影响》（中文），北京大学出版社2006年版，第11页。

行为影响甚至决定了人的幸福。这种观点的实质是把道德看成人们获得幸福的手段，道德因为把幸福作为目标而具有价值，幸福要通过道德的方式获得，才是真正的人的幸福。正如麦金太尔所说："除非德性以某种方式导致幸福，则它就缺乏目标，就变得毫无意义；除非幸福以某种方式与德行的实践密切相关，否则它就不是人这类存在者的幸福，就不能满足道德化了的人类本性。"① 这种观点在一些思想家那儿有着明确的表达：

古希腊哲学家伊壁鸠鲁认为趋向快乐是人的本性，快乐是人们要追求而且是应该追求的目的，是至善。但是一方面快乐有着性质上的不同，另一方面快乐也存在强度上的差异。如果人们谨慎从事，就知道应该如何做到对快乐的正确选择。做到谨慎，人就会有德行，就会遵守道德法规，所以德性或道德是达到快乐或精神宁静（是伊壁鸠鲁认为值得追求的快乐）的目的的一种手段。我们知道在伊壁鸠鲁那儿快乐就是幸福，所以德性或道德是达到快乐或者精神宁静的目的的手段，就是说是获得幸福的手段②。

亚当·斯密也持有同样的观点，认为人的品质、美德是获得幸福的重要手段。在他看来人都有健康的欲望，健康长寿是人的幸福所在。物质财富能够有利于人的健康，"能够提供肉体所需要的各种必需品和便利"，但是仅仅有物质财富并不能保证人能够健康长寿，为了要健康长寿人们还需要来自他人的尊重。如果没有这种尊重，人就不可能生活得长久，人之所以要追求财富，就是为了得到这种尊重。所以，财富、地位和名誉是人健康长寿、实现幸福的所依赖的条件。而要获得这些条件就需要有品德的保证，即需要谨慎的美德："个人的身体状况、财富、地位和名誉，被认为是他此生舒适和幸福所依赖的主要对象，对于它们的关心，被看成是通常称为谨慎的那种美德的合宜职责。"③ 所以，一个人的品质影响着他自己的幸福。同时，亚当·

---

① ［美］麦金太尔：《伦理学简史》（中文），商务印书馆 2003 年版，第 147 页。

② 参见［美］悌利：《西方哲学史》上（中文），商务印书馆 1975 年版。第 119—120 页。

③ ［英］亚当·斯密：《道德情操论》（中文），商务印书馆 1997 年版，272—273 页。

斯密认为，一个人的品质也会对别人的幸福发生影响。这种影响通过人的品质所体现的行为对他人有害或者有益得到实现。他认为，"最清白""最正直"的人的品质即人的美德，一方面表现为个人对他人幸福的"神圣的""虔诚"的尊重；另一方面则进一步地表现出"对他人的关心"，也就是对他人的"深切同情""伟大的人道""高尚的仁爱"。显然这样的品德会对人的幸福产生积极的影响①。他认为为了得到快乐和避免痛苦，人必须做到行为要"合宜"即要合于道德，并将行为的合宜、合道德视为人们得到快乐避免痛苦从而得到幸福的必要"手段"，谨慎的美德就是达到目的的有效的手段②。

康德明确地认为一个人的德性是他得到幸福的条件甚至是前提条件。

康德认为幸福和道德存在着"二律背反"的关系，但这种关系只存在于作为"纯粹的理性存在者"那里。康德把理性人说成是"无偏私的理性存在者"，认为其行为遵循的道德法则仅仅是理性的自我决定，同个人的"欲望和禀好"无关，因而道德的动机就同人的感性欲望无关，但幸福却关乎人的感性欲望，道德动机同人的感性欲望无关那么也就同幸福无关③。不过康德认为在现实中人只是一个有限的理性存在者，一个有限的理性存在者其行为必然以求得幸福为根据："求得幸福，必然是每一个理性的然而却有限的存在者的热望，因而也是他欲求能力的一个不可避免的决定根据。"④ 而人作为一种感性的存在者其生活的目的就是为了幸福："作为感性存在者的本性而言，一切都取决于我们的幸福。"⑤ 道德就是人们获得幸福的条件甚至是一种最高的条件："德性（作为得到幸福的配当）是所有向我们显现为值得想望的东西的无上的条件，从而也是我们对于幸福的全部追求的无上条件""幸福……在任何时候都以道德上合乎法则的举止为先

---

① ［英］亚当·斯密：《道德情操论》（中文），商务印书馆 1997 年版，281—282 页。
② ［英］亚当·斯密：《道德情操论》（中文），商务印书馆 1997 年版，第 272 页。
③ 见杨秀香：《论康德幸福观的嬗变》，见《哲学研究》2011 年第 2 期。
④ ［德］康德：《实践理性批判》（中文），商务印书馆 1999 年版，第 24 页，注释二。
⑤ ［德］康德：《实践理性批判》（中文），商务印书馆 1999 年版，第 66 页。

决条件。"① 因为在他看来一个理性的存在者的完满的愿望是要使有德性的人得到幸福，他的德性决定了他应该得到幸福。如果一个有德性的人希望得到幸福，但是实际上却没有得到幸福是不符合理性的存在者的完满愿望的："因为需要幸福，也配当幸福，却仍然享受不到幸福，这可能与一个理性而同时全能的存在者的完满愿欲是完全不相符的，即使我们仅仅为了实验而设想这样一个存在者。"② 所以他的一种推论是人按照道德法则行为与合理地谋求幸福是"完全同一的行为"③，按照康德的逻辑：一个有德性的人应该得到幸福。康德要在享有幸福应该具有的条件与谋取幸福要采取的手段之间做出区分，认为道德理论应当研究的是人们应当有什么样的条件（道德举止）才配得到幸福，而不是去关心采取什么样的手段去谋得幸福④，但是他认为在理想的状态下有道德的人应该得到幸福这一观点是明确的。所以，康德的幸福思想包含着有道德的人应该得到幸福是人们对社会的预期、幸福和道德相一致是人的理想的生活目标的观点。

弗雷肯定了亚里士多德认为幸福是"至善"，具有终极价值，其他所有的事物都是实现这一终极价值的手段的观点，他认为，"至善"即幸福是由正确的行为也就是道德的行为形成而不是由"实际的乐趣形成""一个幸福的人实际上是一个有德行的人"⑤。

认为道德可以影响人的幸福、是人们得到幸福的条件、是实现幸福的方式这样的观点具有相当的普遍性。

三、幸福的特征

既然真正的幸福要以道德的方式获得、有道德的人应该得到幸福是人们

---

① ［德］康德：《实践理性批判》（中文），商务印书馆 1999 年版，第 121，122 页。

② ［德］康德：《实践理性批判》（中文），商务印书馆 1999 年版，第 121—122 页。

③ ［德］康德：《实践理性批判》（中文），商务印书馆 1999 年版，第 122 页。

④ ［德］康德：《实践理性批判》（中文），商务印书馆 1999 年版，第 142 页。

⑤ ［瑞士］布伦诺·S. 弗雷：《幸福与经济学——经济和制度对人类福祉的影响》（中文），北京大学出版社 2006 年版，第 27 页。

的普遍预期、幸福和道德相一致的生活世界是人们的理想，那么幸福就蕴含如下特点：

幸福是个人的感性欲望与精神价值的统一。个人的感性欲望是人的生物意义、生理意义上的要求，是人的最基本的需求，如衣、食、住、行等方面，它关系着人的感性生命的维系和发展。人的感性生命是人的全部生命活动的基础，因而人的感性需要是第一位的需要，人的感性欲望的实现是人的幸福的基础性构成。但人的感性欲望只是人生物的、生理意义方面的需求，是人同动物共有的。而人和动物不同。人区别于动物的一个重要的方面就在于人在长期的进化发展过程中不断地在思考、追求生活的意义，形成了人应该如何生活、如何行为的意识，形成了对于理想价值的追求，有着超越物质需要对精神价值的要求。美国心理学家马斯洛提出了人的需要层次理论，认为人有生理、安全的、归属和爱、尊重和自我实现等不同层次的需要。按照马斯洛的观点，生理需要是人的需要中的最基本、最强烈、最明显的一种，但人的爱的需要、尊重的需要、自我实现的需要等等这些精神方面的需要则具有更高的层次。精神价值层面的需要决定了人的生命活动的高度、决定了人的幸福的属人的实质。密尔批评边沁对快乐只进行量的差异方面的分析而不进行质的区分是"荒谬"的："荒谬的倒是，我们在评估其他各种事物时，质量与数量都是考虑的因素，然而在评估各种快乐的时候，有人却认为只需要考虑数量这一因素。"① 认为快乐不仅具有量的差异也有质不同，他更强调有品质的生活即由文化教养与道德品质带给人们的快乐，他有一句广为流传的话是：做一个不满足的人胜过做一只满足的猪，做一个不满足的苏格拉底胜过一个满足的傻瓜②。所以，幸福包含着感性欲望的实现又是对它的超越，有着对精神价值的追求，是感性欲望和精神价值的统一，因此同人的感性欲望相区别。

① ［英］密尔：《功利主义》（中文），上海人民出版社 2008 年版，第 9 页。
② ［英］密尔：《功利主义》（中文），上海人民出版社 2008 年版，第 10 页。

重视精神价值是中国传统道德的显著特点。在中国古代，人们用"福""乐"表达同幸福相关的感受。儒家的代表人物孔子说："饭疏食，饮水，曲肱而枕之，乐亦在其中矣。"① 君子即有德之人。君子即或生活艰苦也会感到快乐。孔子说他最得意的学生颜回在面对他人无法忍受的粗茶淡饭、破屋陋居时依然心情愉快："一箪食，一瓢饮，在陋巷。人不堪其忧，回也不改其乐。"② 学生子贡问孔子："贫而无谄，富而无骄，何如？"孔子回答说："可也。未若贫而乐，富而好礼者也。"③ 在孔子看来同贫穷不谄媚权贵、富有却不傲慢放纵相比能做到贫穷却依然快乐、富有依然守礼是更高的人生境界。重视精神快乐是中国传统道德中的重要特点。

是当下的快乐与持久目的追求的统一。

早期人们对幸福的研究没有对快乐和幸福进行区分，往往把快乐等同于幸福。伊壁鸠鲁的思想就有这样的特点。伊壁鸠鲁认为趋乐避苦是人的本性，因此快乐是人们"要追求而且应该追求的目的。"由于他把快乐看成是人的自然属性、人的本能，所以人的快乐首先是肉体的快乐，认为肉体感官的快乐是一切快乐的起源和基础。不过他对快乐本身做了区别，有值得追求和不值得追求两种。他指出并不是所有的快乐都相同，不是所有的快乐都值得追求，有的快乐只是人的一种堕落的需要、有的快乐给人带来一时的快感之后则会变成痛苦，这样的快乐就不值得追求。因此需要人们对快乐进行选择。同时他认为快乐在强度上也有区别，精神上的快乐和痛苦大于肉体上的快乐和痛苦，因为肉体上的快乐和痛苦只是关乎"当前"的，而精神上的快乐和痛苦即是人们过去、现在也是将来的感受，是长久的。他进一步对精神快乐做了揭示，这就是"肉体的无痛苦和灵魂的无纷扰"，亦即"不动心"的至善状态。这样他就区分了肉体的快乐和精神的快乐、"应该追求"的快乐和"避免"追求的快乐，并且认为一个人有道德才能得到快乐：在生活中

---

① 《论语·述而》。

② 《论语·雍也》。

③ 《论语·学而》。

"谨慎、诚实和正直"才能够得到快乐，"德性或道德是达到快乐或精神宁静的目的的一种手段"①。由此可见有仅仅关系到当前的和超越短暂的当前时间节点具有一种持久性的两种快乐，而这种具有持久性的快乐因为合于道德而值得追求，就是幸福。

亚当·斯密认为趋乐避苦是人的"天生的欲望"，"为了得到快乐和避免痛苦"就需要依照道德行事，即要有"谨慎"的美德。谨慎包括真诚、恪守礼仪、勤劳和俭朴等德性，在他看来，一个谨慎的人具有能够"为了将来更遥远但是更为持久的舒适和享受而坚决牺牲眼前的舒适和享受的精神"②，从而有利于得到幸福。可见亚当·斯密也是将幸福看成是一种超越了暂时快感乐对永恒快乐的追求。

边沁认为追求快乐避免痛苦是人类行为的深层动机也是目的。他在《道德与立法原理导论》中指出：当我们对任何一个行为予以赞成或不赞成的时候，我们是看该行为是增多了还是减少了当事者的幸福；就是看该行为增进或违反当事者的幸福为准。"它按照看来势必增大或减小利益有关者之幸福的倾向，亦即促进或妨碍此种幸福的倾向，来赞成或非难任何一项行动。"③最大多数人的最大幸福是正确与错误的衡量标准。他把追求快乐当作行为的目的，又把增减当事人的幸福作为对人的行为赞成与否的根据，显然是把快乐等同于幸福。根据麦金太尔的研究，边沁对于快乐给出了五十八个同义词，并且把快乐等同于幸福："他在其他地方对名称所做的逻辑上的精细划分没有妨碍他把幸福、享受和快乐视为同一种感觉。"密尔对边沁进行了修正，他认为有的快乐比其他种类的快乐"更加值得欲求"更有价值，这种更有价值的快乐就是幸福，这样他以幸福取代了快乐④。但他没有对快乐和幸

① 见［美英］悌利：《西方哲学史》上（中文），商务印书馆 1976 年版。第 119—120 页。
② ［英］亚当·斯密：《道德情操论》（中文），商务印书馆 1997 年版，第 272—277 页。
③ ［英］边沁：《道德与立法原理导论》（中文），商务印书馆 2000 年版，第 58 页。
④ ［英］密尔：《功利主义》（中文），上海人民出版社 2008 年版，第 9 页。

福的区别做出比较说明。

赵汀阳在《论可能生活》一书中探讨了幸福和幸福感区别。为了区别幸福和幸福感他分析了幸福与快乐、幸福和欲望满足、幸福与利益的不同。他认为幸福感是一个心理学的概念，指人们在经历着幸福时的心理过程，每个人从事幸福的活动时都能够准确无误的获得这种幸福感；"而幸福却是一个难题"。为了解决这一难题他首先将幸福与快乐做了区别，认为快乐是消费性的，每一次快乐都一次性的被消费掉，留不下什么有意义的东西；而幸福则不然，每一种幸福都会以意义的方式被保存积累，成为一个人生活当中永远抹不掉的意义。因此，"幸福对于人生比快乐更重要以至于可以说是决定性的，没有幸福的人生是毫无意义的人生"；他进一步对幸福和欲望满足进行了区别，认为欲望满足对人的意义是有限的，而幸福对人的意义是无限的，"只有具有无限意义的事情才是幸福的事情"；他也对幸福与利益做了区别，认为利益永远只是手段，而幸福却是生活的目的，人们生活的一切都是为了幸福①。幸福不是某种主观意向被满足的结果，幸福体现着目的论原则，即幸福的原则是为每个人着想的，一种幸福的生活方式在于提高每个人的生活质量。所以赵汀阳认为幸福感就是人们创造生活的本意，或者说人们创造生活的目的就在于获得幸福感："生活本意在于创造幸福感。"② 在他看来因为人们的生活是一个持续不断的过程而不是结局，幸福感是在人们生活的过程中获得的，所以幸福具有永恒性："永恒性是幸福的一个特征"；而幸福是人们在生活过程中就能够感受得到的，所以具有直接性："直接是幸福的另一个特征。"他认为，能够产生幸福的具有永恒性和直接性的行为只能是"具有自成目的性的活动"即能够产生幸福的行为其本身就是幸福，"幸福的行为是创造性的"，因而"幸福是无可争夺的"③。这是把幸福看作是人生活的意义、目的，是人的创造本性的自身，具有无限性和永恒性。

---

① 赵汀阳：《论可能生活》，三联书店 1994 年版，第 112—114 页。
② 赵汀阳：《论可能生活》，三联书店 1994 年版，第 20 页。
③ 赵汀阳：《论可能生活》，三联书店 1994 年版，第 22 页。

幸福作为人生活的目的，就个体而言，它规划着人的生活，是人一生的追求，所以不会停留在某一具体需要的实现上，但个人一生的幸福却是由每一个具体需要的实现得到体现；就社会而言，人类向幸福理想的迈进是人类在世代创造过程中的体验、是人类世代创造活动所收获的成就感的积累，这种创造过程中的体验、成就感的积累不是一时、一事的满足感所能够承载的，但这种过程、积累恰恰是由无数个一时一事的满足感所构成的。所以幸福是当下的快乐与持久目的追求的统一。

是个体性与公共性的统一。

幸福就是个人的幸福，这似乎是一种当然的、无须说明的事实。当苏格拉底认为所有的人都在追求快乐与利益、人们追求的目标在于快乐超过痛苦的最大可能的平衡、幸福取决于人对于快乐与利益的多少、大小和远近的选择时，这里"所有的人"是每一个个人，幸福是个人的幸福。古希腊哲学家、昔勒尼学派的创始人亚里斯提卜指出寻求肉体感官快乐是人的本性，也是人的天职，认为人生所追求的目的就是快乐和享受，一切特殊快乐的总和就是幸福。肉体感官的快乐只能是个人的快乐，所以这样的快乐所构成的幸福也只能是个人的幸福。伊壁鸠鲁认为人生的目的在于追求快乐，快乐是人生最高的善。认为肉体的快乐和感官的快乐是一切快乐的起源和基础，但精神的快乐高于感性的快乐，这种快乐就是"肉体的无痛苦和灵魂的无纷扰"，是一种心灵的"宁静"。伊壁鸠鲁生活在希腊化时期罗马统治者的统治之下，个人和国家之间处于尖锐的对立状态，麦金太尔指出当时"人们在各种共同体中过着私人生活"，人们普遍关心的问题是我作为个人能实现的善目的是什么？我必须怎么做才能够得到个人的幸福，伊壁鸠鲁的这种思想"为人们摆脱公共生活提供了较好的理由"[1]。所以伊壁鸠鲁所说的快乐（幸福）就是一种个人的幸福。在西方文艺复兴时期，肯定人的感性幸福的合理性是启蒙的主题，而这个人不是上帝的造物，而是有着情感欲望的个人。此后十七

---

[1]　[美] 麦金太尔：《伦理学简史》（中文），商务印书馆2003年版，第145—154页。

八世纪英国的经验论和功利主义所肯定的人的感性幸福也都是指个人的幸福。但是，这一观点在发展中开始出现变化。这一变化是由边沁开始的。

边沁是第一个系统提出功利主义理论的人。他认为人类行为的深层动机和目的是追求快乐避免痛苦，因而他主张人们赞成或反对一个人行为的根据就是要看其是否能够增进人们的幸福：对行为赞成或不赞成取决于该行为是增多了还是减少了当事者的幸福；是以增进或违反当事者的幸福为准。边沁也谈共同体、共同体的利益，但是他认为，共同体只有在表明它是由构成它的成员的个人组成的时候才有意义。所谓共同体的利益也就是共同体的成员的个人利益的总和："共同体的利益是道德术语中所能有的最笼统的用语之一，因而它往往失去意义，在它确有意义时，它有如下述：共同体是个虚构体，由那些被认为可以说构成其成员的个人组成。那么，共同体的利益是什么呢？是组成共同体的若干成员的利益总和。"① 最大多数人是由个人构成的，所以基础是个人，但是当时边沁正致力于社会的改革，结合他的改革目标看，最大多数人的最大幸福包含了公共利益、公共幸福，正如《〈政府片论〉编者导言》的作者蒙塔古指出：功利论能够产生巨大的社会影响是因为它表达了那个时代的最强烈的本性。在 18 世纪，最活跃的时代本性是反抗神学的专治与反对社会的不公平。因此，功利论"主张人有在现世享乐的权利以及每个人都有权以同等的机会享乐"② 回答了那个时代的问题。这是说功利论具有两个特性：一个是它的世俗性，强调人的世俗享乐的道德意义；二是强调人们享乐的平等的权利。平等是个人之间的关系。每个人都有机会平等地享乐，强调的是一种共同体的状态。因此，最大多数人的最大幸福指每一个人的平等的享乐的权利，具有公共性。麦金太尔指出边沁的思想中"隐含地把个人的最大幸福等同于追求最大多数人的最大幸福时所获得

---

① ［英］边沁：《道德与立法原理导论》（中文），商务印书馆 2000 年版，第 58 页。

② ［英］蒙塔古：《〈政府片论〉编者导言》，见《政府片论》（中文），商务印书馆 1995 年版，编者导言第 37 页。

的幸福"①。

密尔继承和发展了边沁的思想，在回答人们对功利主义观点的诘难（有人认为，在许多情况下在可选择的行为中并不能确定哪一种将产生最大多数人的最大幸福）时指出功利主义在谈到最大幸福时实际上常常是指关于行为的一个相当特定的目标，这就是公共福利②。而这样一个标准在实际生活中产生了有益的影响，正如麦金太尔所指出的："功利主义者主张采用公共幸福的标准"使"人们能非常清楚地认识到在某些生活领域要考虑到这一标准"③。密尔把最大多数人的最大幸福同公共福利联系在一起，把公共福利作为最大多数人的最大幸福的目标似乎就回答了功利主义所要达到的幸福既是个人的也是最大多数人的④。

罗尔斯指出幸福可以分为个人幸福和社会幸福。个人幸福"是由在不同时刻及时经验到的、构成个人生活的一系列满足形成的"；社会的幸福"是由属于它的许多个人的欲望体系的满足构成的。"个人行为的原则"是要尽可能地推进他自己的福利，满足他自己的欲望体系"，同样，社会运行的原则"是要尽可能地推进群体的福利，最大程度地实现包括它的所有成员的欲望的总的欲望体系"⑤，罗尔斯所说的"包括它的所有成员的欲望的总的欲望体系"的"群体的福利"已经是一个公共幸福的内涵了。

幸福是个人的，是个人的欲望、需要实现和满足时的一种主观体验。但是，这绝不意味着人的任何欲望、需要的实现和满足都是幸福。因为幸福作为人生活的目的、目标就其本质而言是要使人们生活得更好，苏格拉底所说的幸福就是人们不仅要生活，而且要生活得更好，亚里士多德认为幸福是至善，是更好地生活、善地生活。而个人的欲望、需要并不总是能够让人更好

---

① ［美］麦金太尔：《伦理学简史》（中文），商务印书馆 2004 年版，第 306 页。
② ［美］麦金太尔：《伦理学简史》（中文），商务印书馆 2004 年版，第 308 页。
③ ［美］麦金太尔：《伦理学简史》（中文），商务印书馆 2004 年版，第 309 页。
④ ［美］麦金太尔：《伦理学简史》（中文），商务印书馆 2004 年版，第 308 页。
⑤ ［美］罗尔斯：《正义论》（中文），中国社会科学出版社 1988 年版，第 21 页。

生活、让人为善地生活的。人的欲望、需要是多层次、多方面的，有的需要、欲望仅仅是人的一种肉体的、一时的快感。出于本能的、肉体的快感有时并不能让人幸福地生活，从根本上说不能使自己生活幸福，也给他人的生活幸福造成了损害，比如一个瘾君子吸毒得到的快感。约翰·格雷说：善"增加人类幸福"，而恶"减少人类幸福"①。因此，幸福是一个正向的概念，必须是对人有正价值的也就是有利于人的生存和发展的需要的满足。所以，幸福的标准不能仅仅是个人需要的满足，个人的需要作为一种欲望并不总是对人有利的，有的则是有害的，如前所说的瘾君子吸毒，吸毒带给了瘾君子快感，被他自己认为是好的、善的，但在本质上却是对他有害的、是恶的。因此幸福的标准应该是社会的规则，也就是说要以社会的道德规则来衡量人的生活是否是值得的、是否是善的、是否是幸福的。

社会规则是社会理性的提炼、概括和表达、是人的社会性的反映。社会是人的存在形式。人为了生存而组成社会，以社会的方式进行劳动创造，以自己的需要为尺度加工、改造外部对象以满足自己的需要。人的需要首先是个体、是个人的需要，但个人的需要同社会的需要不可能完全一致，存在矛盾是必然的。如果矛盾不能够得到解决人们的行为就无法协调、社会就无法存在。所以为了维系社会的秩序、保证社会的存续，人们在长期的发展过程中逐渐地形成了具有协调和制约作用的行为习惯、原则规范即道德（进入文明社会则有了法律）。这些行为习惯和原则规范有着对个体的需要、欲望的制约性，通过这种制约维系社会的秩序、保证共同体的所有成员的共同需要的实现。所以道德是人们在长期的生活实践中形成的有利于社会的存在发展的规范形式，以社会的利益、社会的存在和发展为旨归。社会是由个人构成的，所以社会必须要代表组成社会的个人的利益其作为共同体才具有真实性。因此人们按照社会的规则也就是按照社会的道德去实现自己的需要，这样的生活保证着共同体的所有成员的共同的幸福，当然就包括了个人的幸

---

① ［英］约翰·格雷：《人类幸福论》，商务印书馆1984年版，第8页。

福。所以，幸福是个体性与公共性的统一。

城市幸福需要公共伦理的支持。

公共性价值取向表现为三个层面：个人层面、社会层面、和政府层面。个人是公共生活、公共活动的主体，满足个人的利益需要也是公共生活、公共活动所要争取的公共利益的目的；社会组织是个人和政府之间沟通的桥梁，是个体活动的组织形式，也是公共活动的利益诉求的最有力的表达和维护的形式；政府是社会资源的掌控和分配者，也是市民公共利益诉求的对象和公共利益实现的担当。

与公共性的三个层面相对应，公共活动的伦理规范也分为三个层次：第一个层次是市民个体间的彼此权利尊重，市民个人间利益的分享；第二个层面是市民社会对公共利益的维护，市民社会利益的共享；第三个层面是政府在社会治理中的优化服务，取信于民。

现代城市社会是法治社会，法律是整个社会运行必须遵守的规则也是最基本的公共伦理规范。因此公共伦理首先和基本的要求就是要敬畏、遵守法律。

第二节　敬畏法律

城市是人们生活的家园。人们在城市中生活，既是享有也是创造。前者指享有城市的物质和精神财富，后者则是指人们创造物质和精神财富。显然，创造先于享有，创造物质和精神财富是第一位的，对物质财和精神财富的享有是第二位的，因为要先有对象才谈得上对对象的享有。人们的创造活动决定于居民个体的活力，所以，个体是创造的主体。但是，个体的创造活力必须通过与他人结成相互关系才能够得到发挥和实现，所以，人又是社会的，社会共同体是人的存在方式。社会共同体是人们的交往、交换的形式，而人们的交往、交换需要秩序，这就需要对人们的行为进行协调、管理。这种协调管理的方式有两种，一种是道德的一种是政治的，道德治理依靠伦理道德规范，政治依靠法律，进行政治管理的是政府或国家，代表国家或政府进行管理的是管理者。因此，在城市社会中，人的构成可以分为三个层次：个体、社会共同体和管理者即政府或国家。在法治化的现代城市社会中，管理者要依法进行管理，被管理者要依法接受管理。所以敬畏法律是城市社会的最基本的价值观念。城市中的契约关系所生发出的契约精神对人的行为的影响，从最初的习惯性方式到订立契约、契约方必须遵守所立契约，契约对人的行为的规范作用既具有道德的自觉又具有法律的强制，兼具道德和法律两种规范作用的形式。法律规则和道德在价值上具有一致性，准确地说法律体现道德的价值，法律的原则规范以道德原则为标准是社会的最基本的道德规范。所以城市生活中的公共伦理最基本的要求就是对法律的尊重、依法行为。

一、伦理道德与法律：区别与联系

伦理道德与法律都是人的行为的规范。但二者有区别，最重要的区别在于规范作用的方式上：伦理道德规范的作用机制是非国家强制力强制的，法律规范的作用机制是国家强制力强制的。

人类最初的行为规范是伦理道德。人是自然界长期发展的产物，是从动物转化来的。人类发展的早期，由于生存环境的恶劣、生产力的低下，人们不得不以血缘为纽带进行群居生活。这种以血缘为纽带的生活共同体就是氏族组织，恩格斯指出：氏族是以血缘为基础的人类社会的自然形成的原始形式。人们通过氏族组织共同劳动，生产资料归氏族组织所有，劳动产品平均分配、共同消费，氏族成员之间的关系是平等的。氏族中不存在特殊的暴力机构，氏族的族长和军事首领凭借个人的威望和人们的尊重主持氏族事务，氏族的一切事务由氏族的最高权力机构即全体氏族成员参加的氏族大会讨论决定。维系氏族日常生活秩序主要是人们在长期生活中形成和习得的行为习惯。这些习惯构成了氏族成员的共同的生活准则。这些生活准则通过舆论、通过人的内心信念对人们有着普遍的、强有力的约束作用，这就是最初的道德。

由于生产力的发展，分工的扩大，交换的增加，财富开始向少数人手里集中，形成了财富贵族，同时则是穷人和奴隶的增加，这就导致了氏族制度的巨大变化。最初在氏族组织内部氏族成员之间的关系是平等的，这时这种平等的关系变成了穷人和奴隶同奴隶主之间的关系。奴隶主占有奴隶和奴隶的劳动成果，他们在利益上是完全对立的。奴隶主对奴隶所进行的残酷的剥削和压迫激起了奴隶不断的反抗，使得二者处于尖锐的对抗状态。原有的氏族制度和风俗习惯已经无法发挥维系社会秩序的作用，奴隶主阶级为了镇压奴隶的反抗建立了暴力机关，于是国家形成了。奴隶主阶级作为国家的统治者，为了对奴隶进行统治就必须制定强制奴隶实行的行为规范，这种行为规范的强制性来自国家的暴力机器。这种由统治者制定的依靠国家的暴力机器强制实行的社会规范就是法律。

所以伦理道德和法律规范在作用机制上不同。伦理道德诉诸舆论和人的内在信念，依靠的是人对于规则的认同而表现出的对规则的自觉遵守；法律则诉诸国家的暴力机器，通过国家的强制力强制人们执行。道德规范是人们的一种应该如此的行为选择，而法律则是必须如此的统治（国家、治理）要求。

但是伦理道德和法律有着基本的也是最重要的联系，这就是法的价值和伦理道德价值的一致。这种一致表现为法律在发展中价值取向朝伦理道德价值取向的趋近。

伦理道德是一种社会价值，它作为一种行为规范要协调人们的社会行为以维系社会的存在和发展。显然，是社会而不是个人是伦理道德的主体。社会是由每个个人构成的，人们组成社会是因为社会是人们加工改造外部世界满足自己需要的实践活动所必须的形式，所以，维系社会的正常秩序保证社会的发展，是每一个人的利益所在。从这个意义上说，有着协调人们的利益关系、规范人们的行为、保证社会的存在和发展作用的伦理道德就是有利于每一个人的。一个人就是他的全部活动，伦理道德对人的行为的协调规范意味着对人的全部行为活动的协调和规范。所以，伦理道德的作用广泛地渗透在社会生活中的各个方面，是一种普遍的善。在历史上，社会经历了具体形式的变化。在原始社会，社会就是氏族部落；进入文明社会以后，社会往往由国家、民族所代表，所以道德具有民族性，不同的民族有着各自的道德传统，比如，在中国，反映家国同构、血缘宗法关系的传统道德是以儒家为主流的家国整体利益取向的伦理道德；在西方则是以反映契约关系的古希腊的伦理道德为源头的重视个体价值的道德传统。道德具有历史性，同一民族在不同在的历史时代有不同的道德，中国传统社会中的道德是儒家为代表的纲常伦理，现代中国的社会道德则是以集体主义、爱国主义、为人民服务为原则规范的社会主义道德；道德具有阶级性，不同的阶级有着不同的道德，在中国。春秋时期有所谓儒墨显学，儒家和墨家是当时的两个有着重要社会影响的学派，在道德上二者都主张仁爱也就是爱人，但是由于这两个学派所反映的阶级利益不同对于仁爱的具体要求就不同。儒家的创始人孔子代表没落奴隶主贵族的利益，要恢复西周的旧秩序，所主张的仁是"克己复礼"，因而仁爱是亲亲尊尊、是有差等的爱。而墨家代表小手工业劳动者的利益，所主张的仁爱是"兼爱"，即是所有的人互爱。但是，道德也具有共同性。这种共同性来人必须要过社会生活、社会生活对人的要求来自道德本身的社会的共同的善。这种要求是人类作为在世代社会生活的经验、积习和所养成的品性，具有超越时代、阶级、民族的普遍适用的特性，如仁慈、感恩、宽容、谦虚、勤劳、诚实等等。近代以来，全球化的开启和政治上民主化的推进，自由、平等、公平等伦理道德要求日益成为人类社会普遍的价值观念，伦理道德的公共性突显。

法也是一种价值。法的价值是指法律对人类生存发展所具有的意义。中国人民大学吕世伦教授等在《法哲学论》中认为"法价值是法律的内在机制在实践中对于人的法律需要的某种适合、接近或一致。"其核心是在法律实践中法律同人的需要相一致①。

如前所说，法律是统治阶级为了统治的需要制定的规则。因此法律同人的需要的一致是同统治阶级的统治需要相一致。但我们绝不能由此得出法律没有同被统治者的需要、没有同社会的一般需要相一致的结论。恩格斯在谈到国家的形成时指出国家在实质上是统治阶级的特殊利益的代表："社会产生着它所不能缺少的某些共同职能。被指定去执行这种职能的人，就形成社会内部分工的一个新部门。这样，他们就获得了也和授权给他们的人相对立的特殊利益，他们在对这些人的关系上成为独立的人，于是就出现了国家。"② 但在形式上它却有着超越阶级的、代表社会的普遍利益、公共利益的面目，因为唯有如此它才能够获得合法性（所谓合法性是当代西方政治学的概念，指统治者的统治权力为被统治者所拥护从而自觉自愿地服从统治者的统治）。这就使国家（政府）在一定程度上要反映被统治者、民众的利益，一定程度上要回应被统治者、民众的利益诉求，有着体现公共利益、普遍利益的方面。这种对公共利益、普遍利益的考量在观念上就是一种对社会共同善的回应。这种善体现在国家的统治意志上就是法律。所以统治者程度不同地都会重视道德在国家治理中的作用，因而体现统治阶级意志的法律或法律的实行往往体现着社会的道德的原则，以社会的道德原则为标准。西方自亚里士多德至今有一种观点认为道德为法律的制定提供了标准："世界有一种人的智力可以知道、不受时间地域限制的道德秩序，它为赞美或谴责个人信仰和行为、为法律制度的设计和运作提供了客观标准。"③ 英国著名法理学家 H. L. A. 哈特认为"法律是一个规则系统"④，但在美国法哲学家罗纳德·德沃金看来法这一规则系统不仅仅是法律规则还包含了道德原则、体

① 吕世伦等：《法哲学论》，中国人民大学出版社1999年版，第363页。

② 《马克思恩格斯选集》第4卷，人民出版社1972年版，第482页。

③ ［美］理查德·A. 波斯纳：《道德和法律理论的疑问》（中文），中国政法大学出版社2001年版，第3页。

④ 见［美］理查德·A. 波斯纳：《道德和法律理论的疑问》（中文），中国政法大学出版社2001年版，第10页。

现了道德的价值精神："法律不仅包括立法机关和其他正式法律规则颁布者规定的规则，而且还包括原则，其中突出的是包括了立法者或法官从中可能汲取创造新规则之材料的道德原则。法官有义务成为哲学家。"① 而有些法学家则明确地认为道德原则就是法律的原则："有些法律理论家认为道德原则是法律的一部分，并希望对法律争议运用直接道德理论。"② 这些法学家的理论反映了社会的道德和法律的实践经验。

二、道德规范的法律形式

在中国，西周的统治者为了永保统治权力，提出要"以德配天命"；孔子提出"为政以德"就能够使整个的社会有序运行；孟子则提出统治者要以"不忍人之心"即"恻隐之心"、仁爱之心治理国家即所谓"仁政"，从而形成了中国的德治传统，因而社会的道德往往也是国家的法律，道德和法律内容上互相吸收。西周时周公制礼作乐，礼是奴隶制国家的典章制度，其许多规定是靠国家的强制力来保证执行的，具有法律效力，但同时它也是社会的伦理道德、风俗习惯："道德仁义，非礼不成；教训正俗，非礼不备；纷争辩讼，非礼不决；君臣上下，父子兄弟，非礼不定；宦学事师，非礼不亲；班朝治军，莅官行法，非礼威严不行。"③ 道德和法律是统一的。在汉代，汉武帝"罢黜百家，独尊儒术"，儒家思想成了统治阶级的正统思想。儒家的"三纲"即君为臣纲，父为子纲，夫为妻纲成为封建道德的根本原则同时也是统治阶级立法的根本原则。父为子纲作为伦理道德要求就是所谓"孝"，孝是儒家最重要的道德规范，被视为"仁"的根本（"君子务本，本立而道生，孝悌也者，其为仁之本与"），在汉代被纳入到了律法之中，以"不

---

① 见［美］理查德·A. 波斯纳：《道德和法律理论的疑问》（中文），中国政法大学出版社 2001 年版，第 108 页。

② 见［美］理查德·A. 波斯纳：《道德和法律理论的疑问》（中文），中国政法大学出版社 2001 年版，第 106 页。

③ 《礼记·曲礼上》。

孝"为大罪。在魏晋隋唐的法典中，除律格正文外，魏晋时附有所谓"十罪"、隋唐时附有所谓"十恶"的条目，其中的"敬""孝""睦""义"等就属于道德行为规范。资产阶级的法律也有相类似的情况。西方启蒙运动时期的资产阶级在反对封建专制主义的斗争中提出了"天赋人权"的思想，认为天赋予人生来平等、享有充分自由的权利，因而自由和平等"人类天生""是人的本性的要素"。这种理论是资产阶级的伦理道德观，但作为资产阶级革命的成果，自由、平等、生存等权利也被作为基本人权写入了这些国家的宪法，例如，美国的《独立宣言》（1776 年）中所宣布的"我们认为下面这些真理是不言而喻的：人人生而平等，造物者赋予他们若干不可剥夺的权利，其中包括生命权、自由权和追求幸福的权利。"之后作为"权利法案"（1791 年）被载入美国宪法。法国的《人权宣言》所指出的"在权利方面，人们生来是而且始终是自由平等的""任何政治结合的目的都在于保存人的自然和不可动摇的权利"以"序言"的形式被载入法国宪法（1791 年）。在社会主义中国，道德规范也被作为法律规范，如"五爱"即"爱祖国、爱人民、爱劳动、爱科学、爱社会主义"是社会主义时期的主要的社会公德，就是我国现行宪法中的法律规定。

被认为是当今世界的"最有影响的法学家"的理查德·A. 波斯纳认为"法律和道德有区别"，不过在谈到道德责任与法律责任重叠的现象时他认为：道德与法律重叠的原因是他们是并列的、促成社会繁荣所需要的合作方式和程度的方法。但他认为"道德是更早先的方法"①。对此有的法学家会做出这样的解释：道德与法律重叠、道德原则成为法律的价值构成是因为伦理道德规则先于法律形成，所以晚出的法律依据道德原则进行构建顺理成章。但是最根本的还是因为伦理道德价值是制定法律的一种价值需要，这种需要源于法律的社会目的与道德目的一定意义上的一致。波斯纳的著作《道

---

① ［美］理查德·A. 波斯纳：《道德和法律理论的疑问》（中文），中国政法大学出版社 2001 年版，第 125—126 页。

德和法律理论的疑问》的译者朱苏力教授批评一些法学家用道德价值作为对法学理论评价的依据："现有的，对学术成就的最高评价仍然是政治哲学、道德哲学和宪法理论……，这似乎就是美国法学界的一种情况。……道德哲学则是构建一个宪法理论的最简便的材料"，主张法律应当接受道德的指导①。但是伦理道德原则体现在法律中、对法律进行价值引导被一些研究者视为社会治理工具的逻辑蕴含：哈佛大学法理学教授富勒认为法作为用规则治理人类的有目的的事业，具有一系列内在的道德，它们包含在法的概念中，提供了评价法和官员行为的标准，反对把应然法和实然法加以分离②。在这里"应然法"指道德，道德指出人应该如何行为，"实然法"指法律，法律现实存在，要求人们必须如此行为，富勒认为道德和法律是不能分开的。美国哈佛大学的教授伯尔曼在研究西方的世俗法律体系的形成时指出：世俗国家从本质上说就是"法律统治"的国家或者"法治国"，法律的统治意味着法律具有高于国家和教会权力的至上地位，法治在十二三世纪就已经得到了当时逐渐盛行于欧洲的"高水平的法律意识和法律复杂性的支持"，而法治需要道德原则的维护："人们完全理解，维护法治""需要有关正义、公平、良心和理性的抽象准则。"③

　　道德对于人的行为的规范作用是普遍、深刻而根本的，法律的规范作用是具体而直接的，在现实中二者相互影响、相互作用。伦理道德和法律作为规范原则都对人的需要、欲望有制约作用，是对人的需要的某种程度的限制。在这个意义上伦理道德和法律规范对于个人而言往往是一种"恶"（"善"满足人的需要。"恶"即阻碍人的需要的实现。）所以人对于规则的抗拒是一种本能。法律可以凭借国家的强制力强制人们实行，所以对人的行

---

① 见［美］理查德·A. 波斯纳：《道德和法律理论的疑问》（中文），中国政法大学出版社 2001 年版，译序。

② 见吕世伦等：《法哲学论》，中国人民大学出版社 1999 年版，第 355 页。

③ ［美］哈罗德·J. 伯尔曼：《法律与革命——西方法律传统的形成》（中文），中国大百科全书出版社 1993 年版，第 362—363 页。

为的规范往往是强而有力的。而道德伦理是通过社会舆论、风俗习惯和个人的内心信念发挥作用，要诉诸人的自觉，所以往往不如法律来得直接有力。伦理道德的自觉是人们在长期的生活实践中形成的对道德规则的价值认同，是逐渐养成的，这个过程是一个对规则的遵守由不得不如此到认识到规则的价值认同规则从而自觉自愿地遵守的过程，这一过程在一定的程度上可以借助于法律的强制来实现。中国古代有所谓"制礼以崇敬，立刑以明威"①；礼者禁于将然之前，而法者禁于已然之后"②，这就是说，道德可以支持人们尊重和信守法律，而刑罚能够强化道德的威慑力量；道德能够防范违法行为的发生，法律能够制止已经发生的违法和严重不道德的行为。道德和法律在对人的行为的调节过程中共同起着作用，就人们对伦理道德的认同从而形成行为自觉、就人的品德养成而言，法律的强制可以发挥特殊的作用。

例如孝在传统社会中对人的行为有着极强的规范作用，不能不说和法律对不孝的严厉惩罚有关。《唐律·名例》规定，不孝罪包括："谓告言诅詈祖父母父母；祖父母父母在别籍异财；供养有缺；居父母丧身自嫁娶，若作乐，释服从吉；闻祖父母父母丧匿不举哀；诈称祖父母父母死。"这是说：检举告发祖父母、父母犯罪行为的；骂祖父母、父母的；背地里咒骂祖父母、父母的；祖父母、父母生存期间自己另立户口、私攒钱财的；对祖父母、父母不尽最大能力奉养、使其得不到生活满足的；父母丧事期间自己娶妻或出嫁的，父母丧事期间听音乐、看戏的；父母丧事期间脱掉丧服穿红挂绿的；隐匿祖父母、父母死亡消息，不发讣告、不举办丧事的；祖父母父母未死谎报死亡的，这十种情况，都属于不孝的犯罪行为，都要受到严厉的惩罚。

社会的基本道德规范成为法律，法律规范体现着道德的原则，可以说法律也是最基本的道德，行为合于法律体现着社会的基本的善，有利于实现生

---

① 《旧唐书·刑法志》。
② 贾谊：《治安策》。

活的幸福目的。苏格拉底认为遵守城邦的法律是雅典公民的义务，遵守城邦的法律忠于国家就是他所理解的善生，是更好的生活、幸福的生活。亚里士多德认为人类生活的最高目的就是政治共同体的福祉，社会的目的是使个体公民能够过一种有德性和幸福的生活，贵族政治是最好的国家，这种国家的法律体现着社会上最好的公民的利益也就是能够使公民过有德性和幸福的生活，所以公民要遵守法律，要合法①。古希腊城邦民主政治的杰出代表伯利克里说："在公共事务中，我们坚守法律""在解决个人争端的问题时，法律面前人人平等。"这是出于对法律的"深深的敬畏"，而这样的城邦生活使公民幸福。

第三节　公共伦理的基本要求

一、个体市民：尊重彼此权利，利益分享

尊重彼此的权利是市民个人之间协调利益关系的系列行为规范。个体市民是构成市民共同体的最基本的单位，（正当的）市民个人利益是公共利益的载体，市民的正当利益实现的多寡决定着公共利益实现的程度，市民个体通过对市民他者的利益关系的协调实现着对公共利益的价值追求。

亚当·斯密认为人的幸福感往往取决于他在"同自己地位相等的人中间"得到的尊重。在他看来，获取物质财富以满足人的肉体所需是人的生活所必需的，但是真正决定人的生活的是来自他人对自己的尊重。一个人要在和自己同阶层的人中间获得名誉和地位、受到人们的尊重的愿望比获取财富更为强烈。而追求财富不过是人们要获取名誉、地位、得到尊重的一种方式，正是由于获得名誉、地位、尊重的欲望才激发出人们获取财富的动力。在他看来，人们的名誉、地位、获得的尊重在相当的程度上依赖于自己的品

---

① 见［美］梯利：《西方哲学史》上（中文），商务印书馆1976年版，第108页。

质和行为。通过这样一些品质和行为能够得到人们的信任、尊敬和好意从而使个人得到幸福感。所以得到尊重是个人幸福感的来源。当然，这种尊重是相互的①。亚当·斯密认为，关心自己的利益是一个人的美德。因为实现个人利益能够使他的生活"舒适和幸福"②。同时，一个有道德的、"正直的人"也"不危害或不破坏"他人的幸福，尊重他人享有的幸福。一个人对他人"关心""有着深切的同情、伟大的人道和高尚的仁爱"是一种能够得到"高度尊重甚至崇敬"的品德③。

这一系列行为规范主要包括友善包容、诚实守信、互助分享等。

友善包容

英国哲学家伯特兰·罗素认为幸福的秘诀在于使你的兴趣尽量广泛，使你对那些自己感兴趣的人和物尽量友善，而不是敌视。

友善是说人们要善待彼此、相互肯定和给予对方利益；包容是说人们要互相接纳对方，对他人的利益不排斥、不否定。这是促进城市生活和谐的行为需要。城市在商业活动中发展出人的平等意识，这与乡村不同。在传统的乡村社会，从事农业生产的人在空间位置相对固定的土地上进行劳动，劳动力也是相对固定的，人们祖祖辈辈生活在一起固化出了不同的等级地位并靠世代因袭形成的传统维系着这一等级秩序。正如刘易斯·芒福德所说：乡村生活"自满自足，墨守陈规，几千年不变地继续下去"④，而商人们不断流动，习惯和等级地位失去了对他们的约束力，他们靠"才智和经历"获取财富，而不是靠"社会地位"，对"忠于传统和尊重把每个阶级的作用和地位固定起来的等级制度的社会"形成了冲击，不仅是商人自身不再把等级地位作为衡量人的标准，就是贵族们也开始放弃了对商人的歧视关心商业活动，

---

① ［英］亚当·斯密：《道德情操论》（中文），商务印书馆 1998 年版，第 272—273 页。
② ［英］亚当·斯密：《道德情操论》（中文），商务印书馆 1998 年版，第 273 页。
③ ［英］亚当·斯密：《道德情操论》（中文），商务印书馆 1998 年版，第 281—282 页。
④ ［美］刘易斯·芒福德：《城市发展史——起源、演变和前景》（中文），中国建筑工业出版社 2005 年版，第 20 页。

并通过商业活动增加自己的财富①，由此发展出了人们的平等意识。

平等意识涵养了市民的友善和包容。

被称为"世界的珠宝盒"的威尼斯到 16 世纪早期由于"商业和工业的结合"变成了"欧洲最富有的城市"。乔尔·科特金认为威尼斯之所以能够如此最为重要的是其"与众不同的兼容并蓄的特点"，并认为这是威尼斯人自己"培育了自己的城市文化"。来自德国的商人、黎凡特的犹太人和希腊基督教徒以及其他外来者云集威尼斯的大街小巷，把他们的商品、理念带到了威尼斯，成就了威尼斯的繁荣。威尼斯的繁荣发展也为到威尼斯的外国人提供了发展的机会，它的宽容使其成为外国人"相对安全的天堂"②。阿姆斯特丹从 13 世纪的小渔村到 17 世纪初发展成"欧洲城市化程度最高的国家"，乔尔·科特金认为其"商业的成功"要"归功于城市广大的多元化的人口"。在宗教冲突不断的欧洲，包括天主教、胡格诺教、犹太教、路德教和门诺教等各个不同的教派却可以在那里和睦相处，这些在官方认可之外的宗教人口占到了城市总人口的四分之一，"宗教包容的奇迹在贸易集中的地区总能找到"③。从历史上看友善和宽容成就了城市的发展。

而一个城市如果缺乏开放和包容精神就会影响它的发展甚至导致城市的衰弱，历史上的西班牙即是一例。公元 1492 年，西班牙专治统治者颁布了驱逐令，驱逐几个世纪以来在欧洲城市尤其是在西班牙的商业和职业生活中扮演着关键角色的犹太人和新近皈依的新基督教徒，超过 18 万的犹太人和新基督教徒离开了西班牙。清除犹太人和新基督教徒之后，剩余的商业中产阶级大都缺乏商业经验，不能充分的利用摆在他们面前的新的商业机会。结果导致西班牙城市的衰落，在 16 世纪西班牙的人口增长了一倍，超过了 90

---

① ［比］亨利·皮雷纳：《中世纪的城市》（中文），商务印书馆 1985 年版，第 76—77 页。

② ［美］乔尔·科特金：《全球城市史》（中文），社会科学文献出版社 2006 年版，第 104—106 页。

③ 见［美］乔尔·科特金：《全球城市史》（中文），社会科学文献出版社 2006 年版，第 124 页。

万人。到 1650 年人口超过 1 万的西班牙城市数量减少了三分之一。有的历史学家评价说："西班牙让哥伦布航海探险，它因此获得了一个大陆；西班牙驱逐犹太人出国，它因此失去了左膀右臂。"① 乔尔·科特金认为当时"西班牙人自大意识浓厚，根本没有什么宗教宽容。"如果西班牙统治者查理五世能够接受宽容的原则，通过对北方崛起的城市如安特卫普、阿姆斯特丹等的控制或许依然可以主导繁荣的欧洲城市经济，但西班牙统治者们推行天主教教义的强烈愿望将这些生产力发达、以基督教人口为主的北部城市变成了欧洲的墓地②。

在当代，城市发展依然需要友善和包容。这一点在中国这样的城乡二元结构的社会中，在快速城市化的进程中显得尤为重要。在城市化过程中大量的农村人口进入城市，形成所谓"新市民"。新市民同原有市民在享有社会的公共服务方面不可避免地会存在矛盾。要化解这些矛盾不仅取决于政府的公共政策，也取决于原有市民对新市民的友善和包容。在这个过程中原住市民应该敞开胸怀，拥抱新市民。新市民对城市的发展建设做出了巨大的贡献，他们理应在城市中被接纳、被善待，应该受到尊重。城市中的人要能够生活得更好需要城市中所有人的释放善意、学会包容，出于善意、包容他人的行为有利于公共利益的实现。拉兹对此做了阐述，他说："我们所有人都有义务去促进与保护所有人的福利。"③ 在他看来所谓"福利"就是全心全意地成功地追求有价值的活动，或者说有价值的活动才对人们的福利有贡献。而一个有价值的活动就是对他人友善的活动，就体现在人们的日常生活的"普通"方式中，如全心全意为了家庭、有职业道德、良好的邻里关系、为社会和政治事业做义工等。通过"普通"的方式做对他人有益的事就是有

---

① ［美］乔尔·科特金：《全球城市史》（中文），社会科学文献出版社 2006 年版，第 119—121 页。

② ［美］乔尔·科特金：《全球城市史》（中文），社会科学文献出版社 2006 年版，第 119，121 页。

③ ［英］约瑟夫·拉兹：《公共领域中的伦理学》（中文），江苏人民出版社 2013 年版，第 3 页。

价值的活动，就是在为更好的生活做贡献。公共利益是属于所有人的，它不排除任何一个人，而且人们也不以排他的方式获取利益、不以减损他人的方式享有利益。拉兹用"共同善"表达公共利益，他认为公共善可以是物质性的如公园、博物馆及其他公共设施，也可以是人类的活动模式，例如一个城市居民中盛行于人们关系中的那种"宽容与友善的一般氛围"。说它们是"公共善"，原因就在于"公共善的利益是所有人可以获得的"，是不排除任何人的，如果排除了任何一个人，"就会让所有成员都得不到这种善。"非竞争的方式使得所有的人能够享用这种公共善，也就是说："一个人的享用不会减少别人对此善的享用。"① 一个包容的社会能够让人们尤其是新市民看到希望，产生城市认同，使城市和谐发展。

诚实守信

诚实就是真实无欺，指在和他人的交往中要遵守诺言，讲究信用。诚实守信是城市社会发展的基石。自古以来诚信就是人类通行的道德准则，我国更是有着诚信的传统。孟子把"诚"作为人的行为方式："思诚者，人之道也。"② 《礼记》中则将诚实视为人的最重要的品质："君子诚之为贵。"③ 孔子认为，讲信用是人安身立命的基础，做人不讲信用就像大车子没有安横木的輗，小车子没有安横木的軏，是没有办法行走的："人而无信，不知其可也。大车无輗，小车无軏，其何以行之哉?"④ 主张："与朋友交，言而有信。"⑤ "诚则信矣，信则诚矣"。诚信在历史中积淀成了人的行为的重要规则。

现代城市的经济是市场经济，市场经济是一种信用经济，信用经济需要诚信作为支持。市场经济是被实践证明最有效率的经济模式。这种效率来源

---

① ［英］约瑟夫·拉兹：《公共领域中的伦理学》（中文），江苏人民出版社 2013 年版，第 41 页。

② 《孟子·离娄上》。

③ 《礼记·中庸》。

④ 《论语·为政》。

⑤ 《论语·学而》。

于市场主体的自由竞争，有竞争才使市场主体有动力去改进技术、降低成本从而使经济发展充满活力。要使竞争做到合理和持久，竞争就必须是公平的，是具有平等的自由权利的经济行为主体的平等参与。主体之间借助契约相互联系，契约明确规定了当事人各自的权利和义务，在当事人看来，这种权利和义务关系是应当的，因而是合理的，当事人出于这种"应当""合理"的认知而不是出于被迫的参与，相互的关系一定是平等的。由于契约的缔结是当事人平等地自主决定，所以它前提性地隐含着契约会得到信守。契约关系表明了契约当事人对彼此权利的尊重，从而使经济行为主体的自利动机受到了制约，使其不能以损害他人利益的方式追求自己的利益，制约保证了市场主体之间竞争的正当、合理，也保证了市场运行的秩序。所以，守信是市场经济的内在要求。亚当·斯密认为市场主体的利己行为通过市场这一"看不见的手"就会变为利他行为，使自利和社会利益得到协调。

在网络时代，网络的"缺场交往"即非面对面、不在同一时空的交往，使人们在网络上的活动具有一定的隐蔽性，因而使行骗变得容易了，但同时也使诚信更重要了，诚信成了重要的社会资源，决定了人（企业）的发展。

互助分享

互助就是利益的关联方彼此做他人需要且对他人有益的事。分享就是互助合作的主体对于互助合作创造的价值、形成的利益要彼此合理分配、要分享，共同创造的成果要共同享有。互助分享是城市社会可持续发展的要求。

城市具有开放性。进行商业活动是城市最主要的功能。城市的商业活动具有世界性或国际性。城市的形成发展需要商业的支撑，商业的特点使它的发展不受地域的限制具有向外辐射的特性。这是因为对商人活动产生"决定性影响的不是'民族的特性'，而是社会的需要。"由人的需要决定的商业活动因需要的人类性而具有人类性，所以是"世界性"的。

亨利·皮雷纳在研究了欧洲中世纪的城市商人的商业活动时指出：为了在市集和市场上发生争端中能够有效"自卫"，他们需要联合起来，结成"商人合伙组织"，这样的组织"是世界性的"，他们以商队的形式长途跋涉进行国际贸易：这个时期的商业已经不是一种地方性的商业被狭隘地局限在一个地区市场范围之内。事实上，意大利商人远致巴黎和佛兰德尔，在十世纪末，伦敦港里科隆、于伊、迪南、佛兰德尔和鲁昂的商人常来常往。他因此认为"国际贸易，如果用一个更确切的词来说就是远距离的贸易，是中世纪经济复兴的特征。"因为远洋航海、陆地广阔空间往来"是他们获得巨额利润的唯一方法"①。商业活动的世界性或国际性，形成了人们的大格局、大气度，决定了城市的开放性。

近代机器大工业的发展，分工的深化、交换的普遍化大大提高了人们彼此的依存度，助人也为人所助，合作互助成为人们的自觉意识。

在现代城市社会中，作为社会基础的经济活动依赖于人们的相互合作，相互合作增进了彼此的利益："共同善的持续存在也典型的依赖于许多个人的合作行为。"② 合作对于人们达成目标的重要性是不言而喻的，因此也是被人们所倡导的有价值的行为方式，拉兹对此做了分析。在他看来，个人要想过好的生活需要同他人的互助。好的生活首先需要个体自己的活动创造。但当他人以合于自己的希望、目标、关系和志向等方式帮助自己就能够促进自己的福利，因此即或个人无意于他人的帮助，他人也没有刻意地去促进他的利益，但在一个事实上是一种互助的关系中，个人利益的实现就是可以期待的③。而且人们具有互助的意识、助人的意识是重要的。在拉兹看来人们必须履行义务，这是"义不容辞的"。因为履行义务会产生"善"，即履行义务就是服务于他人的利益，使他人的利益得到保护或促进，这是社会合作

①　[比] 亨利·皮雷纳：《中世纪的城市》（中文），商务印书馆 1985 年版，第 73—76 页。

②　[英] 约瑟夫·拉兹：《公共领域中的伦理学》（中文），江苏人民出版社 2013 年版，第 41 页。

③　[英] 约瑟夫·拉兹：《公共领域中的伦理学》（中文），江苏人民出版社 2013 年版，第 13 页。

的结果①。对个人而言权利是"首要的",其重要价值在于它对权利主体所产生的利益,即具有内在价值。但是人同时又具有义务,义务不具有内在价值,其价值在于"服务于某个他人的利益,履行它有益于其他某个人",即"某个人有权利得到这个义务所保护或促进的那个利益",也就是说个人有义务"保护或促进"他人的权利。因此个人权利派生于一种更根本的福利,即公共的利益,其实质是个人权利要在谋求他人利益、公共利益中实现,同他人利益、公共利益相一致②。因此合作必然带来分享,这就是合作的价值。亚里士多德认为分享是值得称赞的品质。他在谈到慷慨的德性时指出,我们称赞在财务(所谓财务就是一切其价值可以用金钱来衡量的东西——亚里士多德)的给予中的慷慨。他认为给予是善良的活动也是高尚的行为,"在一切德性之中,慷慨几乎为人最钟爱",之所以如此,是"因为在给予之中,可以有助于人"③。

在信息时代的城市,分享是网络与生俱来的品性。过去人们所分享的利益主要是来自传统的生产要素——土地即自然资源、劳动和资本所产生。到了 20 世纪 90 年代,人们认识到知识已经成为关键的经济资源,是可持续增长的基础,"因为知识可以获得连续的、增长的盈利。"④ 而现在,人类社会已经走向信息经济时代,信息所承载的数据在经济社会发展中越来越显示出基础性、战略性、先导性作用。网络平台将各方信息汇聚、联系到一起,从而实现资源的共享。资源共享是网络的主要功能,也是其自身价值所在,因而共享也成为这一时代人们的价值信念。就个人而言,每一个拥有网络终端

---

① [英]约瑟夫·拉兹:《公共领域中的伦理学》(中文),江苏人民出版社 2013 年版,第 38 页。

② [英]约瑟夫·拉兹:《公共领域中的伦理学》(中文),江苏人民出版社 2013 年版,第 41 页。

③ 亚里士多德:《尼各马可伦理学》(中文),中国人民大学出版社 2003 年版,第 68—69 页。

④ 大卫·S. 兰德斯:《巧人还是智人:知识技术·增长与发展》(中文),见[美]达尔·尼夫主编:《知识经济》(中文),珠海出版社 1998 年版,第 106 页。

的个体，其终端设备就是一个信息平台，其传递的信息即同他人分享信息同样有着创造价值的功能。一个人所传播的有效信息越多，其价值就越大。所以，在网络条件下，信息的分享是一个人价值的体现，信息的分享也是利益的分享，而这样一种分享是网络的特点所要求的。因此，在网络条件下信息分享是人际交往的重要方式，也是人应有的一种品德。

联合国《全球幸福指数报告》显示：幸福感排名居前的国家或地区往往在经济上比较发达，因此，经济因素、一定程度的富裕是人们获取幸福感的必要条件，但是其市民所关注的乐善好施、慷慨、人与人的友好、平等、共处等非物质因素构成了市民幸福感重要来源，而这些因素都同市民的公共伦理素质相关。新华社《瞭望东方周刊》、瞭望智库共同主办的"中国最具幸福感城市"调查推选活动也显示城市市民道德素质影响人们的幸福感。

总之，市民拥有互助分享的美德能够给人们带来更多幸福的体验。

二、市民社会：维护公共利益，利益共享

在个体层面上，市民之间最基本的道德规范是尊重彼此的权利，其含义是：个人追求自己的正当利益是合道德的，同时承认他人追求自己的正当利益也是合道德的，彼此之间相互尊重对方正当利益。包容和开放的城市造就了人们的公共视野，使人们能够在自己的利益基础上，超越个人利益而关注公共生活、参与公共事务，追求公共利益。这种共同利益是所有市民的共识性的利益，是具有最大公约数的利益，即市民全体、市民社会的利益。所谓市民社会就是具有自我独立意识和个人自由、权利要求的市民个体在社会生活中为了表达同自己的意愿、利益实现、发展空间相关的公共利益问题解决的诉求而自愿结合的一种社会组织形式。因此，在市民社会的层面上人们的价值取向是公共利益。由于这种公共利益的形成是基于市民个人的利益，是市民个体之间利益的最大公约数，所以，市民社会行为的道德规范必须是在充分协商基础之上形成的一种行为共识。进行协商形成行为共识而不是将自

己的意志强加他人，所以协商共识本身应成为人们的行为规范。

协商共识

道德规范是人们的行为准则，人们按照一定的行为准则行为其实质就是追求一定的利益。所以，道德规范反映着人的利益要求并由此协调着人们之间的利益关系。人们的利益不同道德规范就不同，因而人们调整相互之间利益关系的价值方向就不同。一定社会的道德往往是由掌握着公权力的统治阶级或管理阶层所倡导的，有着对人的行为的普遍的约束性。但是，一方面市民社会具有自治的特性，市民的行为往往有着更多的境遇、个性、多样化的特点。另一方面，市民社会是一种公共领域，不是个人或私人领域，爱德华·希尔斯对此做了这样的概括："市民社会指的是社会中的一个部分，这部分社会具有自身的生命，与国家有明显区别，且大都具有相对于国家的自主性。市民社会存在于家庭、家族与地域的界域之外，但并未达致国家。"① 查尔斯·泰勒也做了类似的说明："这一系列关于自由经济和公众或公共空间的观念，构成了有关'市民社会'区别与国家的新认识的一种思想资源。"但泰勒指出市民社会虽然"不是根据政治予以构架的领域"，但它不是个人的、家庭的私人领域："它的第一个特征极为关键：市民社会不是私人领域"，而是公共领域："市民社会包括一个公众或公共的"领域。在泰勒的观点中：第一，市民社会是一个同关于"自由经济""现代民主"相联系，作为"理解现代民主的关键"的生活形式，因而是以公民个人主体作为基础的；第二，市民社会不同于家庭，因而不是私人领域，他指出：黑格尔在《伦理学》中对家庭、市民社会、国家进行了区分，市民社会不同于"国家"，但也不完全等同于"家庭"，它所界定的市民社会是"公众社会生活的一种模式，而非一系列私人的飞地"；第三，市民社会是国家权力存在的价值即国家权力服务的对象：市民社会"区别于国家"，不是一种政治架

---

① ［美］爱德华·希尔斯：《市民社会的美德》（中文），见 J. C. 亚历山大、邓正来编：《国家与市民社会》，中央编译出版社 2002 年版，第 33 页。

构，而是"有其自己的前政治的生命和统一性"，是政治结构和政治权力服务的对象，市民社会是"政治结构所必须服务的"①。市民社会既然是公共领域，其道德规范要求必然是公共利益的价值取向。但是，市民社会作为一种公共领域其构成的前提却是有着个人权利的个体市民，是由个体市民组成的，而且往往是因为面临着共同的问题、要通过共同行动来解决问题、维护自己的利益的时候人们才走到了一起。所以，人们面临的问题不同、解决问题的境况有异，在争取和维护公共利益过程中，人们的行为规范往往要视问题及其解决问题的境况而定。因此，行为的规范往往要通过协商而形成的共识。

通过协商形成共识意味着市民个体在利益上的妥协和让步，通过这种妥协和让步找到一种都能接受的、对所有人而言是最有利的行动目标，使共同体的所有的成员在这样的行动中都能够得到相应的利益，从而实现一种公共善。因此，就市民社会而言，通过沟通协商而形成共识、依照共识性原则行为是市民社会应该有的行为方式，所以，沟通协商、寻求共识既是市民社会行为规范的形成方式，也是人们行为应该遵循的规则本身。哈贝马斯就主张通过协商即他所说的"商谈"建立起具有普遍性的道德原则。哈贝马斯认为在一个多元社会中达成政治共识，主要就是在具有不同价值的人们之间就规范达成共识，因此他提出"商谈理论"、探讨"合理共识"和普遍规范的形成②。在当今这个所谓后现代社会，城市社会的主体不仅多元对立，而且碎片化了。利奥塔强调协调的重要性，认为在后现代状况下，与现代性联系在一起的对普遍性、一元性、同一性、确定性等的追求的合法性已被否定，代之而起的是对特殊性、多元性、差异性和变异性等的肯定和崇尚，必须要协调特殊性、多元性、差异性，以使人们形成共识。罗尔斯提出为了处理当今

① ［加］查尔斯·泰勒：《市民社会的模式》（中文），见 J. C. 亚历山大、邓正来编：《国家与市民社会》，中央编译出版社 2002 年版，第 22—23 页。

② 参见［德］哈贝马斯：《在事实与规范之间——关于民主和民主法治国的商谈理论》（中文），三联书店 2003 年版。

社会如何在多样性的基础上达成一致的意见、协调的行动和稳定的秩序的问题要寻求"重叠共识"即具有不同价值观念的人们认可和遵守同样的规范。他认为对某一事物，不同的人从不同理由出发形成共识，就是"重叠共识"，"重叠共识"是可能的。

总之要实现市民的共同利益，所有的市民必须共同行动，为此就必须依靠共同的道德规范来维系，在个体市民中这种共同道德规范不可能由强制形成只能是基于共同的利益诉求协商的结果。所以，人们必须善于协商，在协商中寻求共识，这是城市的行为方式。

共同行动

包容和开放的城市造就了人们的公共视野、对公共生活公共事务的关注，使人们关心公共利益。人们要实现公共利益往往要借助于市民社会的组织形式。

泰勒对市民社会进行了研究，认为："市民社会"是由作为权利主体的个体公民组成，但不是私人领域而是一种公共领域："市民社会包括一个公众或公共的……的领域。……不是私人领域。"① 由此我们可以这样认为：这里的市民社会同西方政治理论中的公民社会不同，西方的公民社会是在政府同社会二分、对立的意义上的政治领域，这里所指的市民社会仅仅是指作为政府服务对象的市民的集合，其作为一种组织活动旨在促进政府更好地代表市民的利益、为市民服务。

问题是，政府就是要为众人（不同时期表达不同，总的来说就是政府"治下之民"）服务的，这是其合法性的基础，就此而言需要一个"市民社会"吗？换言之，市民社会有什么存在的必要呢？

按照西方政治理论的观点，人民是权力主体，人民让渡自己的权力组成了国家，目的就是要保护自己的权利。在现代民主政治中，公民是权力的主

---

① ［加］查尔斯·泰勒：《市民社会的模式》（中文），见 J. C. 亚历山大、邓正来编：《国家与市民社会》，中央编译出版社 2002 年版，第 22—23 页。

体，国家的权力是公民赋予的，政府只是代替人民行使权力，是权力的代理人，因而政府的权力是一种公权力，公权力体现公共意志，要维护公民权利、维护公共利益。显然，公权力的公共意志要通过具体行使公权力的行政行为得到体现，这就要求掌握公权力的行政人员、各级官员必须切实用公权力为公共利益服务，要具有公共人格。但是在公共利益同个人利益存在分化的情况下，权力的代理人、大大小小的行政官员必然有着自己的特殊利益需要，当他们的特殊利益需要同公共利益相矛盾时，运用手里掌握的公权力为自己的特殊利益服务、谋取私利就在所难免。在这种情况下作为权力主体的公民其权利就无法得到保障，相反，权力会成为个别人的特权侵害公民权利、侵害公共利益，权力出现了异化。

因此，市民（公民）的权利还需要自己争取和维护。市民能否充分表达自己的利益诉求、政府对市民合理的利益诉求能否做出应有的回应关系到社会的稳定和发展，所以沟通政府和市民是社会运行中必须的机制性的环节。

市民社会在一定意义上就有着这样的机制作用。各种各样的社会自治组织、社会中介组织、社会独立组织、因面临共同问题而有着共同的利益要求的市民为寻求问题的解决而形成的临时组织等等，都是市民社会的具体形式。市民社会在一定意义上可以在市民与政府之间发挥沟通双方的作用，使国家与社会的需要发生接触。哈贝马斯认为公共领域（即市民社会，哈贝马斯在《公域的结构性变化》中将公域区别为私域欲和公域，私域构成了狭义的市民社会①）。"具有调节国家和社会的政治功能。"② 就市民社会的调解功能而言，第一，通过市民社会能够将市民正当的个人利益要求整合为公共利益、形成一种社会性的行为从而促使利益的实现。市民个人的自我意识、权利要求并不能直接地表现为一种社会性观念、意识去凝聚公众力量引起社会的行为，必须借助于一定的组织形式。通过一定的组织形式，人们沟通交

---

① 见哈贝马斯：《公域的结构性变化》（中文），见 J. C. 亚历山大、邓正来编：《国家与市民社会》，中央编译出版社 2002 年版，第 155 页。

② ［德］哈贝马斯：《公共领域的结构转型》（中文），学林出版社 1999 年版，第 121 页。

流，表达各自的观点、意见和建议，使原本个人的感受、想法、要求共识为集体的、公共的观念和要求，使个人原本微弱的声音汇聚成有震撼力的声音，成为社会性的意见表达；通过组织，个人的权力要求就会集聚成群体的力量，成为一种不解决就会危及社会稳定的"民意"，成为重大的社会问题。第二，通过市民社会充分发挥城市的自治功能，在政府权力达不到的地方促进和维护公共利益，如公益慈善、扶贫救灾、社区治理等。第三，监督政府权力，在克服权力腐败、确保权力的公共利益属性中发挥积极作用。

那么，市民社会如何使国家与社会的需要相联系、如何调节国家和社会的矛盾呢？只有一点，这就是市民必须参与公共生活。市民"参与"就是市民通过多种方式介入公共生活、参与公共管理如参加选举、居民自治、民主评议政府、公共决策、公民监督等活动。

关注公共的利益、参与公共生活是同人们的私人利益、私人生活相对应的，因此是在个人利益同氏族部落整体利益出现分化，人类进入文明社会后城市生活培养出的人的一种价值精神。

从历史上看，城市社会的自由、自治是市民社会形成、市民参与的传统资源。古希腊城邦国家可以说是市民社会的原始形式，城邦的生活是一个市民参与的过程。亚里士多德指出文明社会同原始社会、国家同氏族部落相比人们首先要思考的是城邦的性质，先要问清楚什么是城邦。现在常常听到人们在争辩城邦的性质，对城邦做出了各种各样的解释。他认为要说明城邦必须先理解公民，认为公民的概念指的是相对于城邦（国家）的个人，他的定义是："凡有权参加议事和审判职能的人，我们就可说他是那一城邦的公民"，而城邦则是"为了要维持自给生活而具有足够人数的一个公民集团"①。若干公民集合在一个政治团体以内，就成为一个城邦，城邦就是由作为个人的公民组成的政治集团。同氏族组织相比城邦国家重要特点是个人（公民）在私人生活之外还有一种政治生活即公共生活。刘易斯·芒福德认

---

① 亚里士多德：《政治学》（中文），商务印书馆 1965 年版，第 113 页。

为古希腊城市产生出了"自由市民"，市民认为自己对城市所拥有的一切都有与生俱来的权利，他们遵循着一种对立统一的思维方式即"对偶概念间的一种很原始的统一"，在"限制与丰富，阿波罗式的纪律与戴奥尼索斯（Dionysus，古希腊酒神与戏剧之神——译者注）式的放浪，理性的智慧与盲目的直觉，扶摇直上与沦落淤泥，诸如此类的非常对立的一些概念"进行思考，这样的思维使古希腊的公民有责任担当、既具有"独自沉思"的独立气质又具有善于同他人进行"对话探讨"的开放气度，能够"在公共生活和个人私生活之间"实现一种平衡，建立起所谓的"中庸之道"。他们积极参与城邦事务，进行对城邦的管理："雅典市民的公共生活要求他经常关心和参加各种活动"，通过不同地区各种各样的公共活动，解决城邦从贸易到航海的各种问题，这样的城市活动改造了雅典公民，使他们成为具有"公共职责"的人①。雅典的政治家伯利克里将城邦生活描述为"全体公民"能够而且应该参与创新和维护城邦事务，在城邦中崇尚一种公民积极参与自我管理的观念，全体公民聚集一处讨论、决定和制定法律、城邦决策本身建立在"适当讨论"的基础之上，即建立在公民大会人人享有平等发言权的、自由而无所限制的讨论会上："我们的制度之所以被称为民主政治，因为政权是在全体公民手中，而不是在少数人手中。……每个人在法律上都是平等的；……我们的政治生活是自由而公开的，……我们私人生活中，我们是自由的和宽恕的。……每一个人所关心的，不仅是他自己的事务，而且也关心国家的事务。……我们雅典人自己决定我们的政策，或者把决议提交适当的讨论。"② 可见，自由、平等、参与是古希腊城邦国家中基本的道德观点和价值追求。阿伦特说：城邦国家的出现表明人们有两种生活，即他"私有生活"和"政治生活"：这样"每个公民都属于两种存在秩序"，他的"私有

①　［美］刘易斯·芒福德：《城市发展史——起源、演变和前景》（中文），中国建筑工业出版社 2005 年版，第 170—171、178—180 页。
②　［古希腊］修昔底德：《伯罗奔尼撒战争史》上（中文），商务印书馆 1960 年版，第 130、132 页。

的生活"和他"公有的生活"①。个人不仅关心自己的事务而且关心城邦的公共事务，通过共同讨论的方式形成一致意见就城邦事务采取共同行动，所以伯利克里才说：在雅典的城邦国家，每个人不仅关心他自己的事务，而且关心国家事务，对城邦事务要通过全体公民"适当的讨论"决定："我们雅典人自己决定我们的政策，把决议提交来进行适当的讨论。"② 公民不仅能够决定自己的私人生活而且可以按照自己的意志在城邦国家中过公共生活并以此保障着自己的利益，所以亚里士多德认为公民的生活是"幸福的生活"。

在欧洲中世纪，城市的商人"享有特权"。由于其商业活动而过着"流浪生活"，所到之处其身份无法确定，都被视为"外乡人"，因此法律必须以"自由人对待之""商业使商人成为通常享有自由身份的人"。这样的自由身份使他们在市集和市场上制定了一种商业习惯法，一种用于商人的私法，因而"商人看来不仅是自由人而且是享有特权的人"③。由此决定了城市具有独立性，这是西方城市尤其是欧洲中世纪城市复苏之后发展的特点：商人和手工业者在一些城市资助他们自己的防御性武装力量，造就了防御工事坚固得能够抵御最强劲入侵者的城市，结果："一个独立的欧洲城邦的新黄金时代开始了。""城市商人和手工业者躲在安全的城墙后面，他们享受到的独立性是东方城市居民所无法想象的。"④ "城市拥有最高的权威，是所有政治决定制定的基础。"城市制定的法规尤其是商业规则就是为城市的经济利益或者是其最有权势的居民服务，而不必担心这些规则违反教会法规的传统观念和封建统治者的意愿⑤。特权和独立形成了自治城市：在西欧中世纪，

---

① ［德［汉娜·阿伦特：《人的境况》（中文），上海人民出版社 2009 年版，第 15 页。

② ［古希腊］修昔底德：《伯罗奔尼撒战争史》上（中文），商务印书馆 1960 年版，第 132 页。

③ ［比］亨利·皮雷纳：《中世纪的城市》（中文），商务印书馆 1985 年版，第 78，80 页。

④ ［美］乔尔·科特金：《全球城市史》（中文），社会科学文献出版社 2006 年版，第 100—101 页。

⑤ ［美］乔尔·科特金：《全球城市史》（中文），社会科学文献出版社 2006 年版，第 106 页。

在城市争取自由和自治的斗争中，一部分城市又取得了选举市政官员、市长和设立城市法庭的权利，因而成为"自治城市"。在欧洲城市里形成的商人、手工业者、自由民或"第三等级"构成了市民①。

城市自由、独立和自治的传统塑造着城市社会对公共的利益、公共生活关注的精神气质。

乔尔·科特金指出：城市发展塑造了有社会担当的市民：繁华的城市不应该仅仅为漂泊族提供各类消遣，城市还应当有尽职尽责的市民，他们的经济和家庭利益与城市命运密不可分。城市的幸福生活就是由这些能"尽职尽责的市民"自觉进行的公共利益活动而创造的。

富兰克林被称为"维护公共利益的孤胆英雄"，有人说他"满脑子都是促进社群发展的点子"②。每当有一个关于公益的想法，他就会先同"协会"（"即"由他和其他生意人、艺术家组成的阅读和讨论团体）分享、协商，然后他会把他的想法在其所经营的报纸上刊出、动笔创作并印刷宣传手册呼吁人们接受他的主张。当一种有关公共利益的主张能够成为市民的共识从而形成民意时就能够推动这一主张的落实。富兰克林曾经提出过组建消防队和设立付酬的守夜巡逻员的建议，这些有关公共安全的建议后来都被政府采纳了③。这是市民通过一定社会团体、组织进行的争取公共利益的行为方式。

但是有些人往往缺少参加共同行为的自觉。布伦诺·S. 弗雷认为社会是幸福的一个来源，如果公民可以通过立法提案权、公民投票表决等方式直接影响政治决策是能够使公民体验到更高的满意度、能够提升公民的福祉的。民主机构（特别是参加选举的权利和对问题表决的权利）通过有力的政

---

① 方朝晖：《市民社会的两个传统及其在现代的汇合》，《中国社会科学》1994 年第 51 期，见《新马克思主义城市理论》，第 66 页。

② ［美］迈克尔·舒德森：《好公民——美国公共生活史》，北京大学出版社 2014 年版，第 32 页注释②。

③ ［美］迈克尔·舒德森：《好公民——美国公共生活史》，北京大学出版社，2014 年版，第 32 页。

治程序效果能够提高公民的幸福水平①。问题在于人们认识到共同的利益所在、形成利益共识并不能保证所有的相关者都能够按照所形成的行为原则参与争取或维护共同利益的行动，因为：

第一，采取争取或维护公共利益的行动往往会使自己付出相应的代价、利益受到某种程度的损失。例如，为了充分的利用听证会的机会为居民争取更多的利益，参加听证会的人就必须提前做好相关的功课，如了解相关的法律、相关的经济数据、居民的相关的情况（如年龄、受教育程度、职业、人均收入等），这些都需要时间、体力、精力上的付出。

第二，有些行动会使自己面临着某种风险。所谓为众人抱薪者冻毙于风雪，为自由开道者困厄于荆棘。如果存在着不采取行动就能够获取自己的利益的可能，人们就不会采取争取或维护公共利益的行动。美国经济学家和社会学家曼瑟尔·奥尔森认为，那种认为在一个集团中个人是理性的和追求自我利益的，如果这样的个人有着共同利益，则这些"有共同利益个人组成的集团通常总是试图增进那些共同利益"的观念"事实上是不正确的。"奥尔森指出除非一个集团的人数很少或者存在着强制的或者其他某些特殊的手段，使得人们不得不按照共同利益行事，"有理性的、寻求自我利益的个人不会采取行动以实现他们的共同的或集团的利益"②。

人们通过沟通协商达成共识形成共同的行为规则，必须通过人们按照这一共同的行为规则的共同行动所追求的共识性利益即公共利益才有可能实现，也才能确实的增强人们的幸福感。没有人们的共同行动公共利益的实现是不可能的，人们也就无法感受因为利益的实现、需要的满足而产生的幸福感。市民参与共同体的公共活动关系到公共利益的实现，所以，共同行动是市民在市民社会中生活应该有的行为规范。

---

① 见［瑞士］布伦诺·S. 弗雷：《幸福于经济学——经济和制度对人类福祉的影响》，北京大学出版社 2006 年版，第 12 页。

② ［美］曼塞尔·奥尔森：《集体行动的逻辑》（中文），上海人民出版社 2006 年版，第 1—2 页。

为了实现公共利益要求人们要遵守共同行动的行为原则。

公益慈善

公益慈善是一种具有公共性质的在物质和精神财富方面的一种慈善救助。

公益慈善同共同行动的区别在于后者倾向于亚里士多德式的公平，而公益慈善则在一定程度上更接近于罗尔斯的公平原则。

亚里士多德认为法律是公正的，法律表现了政治共同体全体的共同利益，而政治共同体的目的就是幸福，所以"公正就是给予和维护幸福"①。在亚里士多德看来这种公正存在于人们的交易关系中。人们在交易中以德报德，是互惠的，"对他人的恩惠要回报""自己也要开始施惠于人"，这样才能使交换得以实现。在对财物的分配中则表现为"不论是在自己与他人之间，还是他人与他人间，都不是把有益的东西给自己的多，而给同伴的少，对有害的东西则相反，而是按照比例平均分配"②。亚里士多德主张的实质是权利和义务的对等。权利就是法律所保障的利益，义务则是依法所必需的付出、是贡献，权利和义务是对等的，一个人要享有一定的权利就必须履行相应的义务。在城市社会中任何一个市民要从市民社会的公共事务中获益必须参与社会的共同行动，否则就是对他人的不公正、不公平。仅仅想从市民的共同参与中得到利益而不愿意承担因为参与共同行动可能带来的损失或风险，是一种搭便车的行为。如果这种行为普遍化，市民参与公共事务的热情就会受到打击，导致人们对公共事务漠然麻木，结果在实质上是放弃了对自己权利的维护。所以，公正公平这一维系社会生活的基本原则同样是城市社会的基本原则，为了实现自己的合法权利，市民就应该参与公共事务，参加维护城市社会公共利益的行动。

罗尔斯同亚里士多德一样强调正义所蕴含着的权利义务的平等。他认为

---

①　亚里士多德：《尼各马科伦理学》（中文），中国人民大学出版社 2003 年版，第 94 页。

②　亚里士多德：《尼各马科伦理学》（中文），中国人民大学出版社 2003 年版，第 102，104 页。

"正义的主要问题是社会的基本结构""是社会主要制度分配基本权利和义务"的方式，"一个社会体系的正义，本质上依赖于如何分配基本的权利义务。"权利和义务应该如何分配呢？他提出了正义的两个原则：

"第一个原则：每个人对与其他人所拥有的最广泛的基本自由体系相容的类似自由体系都应有一种平等的权利。

第二个原则：社会的和经济的不平等应这样安排，使它们①被合理地期望适合每一个人的利益；并且②依系于地位和职务向所有人开放。"

他对于这两个原则的解释是："第一个原则优先于第二个原则。"这是说，人的权利的平等的自由是最重要的。但是他对第二个原则做了解释：认为第二个原则是一个"差别原则"："社会的和经济的不平等应这样安排；使他们：①适合于最少受惠者的最大利益；②依系于在机会公平平等的条件下职务和地位向所有人开放。"虽然他强调"差别原则"同正义论的一般观念"和谐一致"，即强调了平等的自由权利的优先地位和重要，但是，他认为所谓社会当中最少受惠者应该得到在经济和财富分配上的特殊对待，也就是说，在经济和财富的分配上要对社会当中的最少受惠者也就是处境最不利的那些人有利。而且罗尔斯认为有一种不受公正原则约束的**"允许的行为"**，之所以不受公正约束是因为它们不是个人的义务和责任而是一种**"分外行为"**，比如像仁慈、怜悯、英雄主义和自我牺牲等等，虽然因为所谓"分外行为"不在他所要讨论的问题范围之内，他没有做出更多的论述，但他认为"做这些行为是好的"，而且认为这种"分外行为"提出了有关伦理学的头等重要的问题，是有价值的①。公益救济在一定意义上就是这种"分外行为"。所以：

公益慈善是非政府的、不把利润最大化当作首要目标、且以社会公益事业为主要追求目标的各种各样的社会自治组织、社会中介组织、社会独立组

---

① ［美］罗尔斯：《正义论》（中文），中国社会科学出版社1988年版，第56—57，79，111—112页。

织或个人、家庭、企业针对贫弱个体、或因突发性事件陷入困境者所自愿进行的支援救助活动，是不求回报、不追求任何目的的慈善行为。

公益慈善促进了社会的公平，能够使更多的人获得幸福感。

在中国，慈善发展有三千多年的历史，中国传统文化中有着丰富的慈善思想观念，在先秦几个主要的文化流派儒家、道家、法家、墨家的代表人物及佛教传入中国后东汉的佛家和明清时基督教传入中国后的耶稣会对慈善思想都多有阐述。传统社会的慈善类型主要有政府慈善、宗教慈善和社会慈善，以政府慈善为主体，所谓"官办慈善"。到了近代民间慈善才得到发展，民间力量替代政府成了慈善救助的主体，慈善事业有了一定的发展①。

新中国成立之后的一段时间，慈善活动受到了一定程度的干扰。1949—1993 年的 40 多年间，中国没有一家直接以慈善为名的组织，到 2001 年全国共出现了 172 家，但其中大部分是直接依托于各级政府的民政部门建立或刚刚从民政部门中分化出来的，与民政部门还是"一个部门，两块牌子"，少有真正的民间慈善组织。但近年来这种情况有了极大的改变，慈善组织得到了快速发展。截至 2018 年 12 月 31 日，经民政部门登记认定的慈善组织全国范围内已达 5285 个；其中，社会团体 945 个，占 17.9%，社会服务机构 246 个，占 4.7%，基金会 3818 个，占 72.2%，红十字会 276 个，占 5.2%；在已经登记认定的慈善组织中，有 1451 个获得了公募资格，占 27.5%。2018 年，已经登记境外非政府组织代表机构 441 个，临时活动备案 1381 项。社会捐助也出现了极大的变化。一直以来民政部门是社会捐赠的主要接受捐赠者，但这种情况近年来发生了变化，政府部门直接接收捐赠数量呈剧烈下滑趋势。据中国社会科学院社会学研究所及社会科学文献出版社 2019 年 7 月 13 日在成都发布的《慈善蓝皮书：中国慈善发展报告（2019）》的数字，2018 年，预期社会捐赠总量为 1128 亿元，加上全国志愿者贡献价值 823.6

---

① 见周秋光等：《传承与再造：中国慈善发展转型的历史与现实》，《齐鲁学刊》2014 年第 2 期。

亿元，人、款、物的社会筹募总量预估为 1951.6 亿元，再加上 2018 年筹集的彩票公益金 1313.6 亿元，2018 年全核算社会公益总价值预计达 3265.2 亿元①。据《中华慈善年鉴》所统计的数据，2017 年民政部所属慈善会系统总的捐赠数据为 450.03 亿元，其中中华慈善总会为 218.05 亿元，约占半数。2018 年，中华慈善总会捐款收入比上年度的 7.1 亿元减少 2.2 亿元，为 4.9 亿元，物资捐赠收入比上年度 211.0 亿元减少一半有余，为 100.83 亿元。这表明中国慈善捐助的组织结构正在发生变化。

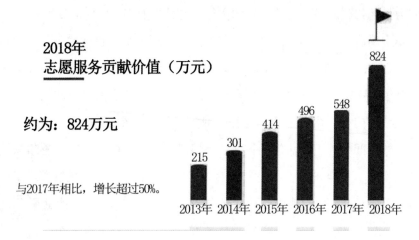

2018 年度中国志愿者贡献总价值为 823.64 亿元

《慈善蓝皮书：中国慈善发展报告（2019）》的调研指出，2018 年度中国志愿者人数快速增长，比 2017 年增加 4003 万人，增长率 25%，总量达到约 1.98 亿人，占中国大陆人口的 14%。调研结果中的志愿者数量由两部分人员构成：在官方和志愿服务组织登记的注册志愿者与非注册志愿者，其中注册志愿者 14877.88 万人，注册率为 10.66%；非注册类志愿者 4932.88 万人；2018 年度我国从事有组织的志愿服务参与率为 4.50%，比去年增长

---

① 《慈善蓝皮书：中国慈善发展报告（2019）》，见人民网，2019 年 7 月 14 日。

0.1%，活跃志愿者为 6230.02 万人。

2018 年度全国活跃志愿者贡献志愿服务时间总计为 21.97 亿小时，同 2017 年度相比增加 4 亿小时，增长率为 22%。按照 2017 年度志愿者贡献价值计量单位（社会组织人均工资）43.24 元/小时推算，在扣除了工资上涨率（2017 年度社会组织人均工资比 2016 年增长 13.27%）之后，2018 年度志愿者贡献总价值为 823.64 亿元，较 2017 年增长了 50.3%。其中，注册志愿者贡献价值为 187.51 亿元，非注册志愿者贡献价值为 636.13 亿元[①]。

上述数字表明民间的志愿公益慈善力量在快速发展，已经成为推动公益慈善发展的重要力量，促进了中国公益慈善文化的发展。

但中国的慈善公益事业的发展仍需各方力量不断推动。慈善公益事业在美国已经发展得相对成熟，整个社会有着很强的公益慈善的意识。据美国施惠基金会 2007 年公布的调查报告显示，普通美国人热心捐赠，其收入的 2% 左右捐给了慈善事业。在年收入不到 10 万美元的美国家庭中，约 65% 的家庭参与了慈善事业[②]。这个基金会公布的《捐赠美国 2019：慈善年度报告》显示，2018 年美国慈善捐赠 4，277.1 亿美元，占国内生产总值的 2.1%。捐赠主体主要由四个部分组成：个人：捐赠额 2，920.9 亿美元，占比 68%；基金会：捐赠额 758.6 亿美元，占比 18%；遗产：捐赠额 397.1 亿美元，占比 9%；企业：捐赠额 200.5 亿美元占比 5%。同历年相比 2018 年个人捐赠首次占比低于 70%，但个人捐赠依旧是主要捐赠来源。美慈善捐款连续三年增长，个人捐赠是最大来源。中国的 GDP2018 年为 90.0309 万亿人民币，慈善捐赠 919.7 亿人民币，占比只有 GDP 的 0.1%，0.1% 的占比与美国 2.1% 占比相差 21 倍，相比之下中国普通市民的捐赠意识还有待提高，表明我国的慈善公益事业发展还任重而道远。

不过换一个角度看，如前所说，近年来中国的慈善公益事业有了长足发

---

① 《慈善蓝皮书：中国慈善发展报告（2019）》，见人民网，2019 年 7 月 14 日。
② 《美慈善捐款连续三年增长 个人捐赠是最大来源》，见央视国际 www.cctv.com，2007 年 6 月 26 日，来源：新华网。

展，尤其是企业在慈善公益方面做出了积极的努力，极大地推动了慈善公益事业，有所谓企业公民之称。过去人们认为企业（公司）就是要获取利润、争取利益的最大化，企业的责任就是增加股东的利益，对此 1998 年诺贝尔奖得主阿马蒂亚·森指出：现代经济学把亚当·斯密关于人类行为的看法狭隘化了，……现代经济学的"无伦理"特征是不自然的①。西方学者在 20 世纪 50 年代以后深化了对企业社会责任的研究，国内学者的研究要稍晚一些，大约开始于 20 世纪 90 年代。在这个过程中西方的研究者提出企业也是国家的公民之一，有责任为社会的发展做出贡献，包括伦理道德和慈善责任，支持慈善事业、捐助社会公益、保护弱势群体等。许多企业和企业家积极参与社会的公益慈善，如在美国早年的卡耐基、当代的比尔·盖茨和沃伦·巴菲特等。中国在改革开放之后，建立了市场经济体制，作为市场主体的企业蓬勃发展，造就了一大批有社会责任感的企业家。这些企业家热衷于公益慈善，成为中国慈善事业发展的积极推动力。如福耀玻璃工业集团股份有限公司创始人、董事长曹德旺：他在 2011 年 05 月成立了"河仁慈善基金会"，是中国第一家以捐赠股票形式支持社会公益慈善事业的基金会，基金会资产规模逾 30 亿元，为当时中国资产规模最大的公益慈善基金会②；2020年 4 月 2 日，万科企业股管理中心代表万科人全体将企业股中心的全部资产两亿股万科股票一次性捐赠给清华大学，用于继续支持清华大学万科公共卫生与健康学院的建设和发展③。这笔捐赠创下了中国高校历史上金额最大的一笔捐赠。

等等。

这些基金会以庞大的资金、规范化的管理有效地推动了包括贫困救助、改善教育卫生状况、环境保护、文化建设等项目的公益事业。

---

① ［美］阿马蒂亚·森：《伦理学与经济学》（中文），商务印书馆 2001 年版，第 32 页。
② 《曹德旺股捐慈善基金会"开张"》，见人民网，2011 年 5 月 6 日。
③ 《清华大学万科公共卫生与健康学院成立》，见清华新闻网，2020 年 4 月 2 日。

（图片来源：清华新闻网 2020. 4. 2。）

公益慈善是人的善意的充分表达，"慈善不是钱，是心"（注）①，是社会关系的润滑剂，有利于城市社会的和谐稳定和发展。

当前，在网络条件下发展出了公益慈善的新形式——"数字化公益"。所谓公益数字化即"公益组织和相关方，利用数字化技术和工具，创新公益服务模式，提升公益组织的运营效率，重塑公益事业价值链和协作网络，以更好地解决社会问题，创造社会价值"，其发展的目是要"通过数字化助力传统公益服务的模式创新及体验升级，并助力传统公益组织的运营效能和信任度提升，从而打造数字社会的数字化公益服务及组织。"目前在中国，由腾讯公益慈善基金会、南都基金会、陈一丹基金会等共同在 2016 年发起中

---

① 注：2007 年 2 月 16 日，刚刚卸任的联合国秘书长安南在得克萨斯州的一个庄园举行了一场慈善晚宴，旨在为非洲贫困儿童募捐，应邀参加晚宴的都是富商和社会名流。在晚宴将要开始的时候，一个名叫露西的小女孩被保安挡在了庄园的入口处，她要把自己储钱罐里所有的钱捐给需要帮助的非洲小朋友，即将步入会场的巴菲特正好听到她对保安说，"叔叔，慈善的不是钱，是心，对吗？"巴菲特深受感动，将这个小女孩带进晚宴现场。当天慈善晚宴的主角不是倡议者的安南，不是捐出 300 万美元的巴菲特，也不是捐出 800 万美元的比尔·盖茨，而是仅仅捐出 30 美元零 25 美分的小露西，她赢得了最多最热烈的掌声。而晚宴的主题标语也变成了这样一句话："慈善不是钱，是心。"

国互联网公益峰会已有 3000 家会员单位①。

从联合国发布的《全球幸福指数报告》看，社会支持度、社会的公益状况、人们乐善好施的慈善捐助都是市民们形成幸福感的重要因素。

附：《中国慈善发展报告（2020）》的相关数据：

截至 2019 年底，全国共有社会组织 86.7 万个，较 2018 年增长 6.2%。其中社会团体 37.2 万个，民办非企业单位（社会服务机构）48.7 万个，基金会 7580 个，分别较 2018 年增长 1.64%、9.68% 和 7.76%。自 2016 年 9 月 1 日截至 2019 年 8 月 31 日，全国民政部门等共认定与登记慈善组织 5511 家，其中 1260 家慈善组织获得公开募捐资格。在政府认定的募捐方案备案平台上，673 家慈善组织的 12641 个项目进行了公开募捐备案与信息公开；备案慈善信托 273 单，信托财产规模 29.35 亿元。依法注册登记在华活动的境外非政府组织代表机构共有 524 家，备案临时活动 2441 件。

志愿服务在 2019 年有质的突破。志愿服务被提升到社会文明进步重要标志的高度，要同国家社会治理现代化以及"两个一百年"奋斗目标同行。2019 年，我国实名注册志愿者总数达到 1.69 亿人，累计志愿服务时间为 22.68 亿小时，分别较 2018 年增长 13.9% 和 3.2%。

慈善公益捐赠和社会资源汇集的大数据略有下降。蓝皮书一直以来将社会捐赠总量、全国志愿服务贡献价值和彩票公益金三者之和设定为全核算社会公益资源总量。根据测算，2019 年，中国社会公益资源总量为 3374 亿元，较 2018 年减少 0.97%。其中，2019 年社会捐赠总量预测约为 1330 亿元，志愿者贡献总价值为 903.59 亿元，彩票公益金募集量为 1140.46 亿元，分别较 2018 年增长

① 《互联网公益，早已不是捐钱那么简单》，新京报 2021 年 5 月 21 日。

4.72%、9.7%和-13.18%。2019 年上半年，民政部指定的 20 家互联网公开募捐信息平台为全国 1400 多家公募慈善组织发布募捐信息 1.7 万余条，累计获得 52.6 亿人次的点击、关注和参与，募集善款总额超过 18 亿元。2019 年"99 公益日"，爱心网友 4800 万人次捐出善款 17.83 亿元，超过 2500 家企业配捐 3.07 亿元，总共募得善款 24.9 亿元①。

三、政府层面: 优化服务, 取信于民

对于政府而言，公共伦理的要求集中表现为在社会公共管理中能够为市民提供更好的公共服务，使市民能够均等地享有公共利益，取信于民。这一价值原则具体表现为公平、廉洁、责任和效率。

公平、 廉洁

人在城市中有着共同的目的即创造城市以更好地生活，但是作为实践主体的人的存在形式是个体的，个体需要的差异性使个体之间的矛盾、冲突难以避免，结果影响城市发展进而影响人的幸福。为了促进城市的发展，保证城市能够成为人们更好生活的空间，就必须对人们行为的进行协调、管理。工业革命以后，城市取代了乡村成为社会的主导方面，城市管理成为重要问题，正如马克思在《德意志意识形态》中指出的："随着城市的出现也就需要有行政机关、警察、赋税等等，一句话，就是需要有公共的政治机构，也就是说需要一般政治。"② 在城市化快速发展的过程中，土地、住房、交通、环境和历史文化遗产保护、公共服务等方面的问题给社会管理不断提出了新要求，使社会管理在体制、方法方面相应地做出调整和改变。从 19 世纪末 20 世纪初开始在近百年的时间里城市管理经过了公共行政、新公共管理和治理机制等形式。

---

① 《中国慈善发展报告（2020）》，中国与世界经济社会发展数据库。
② 《马克思恩格斯选集》第 1 卷，人民出版社 1972 年版，第 56 页。

社会管理是一种行政行为。简单地说"行政"指的是一定的社会组织在其活动过程中所进行的各种组织、控制、协调、监督等活动的总称。首先，它属于国家的范围，即属于公务；其次，行政权力指行政机关或者政府的权力，属于"执行权"，它是按照法律规定的权限和程序去行使国家职能实施的法律的行为；是行政主体对国家事务和社会事务以决策、组织、管理和调控等特定手段发生作用的活动。

公共行政就其作为一种活动过程而言，与政府同样悠久①。公共行政体系的形成则是在现代社会，是工业社会发展的结果。最早的行政体系是伴随着国家的产生而出现的。公共行政体系则是近代社会的产物。欧洲到了 18 世纪，行政系统的独立化已表现出一些明显的迹象，近代社会的早期，国家从农业社会沿袭而来的统治功能还存在，行政管理在很大程度上还是从属于国家的统治型社会治理，19 世纪后期行政体系的独立性已经表现得比较明显，行政管理演进到公共行政。澳大利亚莫纳什大学教授欧文·E. 休斯指出在整个 20 世纪，传统的公共行政模式占统治地位。20 世纪末出现了"公共行政的革命"，开始向公共管理转变（需要注意的是休斯指出对所谓"转变"即"传统公共行政向公共管理的转变"是否成立是有争议的。）②，政府作为国家的代表是"社会追求共同利益的关键工具"：在全球化、多元化的条件下，国家已经无法对社会资源进行垄断，但是却"仍然是社会追求共同利益的关键工具"③。

政府的公共管理旨在解决有关公共利益的问题："公共管理是基于为公

①　[美] 德怀特·沃尔多：《公共行政学之研究》（中文），见 [美] 斯蒂尔曼：《公共行政学》，中国社会科学出版社 1988 年版，第 10 页。

②　[澳] 欧文·E. 休斯：《公共管理导论》第四版（中文），中国人民大学出版社 2015 年版，第 1—2 页。

③　参见 [澳] 欧文·E. 休斯：《公共管理导论》第四版（中文），中国人民大学出版社 2015 年版，第 95 页。

众服务和解决其问题的强烈愿望。"① 所进行的行政活动。显然公共管理在价值取向上是公共利益。公共利益的价值取向指社会资源的公共分配。进行公共分配的社会资源即公共产品，包括公共卫生项目、教育、研究和发展、环境保护、治安等生活必需品，这些必需品不能由市场提供或市场供给不足即所谓"市场失灵"，这就需要政府管理，由政府自己或由政府鼓励他人（例如通过补贴）提供公共物品②。

现代公共管理理论认为，在市民与政府的关系上，政府必须代表市民的公共利益。公民（包括市民）创建政府，因而政府是为了公共利益而存在，并对公众负责。政府和公民之间是一种委托与代理关系，公民（市民）委托政府进行管理，政府必须征得公民同意，并以市民的名义进行治理，政府必须满足服务对象的需求③。这是洛克思想的直接继承。洛克把政治结构视为社会的一个产物。这种（自然状态下的）社会在某种意义上早已具有了政治属性，因为人们已经在运用他们的权力去执行自然法，只不过还没有政治结构而已。随着这一概念的不断丰富，人们逐渐地形成这样的认识：社会具有其自己的前政治的生命和统一体，是政治结构所必须服务的。所谓"前政治的生命和统一体"就是社会共同体，"政治结构"即政府，政治结构或政府要为"前政治的生命和统一体"也就是社会共同体服务、要为公共利益服务，社会要视政治权力是否为其利益服务而决定它的存废④。在这个意义上"公共利益就是公共机构的利益"或者说公共机构的利益必须同公共利益相一致，公共机构以公共利益为目的：公共利益"是政府组织制度化创造和带

① ［美］格罗弗·斯塔林：《公共部门管理》第八版（中文），中国人民大学出版社 2012 年版，第 6 页。
② ［美］格罗弗·斯塔林：《公共部门管理》第八版（中文），中国人民大学出版社 2012 年版，第 25—26 页。
③ ［澳］欧文·E. 休斯：《公共管理导论》第四版（中文），中国人民大学出版社 2015 年版，第 143 页。
④ ［加］查尔斯·泰勒：《市民社会的模式》（中文），见 J. C. 亚历山大、邓正来编：《国家与市民社会》，中央编译出版社 2002 年版，第 23 页。

来的东西。……政府的各种组织和程序代表着公共利益的不同侧面"①。因此，政府的伦理属性就是为公共利益服务。

20世纪90年代，"治理"一词被广泛地应用在各种社会活动的管理中，被用来指称一系列活动领域里的管理机制。有学者认为，治理作为一种管理机制不同于之前的社会管理方式，意味着"一种新的统治过程，意味着有序统治的条件已经不同于前，或是以新的方法来统治社会"②。这样的改变使社会的治理朝着更有利于人们更好生活的方向发展。管理和统治有别，治理机制和公共行政、新公共管理也不同，是一种在当代城市社会普遍出现的在社会资源配置中"市场失灵"和"政府失灵"的情况下，能够更有效、更大程度的保障公共利益的新方式，从而更加适应现代城市让人们更好生活的期许。之所以如此，是因为社会治理机制更适应现代城市社会结构、更适应现代城市社会的功能特质。城市社会结构、功能决定了这一社会结构具有开放、异质、多元的特点，而现代城市的发展则使这些特点不断彰显并主导整个社会，社会治理适应了城市的这种主体多元化特点。这种适应表现为社会治理的主体包括了政府、企业、社会组织等多方面的力量，是政府及其他社会力量通过相互合作、沟通协商、形成认同、明确目标对社会的公共事务进行管理，而不是像社会管理更强调主体对客体的管理和控制。但是，在对社会公共事务进行管理的过程中，政府依然起着主导作用。所以政府如何行使权力在相当的程度上决定着社会的公共利益实现的程度。

政府同民众的联系一个方面是输入，即获取公共权力，另一个方面是输出，也就是如何行使公共权力。现代民主政治的前提是人民是权力主体，所以政府所掌握的公共权力来自人民。对政府而言最重要的是第二个方面，即如何行使公共权力、如何为民众提供优质的服务。

---

① ［美］塞缪尔·亨廷顿：《变化社会中的政治秩序》（中文），三联书店1988年版，第23页。

② 参见俞可平：《权利政治与公益政治》，社会科学文献出版社2000年版，第111页。

　　政治体系的输出，也就是公平地行使权力是政府为市民提供优质服务的真正基础。

　　权力公平就是依法行政，法律面前人人平等，没有任何一个人有法外特权。对政府质量（政府社会治理的水平）有深入研究的瑞典的哥德堡大学政治学教授博·罗斯坦指出：公平行使公共权力方面的定义是："政府官员在贯彻法律和政策时，除非该政策或法律已经明文规定，否则任何特殊公民或特例均不得予以考虑。"这是说，公平是指政治体系的输出方，是对行使公权力者即公务员、公共服务专业部门、执法人员及类似群体的要求。行使公权力的人"其工作第一要务就是公平"，因为公平是使用行政权力的"合法和根本的原则"，公平才能够使公权力真正为公共利益服务、为民众提供优质服务："在'国家'领域，我们主要依照公正原则，重点关注公务员或专业人士的行为，也就是说，他们不能谋取私利，或只为某组织、政党或'特殊利益方'效力，而是应当心怀公共利益。"① 政府代表公共利益的体现是政府机构的公共管理职能，这一职能集中表现在两个方面：一方面是参与公共政策的制定；另一方面是参与公共政策的执行②。治理就是"制定规则、应用规则以及执行规则"③。公共政策的制定决定着社会资源的分配："由于政策制定深刻地影响着谁得到什么"，因此这就要求公共管理必须"公平"。公平作为公共伦理道德的原则规范包括两个方面，一方面是公共政策的公平；另一方面是公共管理者的公平品质：公平行政。

　　公正是同公平在内涵上相通的概念。在英文中有两个单词：justice，e-quality。前者可译为公平、公道、公理、合理、公正、正义、正当；后者可译为平等、公平、均衡、合理、平均、公正。公平性：指社会成员的权利和

---

　　① ［瑞典］博·罗斯坦：《政府质量——执政能力与腐败、社会信任和不平等》（中文），新华出版社 2012 年版，第 14—16，26 页。

　　② ［美］格罗弗·斯塔林：《公共部门管理》第八版（中文），中国人民大学出版社 2012年版，第 45 页。

　　③ 参见［澳］欧文·E. 休斯：《公共管理导论》第四版（中文），中国人民大学出版社2015 年版，第 93 页。

义务的合理分配；公正性：用于社会成员对他人的行为及其价值的评价，这两个单词所表达的概念相近，不过公平更侧重于表述经济上的公正问题，公正则更侧重于表达社会理想、政治理想和法律上的公平问题，因此在这里我们就用公平来表达相关的原则要求。

公平是行政管理活动中必须遵循的伦理原则。它要求政府的公共政策和行政人员的行政行为必须平等地对待一切社会团体和社会成员。公平体现的是人们的权利和义务的对等关系，义务与权利相对应，履行了一定的义务就应该得到一定的权利，而且享有权利是履行义务的前提，保证了人们的权利才能够要求人们履行相应的义务。市民（公民）为城市的发展做出了贡献，履行了他们作为市民（公民）的义务，所以他们应该得到权力的尊重、得到相应的权利。而市民（公民）之间是平等的，所以应该受到权力的平等对待。公平地对待每一个公民是对公民价值的尊重和肯定，公民被公平地对待是其自我价值实现的一种体现。一方面，公民自我价值的实现满足了他的最重要的需要，能够极大地提升他在城市生活的幸福感；另一方面，这一需要的满足能够转化为公民建设城市的动力，给城市的发展注入活力。陆铭教授在其所著《大国大城》（2016年版）一书中介绍说：20世纪七八十年代美国犯罪率有所上升，但从90年代初开始城市的暴力犯罪大大降低，大城市尤其明显，其中纽约的犯罪率下降约60%左右。在美国城市犯罪率降低的诸多原因中，非常重要的一点是社会融合。现在已经有白人入住原来市中心低收入黑人聚居的社区，社会融合程度明显提高。社会融合、社会环境安全，居民相互间减少了敌意，出门不用带枪，犯罪率急剧下降。可见城市的公平程度影响着城市居民的融合从而影响着城市的安全和稳定、影响着人们的生活和幸福。所以必须把公平作为社会治理的中心问题。

公正被认为是一种主体做事公正的品质。做事公正与否的标准是看其是否符合法律，一个人做事违反法律是不公正的，守法是公正的，所以一切合法的行为在某种意义上都是公正的，能够合法行为的人就是具有公正品质的人。这是因为法律是以合乎道德以及其他类似的方式表现了全体的共同利益，遵守法律的行为就是能够体现公共利益的行为。亚里士多德认为公正就是给予和维护幸福，或者是政治共同体福利的组成部分。他说在各种德性之中唯有公正是关心他人的善，因为它是与他人相关的，或是以领导者的身份或是随从者的身份造福于他人。善良的人不但以德性对待自己，更要以德性对待他人，而待人以德是困难的，所以，公正不是德性的一部分，而是整个德行，是各种德性中最主要的德性，它比星辰更加令人惊奇①。公共管理要维护公民（市民）的利益，公共行政人员就需要具有公正的品质。

腐败是政府工作人员利用手中的公权力谋取私利。以权谋私本身就是一种不公平："为谋私利，滥用（或妄用）公共职权"就是违背公平原则。罗斯坦指出"腐败滋生之时，就是践踏公平之日，行使国家权力必须受制于公平原则，其核心就是不论金钱、种族、宗教或者性别，要一直不偏不倚。"所以，"没有腐败意味着'国家必须平等对待享有平等权利的公民'"②。因此，廉洁是公平的内涵。

要做到廉洁就必须在行使公权力的过程中公开、透明，使权力在阳光下运行。

无论是联合国的《全球幸福指数报告》还是《瞭望东方周刊》的《中国城市发展报告》都把腐败程度、政府（公务员）的廉洁程度等作为幸福调查的重要指标。政府腐败、不廉洁，政府官员滥用公权力、以权谋私就会让民众产生一种被剥夺感、心生不满从而影响人们的幸福。相反廉洁的政府能够把权力真正用来为公共利益服务，能够让民众感到政府的权力是真正维护自己权利的从而体会到自己是社会生活的主体、对生活怀有希望。廉洁是人们产生幸福感的重要因素。罗斯坦指出，公平行使权利是政府质量即政府治理水平的核心，有学者的研究说明政府质量高即政府的社会治理水平高也

---

①　亚里士多德：《尼可马克伦理学》（中文），中国人民大学出版社 2003 年版，第 93—95 页。

②　〔瑞典〕博·罗斯坦：《政府质量——执政能力与腐败、社会信任和不平等》（中文），新华出版社 2012 年版，第 16—17 页。

就是政府能够公平地行使权力同社会幸福感存在积极关联，"政府质量对主观幸福感存在显著影响"①。

责任、效率

政府权力来自人民就要对人民负责，体现人民的意志，维护人民的权利，所以维护公共利益、使人民幸福是政府社会治理的职责。政府履行职责通过两个方面：公共政策的制定和公共政策的执行。公共政策的执行就是公共管理的过程，这一过程需要"相应的责任机制"，公共管理者必须具有"责任"意识。所谓责任意即：有义务负责，对（某人或某事）负责。有学者将责任概念拓展为"行为主体和裁判之间的关系""行为主体有义务去解释和证明自身的行为，而裁判可以质询和判决，之后，行为主体将承担一系列的后果。"公共服务的责任体系通过公民或顾客关注的需要以及行政机构对这种需要的回应，公民和政府之间的关系得到了改善，使人们意识到自己是政府的合作者，可以协助政府增加更多的公共价值。

强化责任伦理是公共行政向公共管理转变的内在要求。欧文·E. 休斯指出"'行政'与'管理'是政府活动和职能的简略描述"，二者的本质差异在于，行政指"进行服务"，而管理指"控制或取得结果"，行政在本质上涉及执行指令和服务，而管理涉及的是实现结果，涉及组织怎样以效率最大化的方式实现目标，对结果负责。所以好的公共管理体现着责任。责任就是对公众负责，通过一种"精心设计的责任结构""确保那些代表公众利益的人为了公民的利益能够付出最大的努力"②。而显然效率是责任意识具体实现的重要保证。所谓效率是指管理体系的设计和管理要通过最低的管理成本消耗来获得最大的管理产出的主观追求。在社会治理体系中，如何协调多元治理主体的关系、发挥自己在社会治理中的主导作用、提高政府治理的效

---

① ［瑞典］博·罗斯坦：《政府质量——执政能力与腐败、社会信任和不平等》（中文），新华出版社 2012 年版，第 56 页。

② ［澳］欧文·E. 休斯：《公共管理导论》第四版（中文），中国人民大学出版社 2015年版，第 140—141 页。

率是突出问题，亨廷顿甚至将政府治理的效率作为区分国际政治的标准：
"各国之间最重要的政治分野，不在于它们政府的形式，而在于它们政府的
有效程度"①，可见效率对于政府的社会治理的重要意义，效率是衡量政府
社会治理水平的重要标准。

　　责任和效率是政府层面的基本的伦理要求。罗斯坦指出，有研究数据表
明，依法治国、清廉指数和政府效率是关系政府质量的三大变量，有着很多
重要的积极社会影响。政府效率对人们的主观幸福感产生了积极的影响，具
有正面的效用②。

　　政府行政能够代表和维护公众利益、能够在行使公权力的过程中做到公
正、廉洁、负责和高效就能够得到民众的信任。民众信任政府、政府就具有
公信力。公信力表现了民众对政府的认同。政府能够得到民众的信任、具有
公信力是其有效治理社会的前提和基础，因为民众信任政府就会支持政府的
治理措施，使政府能够凝聚各方社会治理主体的力量、动员广大市民积极参
与实现目标，用亨廷顿的说法就是因为政府有了"公民的忠诚"才"有能
力去开发资源，征用民力，创制并贯彻政策"③。民众不信任政府、政府失
去了公信力必然导致民众拒绝支持政府，必然影响政府行政甚至"治理失
灵"。政府具有公信力、有治理社会的能力，能够为公众提供好的公共服务、
能够保证公共安全、做好应急管理、维护国家安全等直接影响着市民的幸
福感。

　　一个致力于为民众提供优质服务。维护公共利益的政府能够使市民获得
更多的幸福感。拉兹认为基于促进与保护福利是政治行动的核心任务这一假
设，政治道德主要是关注保护与促进人们的福利。福利的促进依然是公共行

---

　　① ［美］赛缪尔·P.亨廷顿：《变化社会中的政治秩序》（中文），三联书店1989年版，
第1页。
　　② ［瑞典］博·罗斯坦：《政府质量——执政能力与腐败、社会信任和不平等》（中文），
新华出版社2012年版，第49—52页。
　　③ ［美］赛缪尔·P.亨廷顿：《变化社会中的政治秩序》（中文），三联书店1989年版，
第1页。

政的枢纽性伦理箴言①。重视公民的政府一定是关心公共利益的政府：也许一个对我真实的欲望感兴趣的国家能进一步提升我的福祉。反过来，市民的幸福感增强了市民对政府的信任，并由此对政府的社会治理的能力以至于政府的权力的稳定提供了支持。美国密歇根大学的政治学教授罗纳德·英格尔哈特在研究信任、幸福与民主的关系时把幸福直接说成是主观幸福感，认为主观幸福的合理高水平已经成为稳定民主的一个必要条件：由于主观幸福感是扩散的和根深蒂固的，它为政权提供一个相对稳定的支持基础②。

第四节　公共伦理的历史发展

城市孕育着公共精神、要求人们以公共伦理为行为原则规范，是公共伦理发展的现实基础。但这并不意味着在城市中公共伦理就能够成为人们行为的当然之则、所有城市活动主体都能够自然地将公共伦理作为自己的行为方式，公共伦理的发展是人们在创建城市的过程中、在城市的发展方式中总结经验、吸取教训所做出的选择。当人们的仇恨排斥、欺诈失信、自私利己一类的行为并没有让自己得到幸福、尊重和荣誉；投机专营、搭便车没有让自己得到更多利益；政府对民众诉求充耳不闻、对民众权利漠视轻慢没有让政府增加权威，而友善包容、诚实守信、合作共享却让人们体会到更多的幸福、尊重和荣誉；关注公共生活、参与公共事务也使自己的利益得到了实现；政府的公平、责任增加了自己的合法性的时候，后者就会让更多的相关者用以自律，内化为人们的自我意识。

---

① ［英］约瑟夫·拉兹：《公共领域中的伦理学》（中文），江苏人民出版社 2013 年版，序言第 1—2 页。
② ［美］罗纳德·英格尔哈特：《信任、幸福与民主》，见马克·E. 沃伦等编：《民主与信任》（中文），华夏出版社 2004 年版，第 98—99 页。

一、城市化的伦理代价

人们建设城市是为了更好地生活，人们到城市来也是为了生活而且是为了生活得更好、更幸福。但是，进入城市化以来，城市的发展同资本主义的发展相互促进，一方面城市为资本主义的发展创造了条件，"向城市的集中是资本主义生产的基本条件"①。另一方面资本主义生产方式的发展又促进了新型城市的迅速增长："资本主义使乡村屈服于城市的统治。它创立了巨大的城市，使城市人口比农村人口大大增加起来。"② 在这个过程中，资本对财富的追逐、市场主体对利益最大化的竞争使得人的私欲膨胀，个人主义、利己主义成了城市社会主导的价值观念，城市的发展使人们付出了美德、伦理、社会公平的代价，这样的代价是普遍的，不仅表现在资产阶级、剥削阶级那里，也表现在无产阶级、劳动者那里。恩格斯在《社会主义从空想到科学的发展》中结合早期社会主义者欧文的改良活动指出了劳动者存在的堕落的状况："无家可归的人挤在大城市的贫民窟里；一切传统习惯的约束、宗法制从属关系、家庭都解体了"，突然被抛到一个全新的环境中的"劳动阶级大批地堕落了"③。在《英国工人阶级的状况》中恩格斯指出资本家对穷人的践踏、压榨；人们对财富的争夺和竞争使得整个伦敦开始了一切人对一切人的战争，结果是"伦敦人为了创造充满他们的城市的一切文明奇迹，不得不牺牲他们的人类本性的优良品质"。人性受到压抑，违反人性的东西充斥了大街小巷，在财富、利益面前人丧失了对他人的关注、同情，有的只是可怕的冷淡、不近人情的孤僻。恩格斯指出孤僻、目光短浅的利己主义是现代社会的基本的和普遍的原则，但是这些特点在城市的纷扰中表现得

---

① 《马克思恩格斯选集》第 3 卷，人民出版社 1972 年版，第 335 页。
② 《马克思恩格斯选集》第 1 卷，人民出版社 1972 年版，第 255 页。
③ 《马克思恩格斯选集》第 3 卷，人民出版社 1972 年版，第 413 页。

露骨而无耻，"被人们有意识地运用着"①。恩格斯指出，在这种情况下工人阶级的道德也不可避免地出现了堕落。工人由于贫穷、饥饿、强制劳动、恶劣的工作和生活条件等等在精神上麻木颓丧、听天由命、玩世不恭，在生活中酗酒、纵欲甚至偷窃，工人整个状况和周围的环境都造成了他们的"道德堕落"："工作没有规律、常常做夜工以及由此产生的不正常的生活方式，所有这些……败坏了道德。"②

一些研究者指出城市发展带来的是双重效应：一方面推动了社会的进步，一方面却造成了严重的道德败坏现象。美国芝加哥学派的代表人物沃思就是其中的一个代表，"在沃思眼中，城市化一方面促进了社会进步，另一方面也带来了负面影响"③。韦伯认为：工业体制"产生了自我中心、自我追求和追求物质的态度的危险""这些道德败坏"现象随着人口的流动在城市之间蔓延使城市难免遭受影响，"城镇越大，道德的凝聚力越弱"④。乔尔·科特金也指出：新型的工业社会以牺牲基本的人类价值为代价创造出了史无前例的财富，在工厂里人们之间看不到同情，没有信仰，"工业城市缺乏宗教空间或者强大的社会道德约束，只有马克思所说的'金钱关系'"⑤。布莱恩·贝利则直接指出城市化必然带来道德的沦丧，"城市是人种堕落的地方"⑥。

同时，影响公共利益的事件也频频出现，如环境污染生态失衡、贫富差距严重、交通拥堵、种族歧视等等，导致社会矛盾越来越突出，影响了城市的发展，也影响了人们的幸福感。

为了解决这些阻碍城市发展、使人们感到不幸的问题，一个最根本的方

---

① 《马克思恩格斯全集》第2卷，人民出版社1957年版，第303—304页。
② 《马克思恩格斯全集》第2卷，人民出版社1957年版，第478页。
③ 见［美］布莱恩·贝利：《比较城市化》（中文），商务印书馆2012年版，第17页。
④ 见［美］布莱恩·贝利：《比较城市化》（中文），商务印书馆2012年版，第10页。
⑤ ［美］乔尔·特金：《全球城市史》（中文），社会科学文献出版社2006年版，第138页。
⑥ ［美］布莱恩·贝利：《比较城市化》（中文），商务印书馆2012年版，第8页。

法是改变人们导致这些问题的行为方式，这个过程就是公共伦理生成的
契机。

二、公共伦理应时而生

影响城市发展的问题一旦被人们所认识，无论是个人、民间社会组织还
是政府就开始了应对问题的行动，在解决人类面临的共同问题的过程中，坚
持公共利益的价值取向有助于协调各方力量，达到预期的目标，公共伦理就
在其中形成发展。

环境污染。人的活动，尤其是企业的生产经营活动是环境污染的主要原
因，工业排污是破坏城市环境最重要的原因。城市化早期尤其如此。

英国伦敦烟雾事件是城市化过程中环境污染的典型案例。

1952 年 12 月 5—8 日，伦敦市上空城市大量燃煤排放的煤烟粉尘在无风
状态下蓄积不散，致使城市上空连续四五天烟雾弥漫，能见度极低。飞机航
班被迫取消，汽车白天行驶也必须打开车灯，人们行走极其困难，更严重的
是许多人呼吸困难，眼睛刺痛，流泪不止，呼吸道疾病患者急剧增加。短短
4 天时间，死亡人数达 4000 多人。2 个月后陆续又有 8000 多人丧生。

另一起典型案例是发生在日本的水俣病事件。

20 世纪 50 年代初，日本熊本县水俣镇发现爱吃鱼的猫得了一种病，猫
发疯痉挛，纷纷跳海自杀，几年下来，水俣地区连猫的踪影都不见了。1956
年，出现了与猫的症状相似的病人。因为开始病因不清，所以人们就用当地
地名将其命名为"水俣病"。后经查明致病的原因是当地的一家氮肥公司排
放的含汞废水，这些废水排入海湾后经过某些生物的转化，形成甲基汞。这
些汞在海水、底泥和鱼类中富集，经过食物链使人中毒。到 1991 年，日本
环境厅公布的中毒病人仍有 2248 人，其中 1004 人死亡。

环境问题是全球性、人类性的。有研究指出：地球正面临最大规模的生
物灭绝问题。据估计，现在每天大约有 100 种生物灭绝，随后几十年里这一

速度还会更快。空气、水和土地等生命所需自然资源正在以惊人的速度被污染。人口数量在以指数形式增长。世界人口在 1999 年达到 60 亿，联合国及各国政府统计机构汇总报告显示到 2018 年 9 月初，全世界 200 多个国家和地区的人口总数为 75.78 亿人。世界人口到 1804 年才首次达到 10 亿，到 20 世纪末增加的 10 亿人口只用了 12 年的时间，而最近的 20 年世界人口增加了 15 亿，（人口增长率在某种意义上是降低了，但增长的速度依然很快。）人口的持续快速增长导致自然资源不堪重负，环境的污染、生态的破坏在加剧。人类的生存环境陷入深刻的危机①。

这是自然对人的惩罚。人是自然界长期发展的产物，人类社会在大自然中生成并发展，是大自然的一部分，自然是人的生活的环境和条件。所以人与自然相通相应，息息相关，是个统一体，因此，人与自然必须和谐相处。在现代化的进程中，随着科学技术和生产力的发展，人类改造客观世界的能力越来越强，人向自然界索取的也就越来越多，越来越以自然的征服者而骄傲。但是，就在人类对自然界高歌猛进的时候，自然界也给人类敲响了警钟，生态的破坏、环境的污染、资源的枯竭、人口的爆炸使人类面临着严重的生存问题。人们渐渐认识到环境污染、生态破坏给人的生存和生活、给社会的持续发展带来的严重威胁，认识到环境的破坏说到底主要由于人类的活动，因此人们通过各种方式展开环境保护活动，涌现出一大批国际环保组织、民间团体，如世界自然基金会、世界自然保护联盟、世界动物保护协会、国际地球之友、国际野生动物关怀组织、国家绿色和平组织、拯救中国虎国际联合会、国际爱护动物基金会、全球环境基金、大自然保护协会组织等等。通过市民参与，环境得到了一定程度的改善，市民也由此增强了环境意识，提高了维护公共利益的自觉。

在西方，一些发达国家的政府，在经历了早期工业化对自然的破坏之

① ［美］戴斯·贾丁斯：《环境伦理学》（中文），北京大学出版社 2002 年版，第 5—6 页。

后，认识到破坏环境的严重后果，开始对环境进行治理，并且取得了一定的成效。随着城市化在世界范围内的推进、随着经济的全球化，环境问题也显现出全球特点，已经成为国际社会要着力解决的突出问题，为此国际社会做出了积极的努力，为了人类的发展、为了造福子孙后代，各国之间加强合作寻求保护环境的可行方法，如被认为是冷战结束后最重要的国际公约之一的《联合国气候变化框架公约》及其《巴黎协定》。

《联合国气候变化框架公约》于1992年制定，旨在应对全球气候变暖的挑战。《公约》第三次缔约方大会于1997年12月在日本京都召开并达成《京都议定书》，《议定书》于2005年2月16日正式生效。这是人类发展史上第一个用以限制人类活动对地球系统的碳循环和气候变化的干扰的国际法律框架。2015年12月12日在法国巴黎举行的第21届联合国气候变化大会上，195个与会国家和欧盟代表一致通过了国际社会携手对抗气候变化的《巴黎协定》，2016年4月22日在美国纽约联合国大厦签署，于2016年11月4日起正式实施。目前，在全球的197个国家之中，《巴黎协定》已经对其中147个国家生效。《议定书》和《巴黎协定》生效表明在解决影响人类发展的气候变化问题面前国际社会能够共同努力，各国为了寻求共识能够在政治、经济、能源、环境等方面的利益上做出相互妥协，是各个国家在维护人类共同利益上的合作。尽管执行的意义和效果还不够显著，但只要国际社会为了人类的共同利益而持续努力，一个适宜人居的环境是可以期待的。（注：2001年，小布什任总统时，美国退出《京都议定书》；2017年6月1日美国总统特朗普在白宫宣布美国退出《巴黎协定》，将终止《巴黎协定》的所有条款。美国两次退出气候问题的国际协定的理由是，协定对美国不公平，不利于美国的经济竞争力和增加就业机会。2020年12月12日，美国当选总统拜登在其社交媒体上宣布，美国将在39天后重回《巴黎协定》。2021年1月20日，美国总统拜登签署行政令，美国将重新加入《巴黎协定》。2月19日，美国方面宣布，正式重新加入《巴黎协定》。）

贫穷、疾病、教育等问题。贫穷、疾病、教育程度低是城市化早期城市的突出问题，在工业革命以后尤其是到了 19 世纪欧洲的一些工业化国家的城市、现代一些发展中国家的城市中都曾存在或现依然存在。早在 19 世纪恩格斯通过对近 20 个城市的工人住宅的考察，在《英国工人阶级的状况》中就从资本主义制度对工人的身心健康造成的损害的视角揭示了城市问题，指出：在大城市里一方面是不近人情的冷淡和铁石心肠的利己主义，一方面是无法形容的贫穷。每个城市都挤满了工人阶级的贫民窟，在那里街道破烂狭窄，住宅旁河水污黑，四处肮脏不堪，工人面临的是饥饿、疾病、犯罪和死亡。人口的急剧增加，大城市的出现，造成了城市在住房、食物、交通、职业、医疗设施、卫生保健、社会秩序等方面的问题，严重地影响了城市社会的发展。这些问题也是人的发展的严重障碍。如贫困人口问题：分工的深化、职业的多样化、工业的发达、人口的高度集中这些相互关联的因素刺激了人们的竞争，给人们提供了可以充分发挥自己潜能的机会和可能，但是同一类型人员大量涌入城市使竞争变得无情和残酷，造成许多人失业，失去了经济来源，生活陷入贫困，结果导致人的健康水平下降、受教育程度降低。更为严重的是贫困人口的"集聚"效应，由于贫困人口在一个地方集聚，使当地的生活环境质量下降，导致富人从当地迁出，使地方的投资减少、经济衰落，财政收入枯竭，形成了贫民区。在一些地方，人们看不到改变自己命运的希望，悲观导致一些人自暴自弃，增加了问题的严重程度。但是在这同时，工人经过反抗斗争，其处境逐渐地得到改善；社会的公益慈善组织在解决这些问题中发挥了举足轻重的作用；政府逐渐地成为社会公共服务的提供者，友善、分享、公平这样的公共伦理意识在这一过程中转化为人们的行为、增强了社会互助的能力，就是说公共伦理在引导社会不同阶级、阶层、不同的利益群体共同行动，在解决城市问题中发挥着各自的作用。在这个过程中人们的公共伦理觉悟得到了提高。

三、公共伦理在城市建设中得到发展

人们在解决城市问题的同时也在积极地建设、发展城市。公共伦理引导人们建设城市的活动，人们也在参与城市建设中强化了公共伦理观念。

城市是人们共同生活的空间，但这个空间却遭到了严重的破坏。造成破坏的问题是多方面的，如：生活垃圾。由于人口的高度集中，需求越来越大，排放的有害物质越来越多。据统计，在全世界范围内，一个仅有100万人口的城市平均每天就要消耗2000吨食品，625000吨水和9500吨燃料；每天产生950吨污染空气的有害物质和50万吨污水。废物、废气、废水、噪音、震动使城市的环境越来越恶劣，越来越难以忍受；交通运输问题。城市的扩大、人口的增加使各种各样的公共交通、私人的机动车辆云集城市，造成了城市道路的超负荷使用，使交通拥挤、交通事故多发。统计结果显示，在一些大城市高峰时汽车每小时仅行驶16公里，浪费了人们的时间和精力，影响人们的生活质量。不仅如此，交通拥挤使商业运输的费用增加、物资的流通受阻，制约了城市的可持续发展；住房问题、人口老龄化，等等。因此城市问题引起了人们的高度关注，一些学者对城市问题进行了系统的研究，如德国的社会学家腾尼斯、法国社会学家迪尔凯姆、德国社会学家、哲学家齐美尔、韦伯等，并在此基础上于20世纪20年代形成了专门研究城市社会的都市社会学。在对城市问题的研究中人们提出了种种应对城市问题的方法、措施和建议，以使城市真正成为符合人性的、有利于人的生存和生活的宜居之所。马克思指出："人类始终只提出自己能够解决的任务，因为只要仔细考察就可以发现，任务本身，只有在解决它的物质条件已经存在或者至少是在形成过程中的时候，才会产生。"① 解决城市社会问题也是如此，只有在城市社会问题凸显出来使市民认识到不解决这些问题人们就不能更好生

---

① 《马克思恩格斯选集》第2卷，人民出版社1972年版，第83页。

活的时候，市民才能够积极去解决这些问题，积极参与城市的建设。西方一些已经进入城市社会的国家提供了这方面的经验。

居民自发组织起来建设最早的生态社区：丹麦贝泽的太阳风社区是由居民自发组织起来建设的最早的生态社区之一，1980 年竣工，共有居民 30 户。社区建设的构想来自居民而不是开发商，因此居民能自发讨论商议，自始至终地参与社区的规划设计、建设全过程，并积极努力参与设计方案的审批和筹款等过程，自发组织起来就具体建造及日常管理维护等与有关专业人员、政府部门及施工队一起共同讨论，主宰装修及自己动手完成社区内的绿化。居民的长期共同参与使社区让居民满是归属感①。

法国民众参与"可持续发展城市计划"，建设"生态社区"。2008 年法国政府提出"可持续发展城市计划""生态社区"建设是其中的一部分，目的在于改善居民生活质量，适应未来环境保护需求和能源对城市建设的挑战，既能满足居民对改善住房条件的要求，又能保证对现有资源与景色的保护。这一计划由法国政府在城市层面进行招标，让广大民众参与设计和提出建议，在设计竞赛中胜出者可以得到国家资金和贷款的支持。到 2011 年，有 500 多座城镇响应政府号召参与该计划，全法各地涌现了许多体现不同特点的样板"生态社区"。2011 年法国在建的 6.6 万套社会住房和近 20 万套商品住房项目都按照"生态社区"的环保标准进行施工。2012 年 12 月 14 日法国政府环境保护、可持续发展和能源部部长向这些新概念城市规划样板社区颁发了"生态社区"徽章，标志着法国可持续发展城镇化建设和城市规划及改造项目的实验阶段的结束，并以成熟的模式向全法国推广，逐步实现向环保生活标准的过渡②。

在中国，随着城市化程度的不断提高，城市人口的增加，城市居民通过各种形式的具有中国特点的居民互助团体争取和维护共同利益。在这个过程

---

① 新玉言主编：《国外城镇化：比较研究与经验启示》，国家行政学院出版社 2014 年版，第 199 页。

② 《法国打造"生态城市"品牌》，《光明日报》2001 年 12 月 14 日（8）。

中，居民们提高了互助意识，增强了相互沟通能力，培养了同情心、感恩心和包容心。

中国城市社区基本的管理体制是"街居制"。"街"指区政府下属的街道办事处。"居"指具有自治性质的居民委员会。街道办事处是市政府的执行机构同时指导居委会的工作。这种"街居制"的管理体制从20世纪50年代延续至今。此外，改革开放前中国的城市管理体制还有一种更为重要的形式——单位制。同一个单位的职工往往集中居住在一个居民区内，他们在单位里工作、领取工资、享受各种福利待遇。人们都处在单位之中，成为所谓的单位人。单位在事实上发挥着街居管理的职能。改革开放之后，多种经济得到了快速发展。随着市场经济的建立和完善出现了多元化的市场主体、大量进城的农民工，使得城市的人口大大增加，加强城市的管理成为一个现实问题，在这种情况下"街居制"恢复了活力。随着国有企业的改革，单位原有的社会管理职能大大弱化，一些原国企的职工来到社区，由"单位人"变成了社会人，因此，社区管理、服务的重要性就突出来了。在政府的主导下，由街道办事处和居民委员会承担社区建设，开展人口管理、就业济困、卫生养老、安保文娱、居民自治等方面的工作，以实现社区的安全、文明与和谐。20世纪90年代末随着住房制度市场化改革，新建商品房社区大量出现，购房后拥有产权的居民成为业主，这一业主群体重视维护基于产权的自身利益，他们在同开发商、物业管理甚至和当地政府出现矛盾时会组织起来，结成各种各样的自治团体——最基本的形式是业主委员会，在共同争取自己的合法权利的过程中增强了公共意识，培养了公共伦理道德。

下面是发生在我国沿海城市一个由央企开发的楼盘形成的小区的故事：

中海御湖熙谷的开发商在售楼期间曾向购房者承诺36路公交车一站式链接社区内部与高新园区，并曾在小区内增设36路公交站牌以取得信任。但直到多数业主入住小区公交车也没有通达，之后开发商又撤掉公交站牌，引发业主极大不满。业主每日出入小区都需要20—30分钟步行，需经过缓坡，公路桥绕行才能抵达公交站，不少业主为缩短时间冒险走小路，出行极其不便且不安全，而大部分购房者都是在高新园区上班的年轻人，这路公交是每天必坐的。用业主的话说："我们花的是有公交配套的钱，买的是交通便利的小区，如果当初没有承诺有公交，我们可能就不买这里了。"

小区业主多次与中海地产交涉无果，无奈采用维权方式希望能将此事尽快解决。2016年315之际，业主们纷纷向12315进行举报和投诉，走上了长期维权之路。3月13日上午，近百名小区业主聚集在售楼处进行维权活动，售楼处门口挂有"还我公交、公园开放""我要公交、上坟绕路"字样的条幅，小区楼体贴有"还我公交""欺诈"字样的条幅。（见2016年3月15日大连房产）

到2016年末，在一年多的时间里，业主、开发商、政府有关部门为解决问题不断沟通，其间开发商为小区居民提供频次15分钟到公交车站的摆渡车，在某种程度上缓解了出行难的问题，居民的不满情绪明显缓解。但是根据合同，开发商提供的摆渡车截止到2017年末，而摆渡车到达的公交车站其运营线路终点站是当地的重要商圈，由此接换乘的公交车途经城市的核心地带，因此摆渡车的停运带来的小区居民出行不便的问题又重新凸现。一些小区的居民通过小区业主的微信群表达了自己的不满，并提出要维权，有的居民已经付诸行动，同物业、开发商、交通局进行交涉、提出诉求，绝大多数的居民希望恢复小区的摆渡车。

但这一次的维权活动同上一次不同，当小区居民了解到开发商停运摆渡车有合同依据、是合法的；了解到在居民习惯的乘车处因为安全问题无法加设站点（加设站点后公交车需要掉头转弯，因为道路车流大，容易出现交通事故。）而不是交通管理部门不作为的情况后，居民们没有表现出激烈的情绪反应。不仅如此，一些居民还通过微信发起了"绿丝带"公益活动，试图自己自主解决"出行难"的问题。

发起人、微信昵称"大熊"在微信中表达了发起这个公益活动的初衷："鉴于小区巴士即将停运，提议有车的邻居们在摆渡车位置把邻居捎到最近的公交站，利人利己，弘扬爱心。大冷天看见爬坡的邻居也请捎上一段回家，远亲不如近邻嘛。为此为大家制作了'绿丝带'，有车的爱心邻居们可以来领取，看见绿丝带就是看见了咱们'家人'，想要坐车挥手即停。领取绿丝带在我这里报名。"

（绿丝带活动业主沟通截图一）

活动得到了小区居民的热烈响应。小区有 200 多户参加了"绿丝带"活动。

笔者对"绿丝带"活动的相关情况做了问卷调查，在接受调查的 36 户居民中，有近一半的居民表示外出会因为从小区到车站这段路没有公交车而经常或偶尔打车，有一半的居民认为绿丝带公益活动对解决自己出行难的问题很有帮助或有帮助。这一活动的结果和谐了邻里关系。调查显示居民普遍认为因为绿丝带的公益活动觉得邻居们更可爱了，普遍表示通过绿丝带的公益活动，如果邻居有困难会更乐意伸手相助，并且认为参加绿丝带活动的邻居们值得自己尊重。

通过发展一些有组织的或自发的活动并形成模式，有助于邻里之间增进沟通、了解，密切邻里关系增强人们的公共意识。

（绿丝带活动业主沟通截图二）

现在，小区里通了公交车，居民出行比以前方便多了，但"绿丝带"活动依然在进行，只是在形式上有所改变。有些居民认为采取拼车的方式，搭车付油钱，就不会不好意思，既解决了自己出行的问题又可以使车主得到点补偿，对双方都好，所以有想搭车的邻居就在群里面发条信息和车主约好，付费搭乘。但遇到邻居有事依然有车主会主动帮忙。现在这个活动已经超出了出行搭车的范围，遇到关系到所有邻居利益的事情大家往往会在微信群里面相互告知或商讨应对的办法。

市民积极参与社区建设既是市民公共利益意识的体现又是市民公共利益观念得以培育的平台；市民公共参与要求政府层面制度、政策的支持，政府制度、政策提供的公共服务又给予市民行为品质提升以实践的引导。

总之，城市的发展催生并推动了公共伦理的发展。

第五章　中国城市化与幸福悖论

伦理道德是价值观念，它同艺术、政治法律思想、宗教和哲学等一起构成了社会的观念结构，即社会意识形态。它由社会经济结构所决定，反过来又作用于社会经济结构，为经济结构服务。社会意识形态为经济结构服务的方式是通过人的意识来调控社会和人的活动从而影响社会的经济结构、社会的政治结构，影响社会的发展。可见，意识形态是一种强大的精神力量。美国加利福尼亚大学洛杉矶分校社会学系教授迈克尔·曼（Michael Mann）在《社会权力的来源》中就将意识形态权力作为一种国家权力，同政治权力、经济权力、军事权力一起构成了国家权力的结构性要素。迈克尔·曼甚至将意识形态权力作为国家权力构成要素的首位，他认为按照权力发生的时代性或次序，依次为意识形态权力、经济权力、军事权力和作为结果的政治权力。他认为，在古代中国，中国国家权力的基础是儒学和官僚制，即国家的基本秩序是一种基于"文教"的生活方式或自发秩序；在欧洲中世纪，僧侣和寺院对人们进行的思想控制是封建等级制维系的最重要的力量；工业革命也是由于思想的力量的驱动和支配；诱发冷战的根源也是意识形态之争①。意识形态是一种国家权力决定着国家的秩序和发展，就城市而言，城市公共

---

① 参见杨光斌：《论意识形态的国家权力原理——兼论中国国家权力的结构性问题》，《党政研究》2017 年第 5 期。

伦理作为一种意识形态形式则对城市的发展有着直接的作用。公共伦理通过影响政府的公共政策、通过市民社会对公共利益的认同、通过市民个人的公共性品德影响着城市的发展。

中国城市的形成与发展有自己的特点，中国的城市化过程也有自己特殊性，中国城市化中遇到的问题既有与世界上其他国家相似的普遍性问题也有在中国特有的经济、政治、文化背景下的特殊性问题。解决这些问题是政治、法律、公共政策的担当，但毫无疑问，所有的这些治理方式的根据都是价值选择，都要以公共利益作为其合理性的标准，并且由是否合于公共利益而决定其实施的成效，所以，公共伦理依然是必须遵循的原则规范。当然，具体践行公共伦理的方式必须合于中国的国情，适应中国人的文化心理。

第一节　中国早期城市的特点

中国初期城市的发展主要不是商业的推动而是政治的作用，但是尽管如此，城市的发展还是同经济发展有关。

大约距今四千至六千年前，中国处在奴隶制社会形成和发展的时期，在黄河流域和长江流域地区先后出现了一批早期的城市[①]。傅筑夫先生指出：就城市的起源而言，中国古代的城市和欧洲古代的城市有着本质的不同。在中国，在不同的具体地点兴起的城市的作用是相同的，即都是为了防御和保护的目的建立起来的，早期的城市既是权力的象征也是维护权力的工具[②]。中国初期的城市不是经济发展的结果，而是政治的工具[③]。城市依附于农村："城内的居民还不能脱离农业生产，不能单纯靠交换来维持一种城市生活。"[④] 何一民教授也认为：农业社会中中国城市主要以政治、军事功能为

---

① 何一民：《中国城市史》，武汉大学出版社 2012 年版，导论第 11 页。
② 傅筑夫：《中国经济史论丛》上册，三联书店 1980 年版，第 231 页。
③ 张光直：《关于中国初期"城市"的概念》，《文物》1985 年第 2 期。
④ 傅筑夫：《中国封建社会经济史》第一卷，人民出版社 1981 年版，第 89 页。

主，是区域性的政治、军事中心，虽然经济功能在城市的发展过程有着促进作用，但城市经济对农村小农经济有着很强的依赖性，在城乡经济关系的矛盾运动中农村始终居于主导地位，城市经济只是封建自然经济的补充，城乡经贸关系基本上是一种单项的贸易关系，城市商业的繁荣主要是建立在农副产品的流通上①。西方的研究者也有着类似的观点：认为中国城市的兴起是在以农为本的文明框架内②，城市处在拥挤的乡村环境中，在本质上同乡村没有什么不同，所以尽管规模宏大，形成的却只是更大的农业环境的"质量密集"版而已③，决定中国城市发展的是政治而不是商业，"政治，而不是商业，决定着中国城市的命运"④。最重要的城市是作为帝国的行政中心而存在，在周朝这些中心城市的普遍模式已经形成，城市的主要角色是皇族、宗教功能和军队，手工业者和商人扮演次要的角色，是为上层统治阶级服务的⑤。

中国初期城市的特点在于：

一、城市的形成发展主要是政治而不是经济力量的推动

推动中国初期城市形成发展的主要力量是政治而不是经济。

城的最基本的功能是防御和保护。在阶级出现、不同阶级在利益上存在矛盾、冲突的情况下，统治阶级修堡垒筑城墙以保护自己的财富和人身安全。《礼记·礼运》中有"大道既隐，天下为家，各亲其亲，各子其子，货力为己。大人世及以为礼，城郭沟池以为固。""城郭沟池以为固"说的就

---

① 何一民：《中国城市史》，武汉大学出版社 2012 年版，导论第 29 页。

② ［美］乔尔·科特金：《全球城市史》（中文），社会科学文献出版社 2006 年版，第 82 页。

③ 参见［美］乔尔·科特金：《全球城市史》（中文），社会科学文献出版社 2006 年版，第 82 页。

④ ［美］乔尔·科特金：《全球城市史》（中文），社会科学文献出版社 2006 年版，第 84 页。

⑤ ［美］吉尔伯特·罗斯曼：《19 世纪东亚的城市化：与欧洲的比较》，转引自乔尔·科特金：《全球城市史》（中文），社会科学文献出版社 2006 年版，第 83—84 页。

是城的防御和保护作用；中国强有力的国家政权力也决定着城市的发展。亨廷顿认为一个国家真正稀缺的资源是统治权威，它决定国家的稳定和有效运行，决定国家的发展，在他看来同缺乏食品、文化、教育、财富、收入、健康水准和生产效率相比，一些国家存在着一种更为严重的短缺，"即缺乏政治上的共同体和有效能的、有权威的、合法的政府"①。因为前者已被认识，也已被着手解决，后者却正在影响国家的稳定和发展。传统的中国不缺少这一资源，从历史上看，虽然经历过不同朝代的政权的更迭、社会的战乱和王权的衰落，但总的来说传统的中国社会的社会结构是稳定的，国家的统治是有力的，因此国家意志能够对社会施行强有力的控制。中国古代城市的发展也处在这种控制之下。历代统治者实行重农抑商的政策直接导致城市商业难以充分发展。

重农抑商是中国古代统治者的基本国策。所谓"重农抑商"就是重视农业生产、抑制商业发展。中国春秋时期最大的诸侯国之一齐国以管仲为相，管仲要实行改革、"富国、强兵"，其方法是发展农业、手工业和商业，他把农民、手工业生产者、经商之人和知识分子并称为"四民"即"士、农、工、商"，视他们为国家的柱石。到了战国时期，商鞅认为"尚农"才是富国强兵的基础，当时国家的富强取决于粮食的多少，而粮食的多少又同生产粮食的人数多少有关，在诸侯争霸、战争频仍的社会条件下，备战最重要的就是加强农业生产。所以他认为如果士、商、工之人多了而务农的人少了，消耗粮食的人多了而生产粮食的人少了，则国家就会衰危："今为国者多无要。朝廷之言治也，纷纷焉务相易也。是以其君惛于说，其官乱于言，其民惰而不农。故其境内之民，皆化而好辩、乐学，事商贾，为技艺，避农战。如此，则不远矣。国有事，则学民恶法，商民善化，技艺之民不用，故其国易破也。夫农者寡而游食者众，故其国贫危。"② 所以对于统治者来说最重

---

① ［美］塞缪尔·P. 亨廷顿：《变化社会中的政治秩序》（中文），三联书店1996年版，第2页。

② 《商君书·农战》。

要的是让百姓一心向农："圣人知治国之要，故令民归心于农。"① 为了让百姓安于农业生产、一心向农，他采取了相应的措施，如：按照贵族士大夫处吃闲饭的人数收税：贵族士大夫的俸禄高并且收税多，吃闲饭的人也众多，如果按照他们吃闲饭的人数收税，各种闲杂人等没处混饭吃，士大夫贵族也没有办法多收留食客，这些人就得去务农；不准商人卖粮食，不准农民买粮食。农民不准买粮食，那么懒惰的农民就会努力积极从事农业生产，商人不准卖粮食，就不能靠买卖粮食获利，那么商人一定会害怕经商，会想去务农；不让百姓随便搬迁，将老百姓固定在同一块土地上使其无法迁徙，他们就能专心从事农业生产了，就一定会安心务农；加重关口、集市上商品的税收，税收重了，农民会讨厌经商，商人对自己所从事的工作产生怀疑，不愿意经商，凡此种种②。他相信如果国家政令统一鼓励农民务农，则百姓的意志就会统一于农事："民见上利之从壹空出也，则作壹。"③ 这样通过政权的力量，抑制士、商、工而扶持农，将管仲的重"四民"变为重"一民"即农。战国末年成书的《吕氏春秋》对重农思想在理论上做了发挥："霸王有不先耕而成霸王者，古今无有、此贤者不肖之所以殊也。"④ 认为发展农业是成就霸业的基础。战国时期这种重农主张流行，为了重农而抑商，由此形成了"重农抑商"的政策。历代帝王也都将农业繁荣视为国固邦宁的根本，发布重农的诏书以示天下，如《汉书》文帝纪二年文帝刘恒颁诏曰："农，天下之大本也，民所恃以生也。而民或不务本而事末，故生不遂。""力田，为生之本也。"这种政策抑制了城市手工业从而也抑制了商业的发展，使城市长期以农业生产为生活的基础，就是有围墙的农村。这种情况直到明清时才有所改变（明清在江南市镇贸易中，已出现市场专业化的趋向。随着农民

① 《商君书·农战》。
② 《商君书·垦令》。
③ 《商君书·农战》。
④ 《吕氏春秋·不苟论》。

家庭手工业的发展和部分手工业专业户脱离农业，出现了手工业专业市镇①）。市场是根据"官设市场制度"由统治者所建立，不是工商业发展的自然要求和结果。根据礼法，市场要设在城内的一个固定地点，并使之成为城内的一个特殊区域。在西周，在工商业还没有发达之前，甚至在完全没有工商业的情况下，市场就已经随着城的建立而建立，由于城内已经建有市，才令一切交易都必须在那个被指定的特殊区域来进行。市场只是一个临时聚合的交易地点，而且是一种有时间限制的定期市——"日中为市"，交易的人并不定居在市内，到了交易时间，才从四面八方聚来，罢市之后，又都各自散去。"市朝则满，夕则虚，非朝爱市而夕憎之也，求存放往（注：所求者存，故往趋之），亡故去。"即因交易时间有限，故争先恐后，蜂拥而入，所谓"明旦侧肩争门而入"；日暮罢市，人已散去，故"掉臂而不顾"。在非交易时间，市门关闭，逗留不去者要进行处罚，所以交易时间一过，市内便空空如也，不再有任何营业活动。这种由官府控制的临时的交易地点，不可能成为一个独立发展的工商业中心。"官设市场制度"后来成为历久相沿的传统，北宋年间，"官设市场制度"——坊市制虽然被打破，但"当商品经济略有一些量的增长时，各种消极因素也都以更大的幅度增长了。……这样，一代一代地继续下来，直到近世。所以商品经济发展的局限性不是在缩小，而是扩大了"②。

重农抑商的政策不仅直接导致城市商业难以充分发展，而且在那些商业得到一定发展的地方，这种政策也会导致商业的凋敝。在大约 1000 到 1400 年间中国福建沿海城市泉州是当时世界上最大的港口之一。在大约公元 1100 年前后的全盛时期，泉州的"外国商人包括穆斯林、印度教徒、小乘佛教徒和大乘佛教徒、天主教徒和波斯教会基督徒、犹太人以及帕尔西人"云集、"货物麇集"。但是，到 1400 年前后泉州开始衰落，"那种四海一家特性的许

---

① 《中国大百科全书·经济学卷》。
② 傅筑夫：《中国封建社会经济史·第一卷》，人民出版社 1981 年版，第 85，89—90 页。

多标志都被抹除。"美国著名历史学家彭慕兰教授等在其著作《贸易打造的世界》中对泉州衰落的原因进行了分析，指出其中一个重要方面在于明朝政府对泉州商贸的抑制政策："许多商业活动都被阻挠，海外贸易一度被禁。"到 16 世纪泉州贸易有过繁荣，但是却"再也不能重获早前的优势"①。

二、没有形成独立自由的市民阶层和市民关系社会结构

中国的古代城市没有发展出一种独立、自由的市民阶层和市民关系社会结构。

城市的商业活动受制于农业生产。由于城市是政治军事中心，城市的发展为统治阶级所掌控，统治阶级实行重农抑商的政策，阻碍了工商业的发展。王公贵族是城市中的消费主体，手工业者大都是籍在官府的"官手工业者"，直接为王公贵族们服务。王公贵族可以不通过货币交换，由超经济关系以贡、赋、役的形式获得生活与生产资料②。因此，基于货币的商品交换在城市生活中还只是偶然发生的，这就限制了商业的发展和商品的生产。傅筑夫先生在分析春秋战国时期的官工业时指出：官工业的经济作用是消极的。因为统治阶级是工业制品的最大消费群体，其需要是购买力充分的有效需要，所需要的物品种类繁多，如果这些东西通过正常的商业程序，由市场购买，可以极大刺激商品生产和商业发展，但官工业的经济对商品生产和商业发展形成了阻碍："规模庞大的官工业的存在和发展，使私营的商品生产失去大部分的国内市场，发展的道路完全被堵塞了。当主要的工业部门被官家垄断，大部分的工业品由官家自行制造时，私人能够经营的业务便很有限了。"③ 所以，在城市中的居住者除了统治阶级即王室、贵族、军队，就是为王室、贵族服务的官府手工业者和贫民以及各类生产领域的奴隶，因而没

---

① ［美］彭慕兰等：《贸易打造的世界》（中文），上海人民出版社 2018 年版，第 50—57 页。
② 张鸿雁：《侵入与接替》，东南大学出版社 2000 年版，第 250 页。
③ 傅筑夫：《中国封建社会经济史》第一卷，人民出版社 1981 年版，第 249—250 页。

有自由工商业者（傅筑夫认为《国语》中所谓："处工就官府"和"工商食官"，就是指把从民间征调来的有技术专长的各种工匠安置在如"东偏西偏"一类的官府作坊之内，做无偿劳役。百工与臣妾并称，可知都是奴隶或具有奴隶性质的不自由的人。），人口构成基本上是两大部分即奴隶主和奴隶。奴隶主贵族构成了城市的主体，城市中没有脱离奴隶主控制的独立的手工业者和个体商业阶层。官手工业在汉至唐中叶以前大量地使用官奴婢、罪犯和征调而来的徭役劳动者，唐中叶以后主要使用在籍工匠，同时出现了募雇的劳动力，到宋代募雇有了发展，但雇工仍无自由，清代废除了匠籍制度，在一定程度上实行记工给值，工匠处境有所改善，但并未突破封建藩篱①。在古代社会，城市在经济上依赖于乡村，因此和农业经济相联系的宗法等级关系依然是城市的最基本的社会关系，就是说乡村中的宗法等级关系延伸到了城市，迁到城里的居民（特别是有钱人）"从未摆脱过宗族的羁绊"，仍然保持着同祖籍的关系、保持着同他出生的村子的一切礼仪性的和个人的关系②。"中国的城市居民在法律上属于他的宗族"，他有义务维护宗族关系③，在商代"官手工业"就已出现，清中叶以后才趋没落，在这期间，虽然官府控制的程度、经营方式有所变化，但作为城市工商业者的重要组成部分官手工业者，始终都不是真正的自由劳动者。

除了"官手工业"阻碍了手工业的发展从而限制了商业的发展，古代城市没有发展出一种独立、自由的市民阶层和市民关系社会结构的原因还在于统治阶级对商业的刻意打压。从历史上看，从十一世纪开始，都市的规模和数量、中国商业组织和国内贸易的发展、地方商品市场的繁荣等方面远远高于欧洲的水平，在许多地区已经明显地滋长出资本主义生产因素，宋代时已有了相当的发展，但是直到清代前期，经济上占据主导地位的依然是农业自然经济，工商业的发展很不充分，工商阶层远没有独立，城市仍由封建势力

① 《中国大百科·经济学卷》。
② ［德］马克斯·韦伯：《儒教与道教》（中文），商务印书馆1997年版，第59页。
③ ［德］马克斯·韦伯：《经济与社会·下》（中文），商务印书馆1997年版，第584页。

控制未能获得自治。封建国家通过从中央到地方的一整套的官僚机构对城市进行着严格的控制使其无法自由发展。事实上，商品经济每有发展，统治阶级对它就会进行更严格的限制、更严重的打压。封建政权拒绝手工工人增加工资、自由出卖劳动力的要求，限制商品经济的发展，扼杀萌芽中的资本主义生产关系：如清雍正十二年，苏州一些被机户开除的机工"倡为帮行名色，挟众叫歇，勒加银两，使机户停机，机匠废业"，但被封建政权所压制。据清道光三年苏州一块碑文的记述，一些机匠"勒加工价，稍不遂欲，即以停工为挟制，以侵蚀为利薮。甚将付织经纬，私行当押，织下纱匹，卖钱侵用。稍向理论，即倡众歇作，另投别户"，就是说手工工人们不仅要求增加工资，而且罢工斗争，"另投别户"争取自由出卖劳动力。但地方官对这场斗争进行了干预，强制规定：此后"各乡匠揽织机只，概向机房殿书立承揽，交户收执"（"机房殿"大概是行会机构）。这个规定实际上就是封建政权强制机匠在行会内出具一份明确"匠有常主"的文件，借此剥夺了他们出卖劳动力的自由，并且对他们争取提高工资的斗争也进行了压制①。1840 年鸦片战争使中国在西方列强的坚船利炮下被迫打开了门户，但列强对中国的侵略却在客观上直接推动了中国资本主义经济因素的发展。到 19 世纪下半叶，中国的对外贸易规模有所扩大：中国的"经济作物的种植和发展进入了一个新的历史阶段"，在 1870—1894 年的 25 年间，输出棉花增长 32 倍，从 23355 担增至 747231 担；输出烟草增长 27 倍，从 4233 担增至 113886 担，输出的茶叶、蚕丝、豆饼等也都有不同程度增长。在鸦片战争后几十年中，中国出口贸易虽然只占农业生产总值的百分之一，但在国内长距离贸易中已占四分之一②。从 19 世纪 70 年代开始，工业有了一定的发展：一部分地主、官僚、富商、洋行买办和旧式矿业主开始投资于具有近代性质的大机器工业。相关的产业包括冶金、机械、煤炭、矿产、军工、纺织等等。这些企业

① 王方中：《中国近代经济史稿》，北京出版社 1982 年版，第 57—58 页。
② 参见罗荣渠：《现代化新论》，北京大学出版社 1993 年版，第 252 页。

总数 48 个，资本总额 2263 万元，工人 4 万人左右，其中 500 名工人以上的企业工人总数约 3 万①。这些新经济因素促进了城市的发展。但是，这种现代工业的领导和推动者往往是"一些得风气之先的地方督抚大员"，作为封建官僚，他们所创办的现代企业不能不具有官僚从属性与家族亲缘关系，"缺乏西方企业从自治城市兴起而形成的个人主义与契约关系"②。所以，直到晚清中国也没有形成西方在中世纪晚期出现的自治城市和市民社会。何一民认为，中国城市是封建统治中心，封建统治势力强大，工商业者则显得势单力薄，受着封建统治者的严密控制，所以城市在长时间中"未发生过市民运动"。明清时发生过一些市民运动，但其性质往往是"下层的工匠学徒反对官私雇主"，上层的工商业主不可能与下层的工商业者合力反对封建统治者，反而要借助国家的力量镇压工匠学徒。所以在中国没有出现如西方中世纪的城市那样市民向封建统治者争取自主权的斗争，因此也就不可能形成市民社会、自治城市③。

第二节　家国取向与公共价值

中国是否有契约精神传统学界一直存在争议。从中国传统社会城市的特点看，缺少契约精神生发的土壤。

一、中国历史上缺少契约精神

中国的城市不是独立的，更不是自治的④，何一民将这种状况概括为一种"城乡合治"："中国城市历史虽然悠久，但是在漫长的封建社会中，却

① 姜铎：《试论洋务运动的经济活动和外国侵略资本的矛盾》，《文汇报》1962 年 1 月 12 日。
② 罗荣渠：《现代化新论》，北京大学出版社 1993 年版，第 277 页。
③ 何一民：《中国城市史》，武汉大学出版社 2012 年版，第 422 页。
④ 傅筑夫：《中国古代经济史概论》，中国社会科学出版社 1981 年版，第 152—153 页。

没有为法律确认的单立城市政治行政机构，统治者实行的是城乡合治。"①
马克斯·韦伯指出：在中国城市所拥有的受到法律保障的"自治"甚至比农
村还要少，要受"专门的地保（长者）管理"、隶属"若干低级的行政区
（县）"或"拥有完全独立的国家行政的高级行政管理区（府）"。因此，
他认为"单从形式上讲，城市就不可能订立契约"②，正像马克思指出的，
"市民社会是全部历史的真正发源地和舞台"③，在中国，没有形成独立的工
商阶层，"不存在城市社区和城市市民的概念"④，因而也不存在基于具有个
人财产权的独立、自由、平等的市民的社会关系结构，因此，缺少形成反映
城市社会特质的契约关系、公共精神的土壤。城市既然是统治阶级根据其自
身需要特别是政治需要建立起来的，当然就不可能使其置身于宗法等级制度
统治之外，不可能不受封建礼法制度控制，所以美国康奈尔大学中国近代史
研究的专家奈特·毕奈德有关传统伦理是中国近代社会统治者进行国家管理
工具的观点可以用在这里："政府还由那些对皇帝和祖先负责的官员按照自
古留传下来的先例和规则进行管理。个人的行为由家族内部孝敬父母和辈份
关系的需要来规定，也由符合古代礼仪关系的典章来规定。"⑤ 对于中国有
没有契约传统、契约精神的问题在学术界存在争议，有的学者基本持否定态
度，认为"中国人缺乏契约精神""中国历来就没有契约传统"；有的学者
则相反，认为"契约在中国有着悠久的历史"；从西周到明清，留存至今的
纸质契约文书数以千万计；认为礼俗文化观，从某个角度"塑造了中国人特
有的契约精神，维系着民间契约的实际运行。"

　　中国有没有契约精神的争论需要厘清契约精神所指。契约精神同契约有
关，同契约文书有关，但不能将其归结为契约、归结为契约文书，而是指以

---

　　① 何一民：《中国城市史》，武汉大学出版社 2012 年版，第 651 页。

　　② ［德］马克斯·韦伯：《儒教与道教》（中文），商务印书馆 1997 年版，第 60 页。

　　③ 《马克思恩格斯选集》第 1 卷，人民出版社 1972 年版，第 41 页。

　　④ ［德］马克斯·韦伯：《经济与社会·下》（中文），商务印书馆 1997 年版，第 586 页。

　　⑤ ［美］奈特·毕奈德：《现代化与近代初期的中国》，见［美］布莱克：《比较现代化》
（中文），上海译文出版社 1996 年版，第 230—231 页。

契约为载体，人们在订立契约、形成契约关系的过程中体现的契约方在自由、平等基础上彼此尊重对方权利的价值取向、精神气质。就这一点而言，中国历史上缺少契约精神。

中国古代城市没有发展出一种独立、自由的市民阶层和市民关系结构，个人对家庭的依附、血缘家庭的社会边界作用限制了人们以一种个人主体的姿态接纳同样是主体的他人从而形成在普遍的个人权利基础上的尊重彼此权利进而形成公共意识的可能。所以在费孝通先生看来传统社会中维系人们之间关系的是熟人之间的人情："亲密社群的团结性就依赖于各分子间都相互的拖欠着未了的人情。在我们社会里看得最清楚，朋友之间抢着回账，意思是要对方欠自己一笔人情，像是投一笔资。欠了别人的人情就得找一个机会加重一些去回个礼，加重一些就在使对方反欠了自己一笔人情。来来往往，维持着人和人之间的互助合作。"[1] 居于传统道德主流地位的儒家"君子不言利"的思想加上亲戚熟人间的感情和情面使人们在交往中并不或不宜表现利益上的严格计较，直接帮忙而不是基于个人利益前提的契约维系往往是人们相互关系的基本形式："同族的亲属理论上有互通有无，相互救济的责任"，有能力的"就可以直接给钱帮忙"[2]。"乡土社会的信用并不是对契约的重视，"而是由于宗族邻里作为"熟人"有着彼此"熟悉"的行为规矩，因而对其行为有着明确的"不加思索"的预期、有着可靠性[3]。"熟人"之间依靠"熟悉"的行为规范行为，这种熟悉的行为规范应该是传统社会的宗法性道德，所以社会并不需要诉求一种公共精神。散落的血缘家庭之间由于缺少依赖，相互没有交往或很少交往，彼此的关系就极其淡漠，缺少关注他人、关注公共利益的热情，费孝通先生在《差序格局》中对中国人的那种"各人自扫门前雪，莫管他人屋上霜"，甚至损人不利己的行为方式做了生动的描述。有学者甚至认为"中国传统社会由于家的过分发达""没有能开出

---

① 费孝通：《乡土中国：生育制度》，北京大学出版社 1998 年版，第 73 页。
② 费孝通：《乡土中国：生育制度》，北京大学出版社 1998 年版，第 73 页。
③ 费孝通：《乡土中国：生育制度》，北京大学出版社 1998 年版，第 10 页。

会社的组织形态"，阻碍了"社会精神"的发展，缺少公共精神①。

二、家国利益取向

缺少基于个人权利的契约精神，传统社会"家国同构"的社会关系特点反映在伦理道德上是家国本位、家国整体利益的价值取向。

家庭是中国传统社会生产和生活的基本单位。中国传统社会是农业社会。农业生产是社会基本的生产方式，土地是农业生产最基本的生产要素，也是最主要的社会财富，生产资料、财产（主要是土地）归家庭所有（事实上是归父家长所有），所以生产必须以家庭为基本单位。由于生产资料、财产掌握在父家长手里，个人没有属于自己的财产，在自给自足、社会分工极其简单的乡村社会又几乎没有在家庭之外选择职业用以谋生的可能、无法在家庭之外获得自己的收入，因此，个人依赖家庭，家庭又构成了社会生活的基本单位。国家则是家庭的放大。《周易》中对家庭和国家的关系做了说明："有天地然后有万物，有万物然后有男女，有男女然后有夫妇，有夫妇然后有父子，有父子然后有君臣，有君臣然后有上下，有上下然后礼义有所错。"② 国家即家庭，正如冯友兰先生所说："家族制度过去是中国的社会制度。"③ 所以中国的传统社会是一个宗法等级制的社会，国在结构上与家一致，其组织系统和权力配置都是严格的父家长制，"家国同构"，亲缘关系是这一社会体制的基础。

由于家国是生产资料和生活资料的所有者，是个人生产和生活赖以进行的组织形式，所以权利主体是家国而不是个人，因此是家国根据自己的需要提出对个人行为上的伦理要求，个人的行为符合家庭（国家）的利益就是道德的，否则就是不道德的，家国整体利益是伦理的目的和标准，个人利益则

---

① 金耀基：《从传统到现代》，中国人民大学出版社 1999 年版，第 25，14 页。
② 《周易·序卦》。
③ 冯友兰：《中国哲学简史》，北京大学出版社 2013 年版，第 19 页。

在道德视野之外。

　　需要指出的是，传统伦理在价值取向上是家国整体利益，家国本位，家国利益是伦理的目的、标准，与整体相对应的是个体。仅就传统伦理的目的、标准的整体利益而非个体利益而言同公共伦理有一致性，但二者之间的差异则是根本性的。

　　传统伦理同公共伦理的差异首先在于传统伦理对个人利益的贬抑，而公共伦理则将个人利益作为道德目的的有机构成部分。

　　作为传统伦理主流的儒家伦理"重义轻利"。所谓"义"即"公利"，"利"即个人的私利、私欲，对此程颐明确地做了解释："义"为"公"利即家国的利益，"利"是私欲，"义与利，只是个公与私也"①。"重义轻利"就是重公利、轻私利："君子喻于义，小人喻于利。"② 孔子所说的"君子"指有德之人，有德的君子晓明大义，公利为上，"小人"指无德之人，无德的小人只知道物质利益、个人私利。传统伦理思想中有所谓"义利之辩"，"义利之辩"说到底是公利和私利之辩，是公利和私利在价值上孰轻孰重的问题。儒家并不否定利，甚至认为统治者治理国家应该充分考虑百姓的利益："因民之所利而利之。"③ 传统道德中的"重义轻利"其实质是公利优先于私利、应以公利克服私欲，就如荀子所说："君子之能以公义胜私欲也。"④ 孟子强调公利同私利之间的对立，明确表明要"去利怀仁义"，他认为"怀义"与"怀利"是根本对立的，人们"怀义"还是"怀利"会引出两种完全相反的后果："王！何必曰利？亦有仁义而已矣。王曰，'何以利吾国？'大夫曰，'何以利吾家？'士庶人曰，'何以利吾身？'上下交征利而国危矣。万乘之国，弑其君者，必千乘之家；千乘之国，弑其君者，必百乘之家。万取千焉，千取百焉，不为不多矣。苟为后义而先利，不夺不餍。未有

---

①　程颐：《河南程氏遗书》卷十七。
②　《论语·里仁》。
③　《论语·尧曰》。
④　《荀子·修身》。

仁而遗其亲者也，未有义而后其君者也。王亦曰仁义而已矣，何必曰利?"① 如果人们以利为根据来决定自己的行为，将利作为处理与他人关系的准则，就必然会抛弃仁义而相互争夺、残杀，这样的国家就没有一个不灭亡的："为人臣者怀利以事其君，为人子者怀利以事其父，为人弟者怀利以事其兄，是君臣父子兄弟终去仁义怀利以相接，然而不亡者，未之有也。"② 相反，如果人们以仁义作为自己行为的根据和准则的话，君臣父子兄弟就会以仁义相待，则社稷就会安定从而赢得天下："为人臣者怀仁义以事其君，为人子者怀仁义以事其父，为人弟者怀仁义以事其兄，是君臣父子兄弟去利怀仁义以相接也，然而不王者，未之有也。"③ 因此，必须引导人们"去利怀仁义"。"公利"和私利、私欲是人所共有的，儒家不仅没有否定私利、私欲，而且承认其不可或缺性，是人的本性："义与利者，人之所两有也，虽尧、舜不能去民之欲利"。但是尧、舜之能够成为"圣人"就在于他们能够对私利、欲望加以克制，"使其欲利不克其好义"，认为"义胜利者为治世"，所以从社会治理的角度必须要用"义"以制"利"。这是儒家"重义轻利"的奥秘，抑制人们的私利有利于统治阶级的统治。

传统道德中往往是从对家庭、社稷的义务的角度对于个人做出道德规定：父慈、子孝、兄友、弟恭，君臣有义、父子有亲、长幼有序、朋友有信，忠君孝亲，个人要服从于家国，而家国又体现为父家长、君权的意志，所以作为包含对正当个人利益肯定并以之为基础的公共利益价值取向的公共伦理在传统社会就没有形成的现实基础。

其次，传统伦理的公利（公义）是统治者的家天下，而公共伦理所说的公共利益则是指所有具有平等权利的个人的共同利益。

中国人以家国为本位，有家国（天下）情怀。这种家国情怀通过儒家的

① 《孟子·梁惠王上》。
② 《孟子·告子下》。
③ 《孟子·告子下》。

仁爱、德治以及其理想人格得到体现。

"仁"是孔子思想中最重要的伦理规范，有学者认为它是"全德之称"，包含了所有其他道德规范在内。其基本含义是爱人：学生樊迟问仁于孔子，孔子回答："爱人。"① 爱人有两个方面：第一，仁由礼所规定："克己复礼为仁，一日克己复礼，天下归仁焉。"② 在这里爱人有先后、厚薄，是"亲亲有术，尊贤有等"，是礼的体现。第二，仁是人性的内涵："孝悌也者，其为人之本与！"③ 把对父母的孝顺、对兄长尊敬这一亲子之爱、兄弟之情视为仁的根本，是人性之自然。《中庸》对此解释道："仁者，人也，亲亲为大"；朱熹也说："人指人身而言。其此生理，自然便有恻怛慈爱之意。"④爱人不仅爱亲，也包括爱众：孔子的学生曾子说："夫子之道，忠恕而已矣。"⑤ 杨伯峻先生说：孔子自己给"恕"下了定义，是"己所不欲，勿施于人。""忠"则是"恕"的积极一面，是"己欲立而立人，己欲达而达人"⑥，即孔子所说的"能近取譬"，以待己之心待人，宋代儒家表达为"推己及人"。在这个意义上，"仁"又超越了"差等"，主张同等的对待自己和他人，是一种泛及众生的爱："泛爱众而亲仁。"⑦ 孟子也提出"仁者""爱人"，并且将孔子视为"仁"的根本的"孝"（慈）从亲子关系推广到社会生活领域，将其泛化为一种普遍的"社会公德"，"老吾老，以及人之老；幼吾幼，以及人之幼"⑧，即人不仅要敬养一己之父母，而且要尊重别人的父母、所有的老人、长者；不仅要对自己的子女以慈爱，对别人的子女也要有慈爱之心。更有"大同"的社会理想："大道之行也，天下为公。选贤与

---

① 《论语·颜渊》。
② 《论语·颜渊》。
③ 《论语·学而》。
④ 朱熹：《中庸章句集注》。
⑤ 《论语·里仁》。
⑥ 杨伯峻：《论语译注》，中华书局1980年版，第39页。
⑦ 《论语·学而》。
⑧ 《孟子·梁惠王上》。

能，讲信修睦，故人不独亲其亲，不独子其子，使老有所终，壮有所用，幼有所长，矜寡孤独废疾者，皆有所养。男有分，女有归。货，恶其弃于地也，不必藏于己；力，恶其不出于身也，不必为己。是故，谋闭而不兴，盗窃乱贼而不作，故外户而不闭，是谓大同。"①

中国有德治的传统，德治在一定程度上使统治者的统治对百姓有利，有反映百姓利益的方面。德治滥觞于西周。西周的统治者主张以德配天命，认为用施德于民的手段就能达到永保天命的目的。施德于民就是要知民之所愿、予民之所需、实现百姓的利益，而百姓最普遍的需要和利益是生活安逸，这对于统治者而言就是要尽"人事"，即"保民"，使百姓康宁安定，"用康保民"②，一方面是要关心百姓劳作的艰辛、生活的痛苦，要"知稼穑之艰难""知小人之依"③；另一方面则要重视民生，"惟惠之怀"④，"安民则惠"，要保护老弱孤幼，"汝无侮老成人，无弱孤有幼"⑤。孔子主张"为政以德"，其施行关键是统治阶级要有统治之德，要施德与民，给百姓以利益，使"老者安之，朋友信之，少者怀之"⑥。孟子提出了仁政理论，主张统治者施行仁政以争取民心。仁政在一定程度上是对被统治者有利的统治方式，统治者关心民众的疾苦、使民众生活安乐。仁政的根本是"制民之产"即给老百姓以"恒产"（固定的产业），使百姓"仰足以事父母，俯足以畜妻子，乐岁终身饱，凶年免於死亡"⑦。他的理想是："五亩之宅，树之以桑，五十者可以衣帛矣；鸡豚狗彘之畜，无失其时，七十者可以食肉矣；百亩之田，勿夺其时，八口之家可以无饥矣；谨庠序之教，申之以孝悌之义，

---

① 《礼记·礼运》。
② 《尚书·康诰》。
③ 《尚书·无逸》。
④ 《尚书·蔡仲之命》。
⑤ 《尚书·盘庚》。
⑥ 《论语·公冶长》。
⑦ 《孟子·梁惠王上》。

颁白者不负戴于道路矣。老者衣帛食肉。黎民不饥不寒。"① 贾谊在总结秦二世而亡的教训时指出要守住天下，必须得到百姓的拥护，因而就必须施行仁政："仁义不施而攻守之势异也。"②

儒家提出了君子、仁人、圣人这样的理想人格，具有理想人格的人待人友善、对人包容，有社会担当、能够博施济众。在孔子那里君子和小人是两个最基本的人格类型，君子有德而小人无德，君子有德的表现是其能够做到"中庸"，《中庸》中引孔子的话说："君子中庸，小人反中庸。"朱熹对"中庸"解释是："中者，不偏不倚、无过不及之名。庸，平常也"，他进一步解释说："不偏之谓中；不易之谓庸。中者，天下之正道，庸者，天下之定理。"③ 照这种解释，中庸就是不偏不倚的平常的道理，是人的折中、调和的品行。孔子倡导这种人格，认为君子能够与自己不同（利益、政见、观念等等）的人合作，而小人则处心积虑地排除异己："君子和而不同，小人同而不和。"④ "君子衿而不争，群而不党。"⑤ "君子周而不比，小人比而不周。"⑥ "仁人"⑦ 是比君子在境界上更高的人，孔子认为具有社会责任感，能够避免战乱、有利于社会稳定造福百姓的人才称得上"仁人"："子路曰，桓公杀公子纠，召忽死之，管仲不死。曰：'未仁乎？'子曰：'桓公九合诸侯，不以兵车，管仲之力也。如其仁，如其仁。'"类似的观点也出现在孔子和子贡的对话中，"子贡曰：'管仲非仁者与？桓公杀公子纠，不能死，又相之。'子曰：'管仲相桓公，霸诸侯，一匡天下，民到如今受其赐。微管仲，吾其被发左衽矣。岂若匹夫匹妇之为谅也，自经于沟渎而莫之知

---

① 《孟子·梁惠王上》。
② 贾谊：《过秦论》。
③ 朱熹：《中庸章句》。
④ 《论语·子路》。
⑤ 《论语·卫灵公》。
⑥ 《论语·为政》。
⑦ 见《论语·卫灵公》。

也？'"① 齐桓公杀了他的哥哥公子纠，管仲作为公子纠的师傅没有以身殉难，这在当时是违背周礼的，但孔子认为管仲辅相桓公，称霸诸侯，避免了战乱，使社会恢复了秩序，有功于黎民百姓，就是做到了"仁"。"圣人"则是具有最高境界的人。子贡问："如有博施于民而能济众，何如？可谓仁乎？"孔子回答说："何事于仁？必也圣乎！尧舜其犹病诸。"② 孔子在回答子贡关于一个博施济众的人是否能算得上"仁"的问题时说：能够做到"忠恕"就是"仁"了，像这样能够关心救助天下所有的人则不仅是仁而且是达到了"圣"；连尧舜都未必做得到呢！因此中国传统伦理中确实具有关注整体利益、重视整体利益的价值取向的一面，也因此形成了中国民本的政治文化传统，确实在一定程度上对被统治阶级、对劳动人民有利。

不过这种整体利益、整体利益的价值取向即所谓"公利"不是基于"家国""天下"中所有个人的共同利益，而是由统治者所代表的"公利"，这种"公利"在根本上是统治者的利益。在传统伦理中家国、天下是"公"，是与"私"相对应的一面，家国、天下利益就是同私利相对应的"公利"。因为中国的传统社会是一个宗法等级制社会，王（天子、国君、皇帝）居于这个等级制的顶端，一方面，他们拥有最高的权力，将权力高度集中在自己手里：从秦始皇开始，"天下之事无大小皆决于上"③，到清王朝的康熙：大小事务，皆心躬自断；同时他们也掌控着所有的社会资源，即所谓"普天之下，莫非王地，率土之滨，莫非王臣"④。另一方面，他们对臣民进行严格的人身控制："夫牧民者，犹畜禽兽也。"⑤ 通过严格的人口统计、户籍管理，将百姓牢牢地束缚于土地之上，臣民只是屈从或被动服从于其权力，对其具有强烈的依附性，缺乏独立的人格和意志。据左传襄公十四

---

① 《论语·宪问》。
② 《论语·雍也》。
③ 《史记·秦始皇本纪》。
④ 《诗经·小雅·北山》。
⑤ 《淮南子·精神训》。

年记载："夫君，神之主而民之望也。若困民之主、匮神乏祀、百姓绝望、社稷无主，将安用之？弗去何为？天生民而立之君，使司牧之，勿使失性。"这是说百姓把自己看成羊群，希望君主像牧人一样驱赶自己对自己进行统治，才能使自己不失本性，君主为民之主，是他们的希望所在。百姓对统治者只有义务没有权利。统治者因此可以以国家之名将自己的私利说成是公共利益，明末清初的思想家黄宗羲就深刻地指出统治者"以我之大私为天下之大公"①。所谓"德治"也不过是统治者"王天下"的策略和方式。所以，所谓家国情怀往往同统治阶级的利益联系在一起甚至归结为统治阶级的利益。这一点从儒家的忧患意识也能够得到说明。

儒家的忧患意识是指"对具有重大社会意义的目标不能实现的警戒而谋求支持以克服阻碍实现目标的思维。"所谓具有"重大社会意义的目标"不外乎国家兴盛和百姓安乐两个方面，在《进资治通鉴表》中司马光就将"关国家兴衰，系民生休戚"作为"机要"之事。具有忧患意识的人因忧虑国之不兴、民之不豫即"忧国忧民"而奋发努力以图国家昌盛、人民安居乐业，因此忧患意识是一种积极有为的精神力量。在中国历史上这种精神塑造出一大批在国家危难民生凋敝之际勇于担当能够挽狂澜于既倒的仁人志士，并因此成就了中华民族绵延几千年的发展。忧患意识的所忧既在民生又在君主的统治权力。然而在传统社会、在一个既定的统治与被统治的关系中，统治者往往居于主动地位，国家系于君主一身，因此忧国直接变为忧君；统治权力是否稳固决定天下的治乱百姓的安乐，所以忧民生苦乐就不能不忧统治权力，结果"忧国忧民"就成了"忧君忧民"，从发生学的意义上毋宁说对统治权力的忧虑比对天下民生的忧虑具有先在性②。《孟子·梁惠王下》记载了孟子和梁惠王的一段对话："曰：'王之好乐甚，则齐其庶几乎！今之乐由古之乐也。'曰：'可得闻与？'曰：'独乐乐，与人乐乐，孰乐？'曰：

---

① 《明夷待访录·原君》。
② 杨秀香、王斌：《先秦儒家忧患意识演变的逻辑》，《中国人民大学学报》2018 年第2 期。

'不若与人。'曰：'与少乐乐，与众乐乐，孰乐？'曰：'不若与众。'"梁惠王十分喜好音乐，孟子问梁惠王独自欣赏音乐同与他人分享，哪种方式更让人快乐呢？梁惠王回答说与他人分享更快乐；孟子又问，同少数人欣赏音乐与同众人共同欣赏音乐相比哪种方式更快乐呢？梁惠王回答同众人一起欣赏更快乐！孟子因此说如果做国君的能够做到与民同乐，就能够得天下。但所谓君民同乐应该只是一个愿意施行仁政的君主所为，而仁政只是孟子的一种理想。在制乐、乐器和奏乐等所有这些享受音乐所需的资源都掌握在国君手里时，能否做到君民同乐完全取决于君主的意志，民没有能够自主决定自己所乐的资源，所谓民之乐只能是民的被动接受。在这样的社会条件下在具有平等权利的个人基础上的共同利益事实上是不存在的。

再次，传统伦理规范强调家国利益的至上性而贬抑个人利益，极易导致双重人格，公共伦理肯定个人利益的道德价值，贴近人的行为事实，能够在普遍意义上增强伦理规范的效用、避免道德在生活中被虚化。

随着秦王朝的建立，统一的封建国家开始形成，到了汉代，中央集权的封建大一统的国家确立起来，这时主张家国利益至上的儒家伦理学说适应了封建统治者的统治需要，成为统治阶级的统治思想。在汉朝初年，统治者就已经提出了"以孝治天下"的政治策略，到了汉武帝时则提出"罢黜百家，独尊儒术"，儒家的思想被定为一尊，成为统治阶级维护封建统治的思想工具。统治阶级为了强化儒家思想的影响，将其作为人们晋身的工具。汉武帝时选拔官吏、任用官员设立的察举考试中有一种科目是"孝廉"。被推选为孝廉的人必须符合下列条件："一曰德行高妙，志洁清白；二曰学通行修，经通博士；三曰明达法令，足以决疑，能案章覆问，文中御史；四曰刚毅多略，遭事不惑，明足以决，才任三辅令。"可见，选拔官吏、任用官员的重要标准是其伦理道德的状况。一些士子为了通过这一途径进入仕途，弄虚作假、欺世盗名，请托权贵，以获取孝廉的美名。如此一来就出现了吊诡的情况：重义轻利的儒家思想成了人们牟取私利的工具。这样的社会风气逐渐造就了一些伪善之人，出现了许多表面上仁义道德、背地里男盗女娼的双重人格的伪君子。有一个著名的事例：陈蕃任安乐太守时，一个名叫赵宣的人，父亲去世后住在墓道中为父亲服丧二十多年，名震州郡。地方官把他推荐给陈蕃。陈蕃与他交谈中得知他的五个儿子都是在其服丧期间出生的，大怒，治了他的罪。王符是东汉的著名学者，他揭露当时的选举之弊："群僚举士者，或以顽鲁应茂才，以黠逆应至孝，以贪饕应廉吏，以狡猾应方正……名实不相符，求贡不相称，富者乘其财力，贵者阻其势要，以钱多为贤，以刚强为上。"① 当时社会上有一首广泛流传的民谣："举秀才，不知书；察孝廉，父别居。寒素清白浊如泥，高第良将怯如鸡。"② 揭露了选举制度的腐朽和虚伪。到了宋代，封建伦理纲常被推向了极端，一些理学家主张"存天理灭人欲"将伦理纲常说成是天理，人的物质欲望、个人利益说成是人欲，要加以克服。如前所说儒家并不否认人的物质欲望，甚至认为追求财富是人的本性。孔子指出："富与贵，是人之所欲也；……贫与贱，是人之所恶也；……。"③他看到对财富与权利的渴望、对贫穷与卑贱的厌恶为人所共有，人在天性上都有求利的一面，求利是人的行为的动力，他说："富而可求也，虽执鞭之士，吾亦为之。"④ 意思是如果财富可求的话，即使去做市场的守门卒自己也愿意。据杨伯峻先生对"执鞭之士"的解释，在周礼中，有两种人拿着皮鞭，一种是古代天子以及诸侯出入时，有二至八人拿着皮鞭使行路之人让道；另一种是市场的守门人，手执皮鞭维持秩序，这里讲的是求财，市场是财富聚集之处，故将"执鞭之士"译为"守门卒"。孔子未必真的会去市场守门，但是这句话所表达的任何人——无论是君子还是小人——行为都受利益驱动的意思当是明确的。荀子也指出求利的欲望是人固有的本性："义与利者，人之所两有也，虽尧、舜不能去民之欲利"。但他们在伦理道德上却贬损物质利益、贬损人的求利的欲望，将其说成是小人所

---

① 《潜夫论·考绩》。
② 见葛洪：《抱朴子·外篇·审举》。
③ 《论语·里仁》。
④ 《论语·述而》。

为，先王、圣人"能使其欲利不克其好义"，夏桀、商纣"能使其好义不胜其欲利"，孟子甚至认为行王道的君主根本不应提利，否则会导致君臣、父子相残、天下大乱。

不可否认，具有家国情怀、能够"先天下之忧而忧，后天下之乐而乐"的高尚之士古今存在，但是无论古今这样的人都是少数。社会发展需要具有这样的情怀、具有公而忘私自我牺牲精神的人去推动，但是，这不应是社会的常态，因为这不是社会的目的，社会的目的是要推动人自身的发展，最终是要体现为每一个个人的发展，要实现每一个个人的利益。社会处在某些特殊时期，人们之间的矛盾冲突尖锐时，需要有一些人通过自我牺牲解决社会矛盾以使社会归于常态。但是，一个常态的社会是个人同社会整体的利益都要得到实现的社会。而常态按照词义就是正常状态、是经常的状态，而不是特殊的状态。在正常状态下社会应保证人们能够以经常性的、正常的行为通过正当的方式实现自己的欲望、满足自己的需要。所以，社会伦理不仅要引导人们从家国（甚或人类）的高度担当天下兴亡的责任，必要时要勇于自我牺牲以实现社会整体的利益，而且要引导人们在日常行为中以正确的方式获取自己的利益，不是简单地否定个人的利益。否则违背人性之自然，将特殊时期才需要的行为规范作为一种日常的行为要求，就容易使人掩饰真意、迎合外界的评价，表里不一，形成双重人格。将少数有超越意识的精英才具有的精神境界作为对所有社会成员的行为要求，则道德规范就会有虚化之虞，失去对人的行为的调解效用。公共伦理肯定正当个人利益的道德性，在彼此权利尊重的基础上引导人们认识公共利益的价值优越进而正确理解个人利益与公共利益的关系合理地选择行为，使道德可行可做，有助于在日常生活的层面上发挥伦理道德的规范作用。

缺少契约精神、公共意识，传统伦理的家国本位、家国整体利益的价值取向在事实上给人们的伦理行为划定了界限，即这种价值取向往往通行在家庭、熟人社会中，超出这个范围就会失去其对人的行为的引导作用。在这个意义上说公共伦理在中国缺少传统的文化基因、缺少传统的滋养，因而市民公共伦理意识生发基础薄弱，在一些人那里公共伦理无法形成行为自觉，违背公共伦理的行为屡屡出现，在一定程度上影响了人们的幸福感。

第三节　中国城市（镇）发展与市民的幸福感

城市是现代社会发展的最重要的推动力。中国从改革开放开始城市化的步伐加快，城市的发展又给了中国发展以极大的推动，经济社会进步显著。但是，一方面，民众的日子越过越好，另一方面，一些人的不满似乎也越来越多，对此有人概括为：端起碗来吃肉，放下筷子骂娘。这一现象应该引起重视。要认真分析导致民众不满的原因，如果是城市化过程中出现的问题影响了市民的幸福感就必须认真地加以解决，使城市的发展真正能够给民众带来幸福，否则，城市的建设就失去了他的初衷。

一、一些人"生活变好，感觉变糟"

中国的城市化主要可以分为六个阶段。

（一）1949—1957年。城市数量由1949年的69座增长到1957年的176座；城镇人口由5765万人上升到9949万人；城市化率由10.64%上升到15.39%。

（二）1957—1965年。城市数量由1958年176座增长到1960年的208座，之后到1965年下降到171座；城镇人口由1958年的10271万人上升到1960年的13073万人，1963年下降到11646万人；城镇化率由1958年的16.25%上升到1960年的19.75%，1965年下降为17,98%。

（三）1966—1977年。在13年间城市数量由1966年的175座增长到1977年的193座；城镇人口由13313万人上升到17245万人；城镇化率基本没有变化，平均在17%左右。

（四）1978—1984年。城市数量由1979年的203座增长到1984年的300

座；城镇人口由 19495 万人上升到 24017 万人；城镇化率由 1979 年的 18.96%上升到 1984 年的 23.01%。

（五）1984—1992 年。城市数量由 1985 年的 324 座增长到 1991 年的 479 座；城镇人口由 25094 万人上升到 31203 万人；城镇化率由 23.71%上升到 26.94%。

（六）1992—2012 年。城市数量由 1992 年的 517 座增长到 2010 年的 661 座；城镇人口由 32157 万人上升到 66978 万人；城镇化率由 27.46%上升到 49.95%①。

到 2018 年常住人口城镇化率达到 59.58%，同 1978 年相比上升 40 多个百分点②。

2019 年常住人口城镇化率已经达到 60.60%，比 2018 年末提高 1.02 个百分点，提前 1 年实现中共中央、国务院 2014 年公布的《国家新型城镇化规划（2014—2020 年）》中提出的到 2020 年要实现常住人口城镇化率达到 60%左右的目标③。按国际标准，城镇化水平跨过 60%的门槛意味着我国初步完成从乡村社会到城市社会的转型，进入城市社会时代，实现了基本城镇化。

工业化是现代城市化的最主要的推动力，世界发达国家与各自国家的工业化进程相适应，都经历了一个快速城市化的阶段。据研究，快速城市化阶段日本出现在 1946—1973 年间，城市化率年均提高 0.96 个百分点；英国快速城市化阶段出现在 1805—1877 年间，年均城市化率提高 0.67 个百分点；德国出现在 1835—1912 年间，年均提高 0.55 个百分点；法国出现在 1919—1956 年间，年均提高 1.2 个百分点；美国出现在 1848—1945 年间，年均提

---

① 牛文元主编：《中国新型城市化报告 2013》，科学出版社 2013 年版，36—39 页。
② 国家统计局：《2018 年经济运行保持在合理区间发展的主要预期目标较好完成》，2019 年 1 月 21 日。
③ 《中国经济年报：GDP、人口、收入、城镇化有新突破》，中国新闻网，2020 年 1 月 18 日。

高 0.45 个百分点。可见，由于世界发达国家进入快速城市化阶段的时间不同，其在快速城市化阶段城市化的速度也有较大差异①。中国的城市化同改革开放同步。从 1978 年改革开放开始，中国的城市化经历了从恢复（1978年—1984 年）、稳步发展（1984—1992 年）到快速发展（1992—2012 年）的过程，在 1978 到 2017 年 40 年间，中国城市化率年增长一个百分点，在城市化快速推进的 1996—2012 年城镇化年均增长速度是 1.39 个百分点②。2000—2011 年年均增长速度则超过 1.5%，相当于每年新增 2000 多万城市人口③。中国社会科学院农村发展研究所研究员魏后凯指出：中国的城镇化率在 2050 年可能会超过 80%，完成城镇化。可见，中国城市化的年均增长速度最快。

中国城市化在近 40 年间里伴随着改革开放，极大地促进了中国经济社会的发展：

> 国内生产总值由 3679 亿元增长到 2017 年的 82.7 万亿元，年均实际增长 9.5%，远高于同期世界经济 2.9% 左右的年均增速。我国国内生产总值占世界生产总值的比重由改革开放之初的 1.8% 上升到 15.2%，多年来对世界经济增长贡献率超过 30%。我国货物进出口总额从 206 亿美元增长到超过 4 万亿美元，累计使用外商直接投资超过 2 万亿美元，对外投资总额达到 1.9 万亿美元。我国主要农产品产量跃居世界前列，建立了全世界最完整的现代工业体系，科技创新和重大工程捷报频传。我国基础设施建设成就显著，信息畅通，公路成网，铁路密布，高坝矗立，西气东输，南水北调，高铁飞驰，巨轮远航，飞机翱翔，天堑变通途。现在，我国是世界第二

---

① 新玉言主编：《国外城镇化：比较研究与经验启示》，国家行政学院出版社 2013 年版，第 20—21 页。

② 《专访魏后凯："中国将在 2050 年完成城镇化"》（记者：李凤桃），《中国经济周刊》2014 年 3 月 13 日。

③ 刘士林：《什么是中国式城市化》，《光明日报》2013 年 2 月 18 日。

大经济体、制造业第一大国、货物贸易第一大国、商品消费第二大国、外资流入第二大国，我国外汇储备连续多年位居世界第一，中国人民在富起来、强起来的征程上迈出了决定性的步伐①！

2018 年，中国国内生产总值（GDP）已经突破 90 万亿元人民币，中国人均 GDP 约为 9780 美元左右。按照世界银行 2015 年的标准，人均 GDP 低于 1045 美元为低收入国家，在 1045 至 4125 美元之间为中低等收入国家，在 4126 至 12735 美元之间为中高等收入国家，高于 12736 美元为高收入国家，中国已处于中高等收入国家行列的偏高水平。从 2001 年的 1000 美元到 2019 年的近 10000 美元，显示出中国民众的生活水平显著提高②。全年城镇新增就业 1361 万人，比上年多增 10 万人，连续 6 年保持在 1300 万人以上，完成全年目标的 123.7%。2018 年各月全国城镇调查失业率保持在 4.8%—5.1% 之间，实现了低于 5.5% 的预期目标。城镇常住人口 83137 万人，比上年末增加 1790 万人；城镇人口占总人口比重（城镇化率）为 59.58%，比上年末提高 1.06 个百分点。城镇居民人均可支配收入 39251 元，增长（以下如无特别说明，均为同比名义增长）7.8%，扣除价格因素，实际增长 5.6%③。

2019 人均国内生产总值 70892 元，达到了 10276 美元，突破了 1 万美元的大关，距离世界银行高收入国家行列又前进了一步，代表着中国经济高速发展，显示出中国民众的生活水平显著提高④。全年城镇新增就业 1352 万人，连续 7 年保持在 1300 万人以上，明

---

① 习近平：《在庆祝改革开放 40 周年大会上的讲话》，《人民日报》2018 年 12 月 18 日。
② 中国国家信息中心经济预测部副主任牛犁：见《人均 GDP 将破 1 万美元对中国意味着什么？》，中国新闻网，2019 年 1 月 21 日。
③ 国家统计局：《2018 年经济运行保持在合理区间发展的主要预期目标较好完成》，2019 年 1 月 21 日。
④ 《中国经济年报：GDP、人口、收入、城镇化有新突破》，中国新闻网，2020 年 1 月 18 日。

显高于 1100 万人以上的预期目标。2019 年各月全国城镇调查失业率保持在 5.0%—5.3% 之间，实现了低于 5.5% 左右的预期目标。城镇居民人均可支配收入 42359 元，比上年名义增长 7.9%，扣除价格因素实际增长 5.0%①。

经济发展了、生活富裕了，人们理应感到幸福。

物质生活水平的提高是影响人们的幸福感的重要因素。斯密在谈到工资对工人个人的生活乃至社会幸福的影响时说："下层阶级生活状况的改善，是对社会有利呢，或是对社会不利呢？一看就知道，这问题的答案极为明显。各种佣人、劳动者和职工，在任何大政治社会中，都占最大部分。社会最大部分成员境遇的改善，决不能视为对社会全体不利。有大部分成员陷于贫困悲惨状态的社会，决不能说是繁荣幸福的社会②。显然，亚当·斯密认为，工资收入的提高、财富的增加可以改善人们的生活从而促进整个社会的幸福。弗雷根据各国所报告的生活满意度的分析，指出富足国家的人们明显比那些贫穷国家的人们幸福，在人均国民生产总值低于 10000 美元（1995年）的国家这种积极的相关性尤其明显。总的说来，富足国家的人们的幸福的平均值比贫穷国家的要高。他认为："幸福对于物质和经济方面的因素有着很强的依赖性。"个人和总体的收入、失业和通货膨胀等经济因素是影响幸福的决定性因素之一，只有从这些物质的、经济的因素去进行考查才能够说明人们之间何以会有幸福方面的不同③。

澳大利亚莫纳什大学教授黄有光的研究表明在收入水平非常低的时候，

---

① 国家统计局：《2019 年国民经济运行总体平稳 发展主要预期目标较好实现》2020 年 1 月 17 日。

② ［英］亚当·斯密：《国民财富的性质和原因的研究上卷》，商务印书馆 1972 年版，第 72 页。

③ ［瑞士］布伦诺·S. 弗雷：《幸福与经济学——经济和制度对人类福祉的影响》，北京大学出版社 2006 年版，第 10—12 页。

收入同快乐之间关联度最高、最能影响人的幸福感①。当社会发展、社会条件发生变化了，一些新的需要对人们生活幸福的影响则突出出来。当物质生活水平有了相当的提高之后，对一部分人来说收入的增加往往不再使他感到快乐，而是像国际环境问题专家何塞·卢岑贝格所指出的"爱情、友谊、和谐、健康、绚丽壮观的风景、洁净的河水以及其他美好的东西"成了"生活中极为重要的几个因素"②，更能影响人们的幸福。但由于这些因素匮乏，出现了人们"生活变好，感觉变糟"的情况。原因在于人们缺少了生活中所真正需要的大多数的东西，诸如爱、友谊、尊重、家庭、名誉和快乐③。"生活变好，感觉变糟"这就是所谓的"幸福悖论"。"幸福悖论"由美国南加州大学经济学教授理查德·伊斯特林在1974年出版的著作《经济增长可以在多大程度上提高人们的快乐》中提出。其内涵是通常在一个国家内，富人报告的平均幸福和快乐水平高于穷人。美国普林斯顿大学教授丹尼尔·卡尼曼指出：跨国跨时比较研究显示人均收入的增加同平均幸福水平"几乎不相关或即使相关也很小。"一般来说，富裕国家人们的幸福感要高于贫穷的国家，收入的增加会使幸福感得到提高，但这种同步性会止于收入增长的某一点。收入水平的高低同幸福感的高低"没有明显的相关性"④。

　　这种"幸福悖论"已经在美国、英国、日本等发达国家得到了经验证明。美国在1949—1991年间，人均收入从11000美元增加到27000美元，增加了1.5倍。但是国民幸福指数均值却从1946年的2.4下降到了1991年的2.2，人均收入和幸福感之间出现了背离的情况。日本在1958—1991年间，人均收入增加了6倍，但是其公民平均的幸福度同1960相比并没有提高，

①　黄有光：《东亚快乐鸿沟》，见姜奇平：《从数字鸿沟到幸福鸿沟——黄有光《东亚快乐鸿沟》评介》，《互联网周刊》2003年第43期。

②　何塞·卢岑贝格：转引自马克：《幸福指数：繁荣的新定义》，《书摘》2006年第7期，第46页。

③　[美]格雷格·伊斯特布鲁克：《进步的悖论：生活变好，感觉变糟》，参见马克：《幸福指数：繁荣的新定义》，《书摘》2006年第7期，第47页。

④　见王冰：《快乐经济学的发展及其公共政策内涵》，《光明日报》2006年10月9日。

收入的增加并没有使人们的幸福感同步增长。

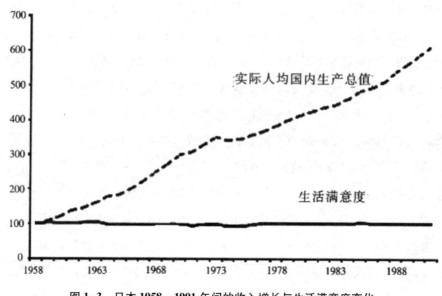

图 1-3　日本 1958—1991 年间的收入增长与生活满意度变化

（资料来源：Penn World Table and World Database of Happiness）①。

中国是否也存在这种"幸福悖论"的现象呢？

2010 年 10 月，国内有媒体根据荷兰伊拉斯谟大学和美国密歇根大学社会研究所的调查数据——中国国民幸福指数 1990 年为 6.64，1995 年升至 7.08，但 2001 又降到 6.60——得出中国人幸福感降低，没有 10 年前快乐的结论。但之后有研究者发现密歇根大学社会研究所的幸福调查出自荷兰伊拉斯谟大学的世界幸福感数据库。这个数据库中实际有 4 次关于中国的幸福感调查结果，即包括 2007 年的调查结果：6.72，这 4 次幸福感调查结果为 1990 年为 6.5（依据原文修正）、1995 年为 7.08，2001 年为 6.6，2007 年为 6.72。结果是补上遗漏了的 2007 年的数据 6.72，中国人幸福感降低的结论

---

　　①　图表来源：［瑞士］布伦诺·S. 弗雷：《幸福与经济学——经济和制度对人类福祉的影响》（中文），北京大学出版社 2006 年版，第 10 页。

就无法成立了①。这是否说明"幸福悖论"现象在中国不存在呢？

中国社会科学院发布的《2007中国社会形势与预测》中指出，2004、2005、2006三个年份的中国城乡居民总体幸福感分别是3.79、3.72、3.64，呈下降态势。中国中央电视台财经频道中国财经报道栏目主办的"CCTV2010经济生活大调查"在全国31个省市自治区对各个年龄段、各种文化程度、各种收入水平及各常驻地区的人口连续4年进行抽样调查（被调查者大部分为城镇居民，比重为77.7%），综合4次调查结果显示，在回收的8万余份有效问卷中，44.7%的人感到生活幸福及很幸福，11.1%的人感到自己不幸福和很不幸福。时任中国国家统计局总经济师的姚景源先生肯定了调查结果的有效性，认为"无论是从统计学、发放的范围还是答卷群体的结构分析上，它充分地代表了我国整个民众的基本状况"②。联合国的《全球幸福指数报告》幸福国家排行榜显示：2016年中国排名第83位；2017年排名第79位；2018年排名第86位；2019年排名第93位，2020年中国排名第94位。在全球150多个国家中排名总体比较靠后。在4年间，2017年比2016年略有上升，2018年、2019年和2020年则稍有下降。（需要指出的是2021年《全球幸福指数报告》幸福国家排名中中国排名上升了10位。按照报告作者的看法，这应该同中国抗击新冠疫情的成效有关。）

显然，这些数据所传达出的中国人幸福感的高低是不同的。这种不同或许是与用以调查的幸福感的指标设计有关；又或许随着条件的变化人们的需要发生变化所致。对此，我们不做进一步的讨论。

我们所关心的是尽管这些数据所得出的结论不同，但是如果我们认真分析中国机构的这些相关调查数据就会发现：

第一，类似丹尼尔·卡尼曼所说的达到收入增长的某一点，收入水平的

---

① 胡大源：《8万人的幸福答卷——CCTV经济生活大调查发现的中国幸福观》，见《中国经济周刊》：www.people.com.cn，2011年1月11日。

② 胡大源：《8万人的幸福答卷——CCTV经济生活大调查发现的中国幸福观》，见《中国经济周刊》：www.people.com.cn，2011年1月11日。

高低同幸福感的高低没有明显的相关性这种幸福悖论的特点在中国也存在。中国中央电视台财经频道中国财经报道栏目主办的"CCTV2010 经济生活大调查"通过连续 4 年的随机大样本城乡居民调查数据，从不同的家庭收入、家庭收入预期变化以及家庭金融财产变化等三个方面，对中国居民生活幸福感进行研究分析，2009 年调查结果显示收入对居民个体主观幸福感影响明显；但最高收入群组的不幸福或很不幸福比重明显高于中上收入群组，说明收入达到一定水平后，收入对幸福感的作用变小，甚至出现负影响，在某个极限点，高收入对一个人的幸福根本不起作用①。《2018 中国城市幸福感调查报告》显示，八成以上的受访者认为收入是幸福感的决定性因素之一。但收入和幸福感之间并不是绝对的正相关关系。调查发现，年收入 8 万到 15 万的被调查者幸福感最高，25 万元以上收入的被调查者幸福感次之，4 万元以下的幸福感普遍一般。《瞭望东方周刊》执行总编辑金风对报告做了上述解读。这说明在高收入人群中存在幸福悖论是一个事实。这一现象背后的共同性在于收入的增长对人们幸福感提高的影响不是绝对的，除了收入、物质财富之外人们的幸福感还会受其他的因素的影响。因此，对于一些人而言确实存在着"生活变好，感觉变糟"的情况。

第二，在收入普遍提高甚至大幅提高的情况下，人们普遍地会被新的影响幸福的问题所困扰，而且由于生活水平的提高，人们对这样一些新问题的关注会更加强烈，因而影响了他们的幸福感。这也是一种"幸福悖论"即"生活变好，感觉变糟"。所以我们这里所指的"幸福悖论"是指在收入增加、物质生活水平提高的情况下，一些新的社会问题影响甚至降低人们幸福感的现象。这种"幸福悖论"是当前一种普遍的生活状态——不满、焦虑、不安。《2017 年世界幸福报告》在第三章中专门分析了过去 25 年里（1990 年—2015 年）中国人的幸福感和物质变化情况，结果认为在过去 25 年间，

---

① 胡大源：《8 万人的幸福答卷——CCTV 经济生活大调查发现的中国幸福观》，《中国经济周刊》，www. people. com. cn，2011 年 1 月 11 日。

中国经济增长迅速，中国人的物质水平、生活质量和人均寿命都有了显著的提高，但就主观的幸福感而言，如今的中国人还不如 25 年前的中国人那么幸福。

第三，收入的增加、物质生活水平的提高不是人们幸福感提升的唯一因素，还有其他的因素影响着人们的幸福感。美国芝加哥大学教授奚凯元曾说：就经济情况而言，其发展很大程度上有助于增加幸福感，现在的中国人比 20 多年前要幸福得多。不过，经济的增长并不是人们产生幸福感的全部因素，在很大程度上人们幸福与否还取决于很多和财富无关的因素。随着经济越的发展，"非物质因素对幸福的影响就越来越大，例如人们的身体的健康、工作的稳定、婚姻状况以及人人际关系等"①。

因此，我们关注影响居民幸福感的问题——侧重在那些存在于日常公共生活场景中的问题，旨在分析这些问题形成的日常公共生活方面的原因进而从人们的日常行为层面提出解决问题的公共伦理方面的建议。

二、中外的幸福感调查指标及简要评析

联合国的幸福指数

联合国从 2012 年起每年发布一期《全球幸福指数报告》，在全世界范围内得到了政府、机构组织、社会团体等的广泛认可。

2012 年首个《全球幸福指数报告》由美国哥伦比亚大学地球研究所同联合国共同发布。报告提出的衡量一国幸福感的标准包括教育、健康、环境、管理、时间、文化多样性和包容性、社区活力、内心幸福感、生活水平等九大领域，是联合国方面首次以指数为标准为各国"排名次"的报告，时间跨度从 2005 年至 2011 年，调查对象来自全球 156 个国家。报告显示幸福国家或地区通常同富裕程度相关，但名列前茅的国家其幸福构成的要素不仅是财富还包括坚实的社会网络和社会的廉洁等。身心健康、工作保障及家庭

---

① 引自牛文元主编：《2013 中国新型城市化报告》，科学出版社 2013 年版，第 113 页。

稳定等是个人幸福的构成要素，其中影响幸福的最大单一因素是个人心理健康。在工作上，同薪水高和充分的休息时间相比拥有保障及良好的人际关系更能给人们带来满足感。经济收入的满足程度同精神的健康和满足程度构成了幸福的两个层面。

《2013世界幸福报告》是从人均国内生产总值（GDP）、健康预期寿命、对政府和商业部门的腐败感知、公民过自己想要生活的自由感、乐善好施（比如，他们最近是否有过慈善捐助行为）、"社会支持"即在紧要关头是否有可以依靠的朋友或亲人这六个因素对个人幸福进行了考察。

《2015年世界幸福报告》报告通过GDP，人均寿命、慷慨指数、社会支持度、自由度和腐败程度六大元素反映社会的整体幸福程度。报告旨在提醒政府、民间团体和个人收入不能保证幸福，真正的幸福是依存于社会资本（Social capital），而不是金融资本（Financial capital）。强大的社交网络以及对政府的信任度是生活满意度的基础。一个国家政府腐败，人们自身的生活满意度就比较低。调查表明幸福不仅取决于财富，而且同样受人际关系的质量影响。加拿大在2013年的报告中排名第六，到2015年上升了一位，排到了第五位。加拿大人对怎么才能幸福这个问题的回答是：一个人可以有意识地培养自己的幸福感。所谓"有意识的培养自己的幸福感"应该是报告的结论所说的：如果一个人每天有意识做一些很细微的事情，比如经常感谢别人，善良地对待别人，幸福感就会提升。

《2016年世界幸福报告》除沿用了前几期的衡量指标，包括GDP、人均寿命、慷慨指数、社会支持度、自由度和腐败程度6大元素来反映社会的整体幸福程度之外，首次使用幸福感差距来代替收入差距，自然、环保等可持续发展的因素也被列入指标体系之中。调查包括六项因素：人均GDP、健康生活、社会信任度、社会自由度、政府廉洁度和慷慨程度等。丹麦曾在2012、2013年连续两年荣登世界最幸福国度榜首，2016再次赢回世界最幸福国度的称号。调查表明有的丹麦人对税收较高表示不满，但是丹麦人也享受了高标准的环境、高质量的减免费用的医疗系统、教育以及养老保障，人与人的友好、平等、共处等，这些被很多人视为幸福的重要因素。很多人认为高水平的志愿者服务也是丹麦人感到幸福的重要原因，一些机构专门为老人提供免费乘坐三轮车观光的服务，让老年人在接近自然的同时，体会到温暖的人文关怀。

《2017 年世界幸福报告》排名的标准依据人均 GDP、平均寿命、人生抉择自由、社会清廉程度以及慷慨程度等内容。

《2018 年世界幸福报告》基于人均国内生产总值（GDP）、健康预期寿命、生活水平、国民内心幸福感、人生抉择自由、社会清廉程度以及慷慨程度等多方面因素进行研究并得出结果。结果表明，虽然财富是衡量幸福感的一个重要指标，但随着收入的增加，金钱对居民整体幸福感的重要性却降低了。相关研究指出，当一个人的收入越多时，钱可以给他的幸福就越少，而其他因素变得更加重要。虽然平均收入和预期寿命在衡量幸福水平方面起着重要作用，但报告所依据的盖洛普世界民意调查（GallupWorldPoll，GWP）却更加关注其他主观的变量，比如，关于社会支持这一变量，研究人员询问受访者的问题是：如果你遇到麻烦了，你有亲戚朋友是否会在你需要时伸出援手？关于慷慨度，他们询问受访者的问题是你在过去一个月中，有向慈善机构捐过钱吗？

联合国发布的《2019 世界幸福报告》显示，其排名指标包括收入、自由、社会支持、健康和寿命等，在全球 156 个国家和地区中芬兰继 2018 再次被评为"全球最幸福国家"。据介绍，芬兰人信任政府、拥有自由，且对他人非常大方。"他们真的关心彼此，""人们都想生活在这样的地方。"

从这些报告中可以看出，这项调查在幸福感的标准设计上既考虑了客观的因素，如人均国内生产总值、生活水平、社会的环境等，也考虑了人的主观因素，如人的内心幸福感。既注重个人的物质需要，如个人的收入等也注重个人的精神需要，如人的选择的自由。既重视个人权利，如教育、健康等也重视社会的公共福利、公共利益。甚至认为人的幸福感同人的主观认识相关因而是可以培养提高的，如前所说的加拿大，把个人每天有意识经常做一些感谢别人，善良地对待别人等很细微的事情作为幸福感提升的方式。就报告的结论而言需要注意的是个人在基本的物质条件能够得到满足的基础之上其幸福感更多的是来自社会的公共利益，如社会支持、社会的廉洁、社会的公益状况、社会成员之间的彼此关心、友好、平等、共处、善意等等。也就是说人的幸福感同个人物质利益有关，但是当个人物质利益有了一定程度的满足之后，人们会更看重社会的公共福利、社会的公共利益以及人们的公共利益的意识及其具有公共利益价值取向的行为。

中国的幸福指标

中国国内的幸福指标主要来自下述调查和研究课题：

1. 根据相对剥夺感理论提出的"相对剥夺感计算方法"是通过相对剥夺感的高低研究城市幸福感的研究方法。群体剥夺感指一个群体的状况与其他群体的状况相比较后所产生的剥夺感，当不同的群体相比较时相对弱势的群体会产生剥夺感。这种研究方法以北京为参照对象，以可支配收入、人均年末储蓄余额、年末登记城镇失业人数比例等与民生幸福相关的指标，计算天津、上海、郑州、广州、重庆、成都六个城市从 2007 年至 2011 年的相对剥夺感，得出的结果是，以北京为参照指标，社会剥夺感排名最高的是重庆，其他依次为上海、郑州、天津、成都、广州。分析的结果为幸福感最强的是广州，北京、成都位列第二、第三位。其中成都在 2007 年至 2011 年间相对剥夺感逐步降低，幸福感则稳步提升。之所以能够逐步降低相对剥夺感、提高人们的幸福感，成都具体做法主要有以下两个方面：第一是推进城乡一体化，实现城乡生活和身份的全面融合，城乡居民享受同等的国民待遇；第二，是推进农业现代化，建设全民幸福社会，通过各种方式逐步缩小城乡收入差距，实现城乡文化融合，提升全体居民特别是农民的主人翁感和城乡居民之间的文化包容。结果是初步实现了城乡统筹发展，促进了社会和谐程度，提高了全城居民的幸福程度。

2. 由新华社《瞭望东方周刊》、瞭望智库共同主办的"中国最具幸福感城市"调查推选活动（从 2009 年开始由新华社《瞭望东方周刊》联合中国市长协会《中国城市发展报告》工作委员会等主办）的评价体系。这一调查推选活动是中国最具影响力和公信力的城市调查推选活动。"城市幸福感"是指市民对所在城市的认同感、归属感、安定感、满足感，以及外界人群的向往度、赞誉度。调查活动提出了"城市幸福感"的评价体系，包括：物价（含房价）、人情味、生活节奏、文化底蕴、旅游度假、医疗便利程度和质量、环境和污染程度、养老、教育、住房现状、交通状况、气候、购物便利性、治安、餐饮娱乐和文化体育设施、赚钱机会、市民个人发展空间、城市发展质量与速度、文明程度、执法规范程度、公共服务水平、对外来人的包容度等具体指标。2010年的平均指标增加了民生建设与保障方面的内容。2013年在原有的评价标准框架内，在具体的指标设计中，对城市经济发展水平、以及城市国际化程度、法制建设程度、政务信息公开、行政效率提高、公务员廉洁程度、文化生活丰富程度、个性和鲜明特色、市民素质水平、社会综合治安、幸福感受、工作和生活、环境与资源节约程度等13个方面进行了考量。2015年在调查方法上增加了大数据采集。2016年调查采集的大数据涵盖了居民收入、生活品质、城市向往、旅游向往、就业、生态环境、治安、诉讼咨询、交通、教育等十六大类50个指标。2017年评价标准同前几年类似，涵盖教育、医疗、收入、环境、公共服务、安全、未来预期等16项内容。

　　在2018"中国最具幸福感城市"的调查推选活动中，成都连续第十年获得中国最具幸福感城市第一名并同时捧得"2018中国最具幸福感城市·组委会推荐案例""2018中国最具幸福感城市·政府贡献城市"两项荣誉。2018的评选标准中主观指标包括教育、医疗、收入、环境、公共服务、交通、安全、生活节奏、未来预期、养老、人情味、娱乐、文化、职业、包容度及认可度等16项；客观指标包括居民收入、生活品质、城市向往、旅游向往、就业、生态环境、治安、诉讼咨询、交通和教育等10项。就"包容度"这一指标来说成都的做法就可圈可点。2017年7月，成都市启动实施人才优先发展战略，不仅以宽松的政策吸引人才落户成都，而且更进一步提出了一系列鼓励人才在蓉扎根的举措，其中的一项举措是提出为符合申请条件的各类人才提供人才公寓及产业园区配套住房，这种对"蓉漂"的欢迎与包容让"蓉漂"们产生了对城市的归属感。

2019 年的幸福城市注重的指标以此前 11 次进入榜单、"幸福成就"亮眼、2019 年再次成为"中国最具幸福感城市"的成都为例，主要强调优化完善教育、医疗、文化、体育等 8 大类 18 项基本公共服务设施，重在提高城市生活品质①。

3. 中国社会科学院发布的《中国社会形势分析与预测》中有关中国居民生活质量及幸福感的调查的相关指标。

2006—2007 年影响城乡居民总体生活满意度的主要指标及其影响力比较

城镇居民			
影响生活满意度指标	2007 年	影响生活满意度指标	2006 年
业余娱乐生活↑	0.51	个人经济状况	0.53
个人经济状况↓	0.50	职业状况	0.52
职业状况↓	0.50	业余娱乐生活	0.44
物价波动承受力↑	0.46	个人社会保障	0.44
未来收入变化预期↑	0.35	物价波动承受力	0.42
个人社会保障↓	0.30	国家经济状况	0.30
未来竞争力预期↑	0.29	子女教育费用压力	0.30
国家经济状况↓	0.28	个人住房状况	0.29
个人住房状况↓	0.27	未来收入变化预期	0.29
社会事务管理信心度↑	0.27	消费时机认同度	0.29

资料来源：中国社会科学院：《2010 年中国社会形势分析与预测》，2009 年 12 月，见中国与世界经济社会发展数据库。

———————————

① 《"2019 中国最具幸福感城市"结果发布》，www. people. com. cn，2019 年 11 月 26 日。

2008 年、2009 年影响城乡居民总体生活满意度的主要指标及其影响力比较

城镇居民			
影响生活满意度指标	2009 年	影响生活满意度指标	2008 年
个人经济状况	0.45 ↓	个人经济状况	0.5
职业或工作状况	0.44 ↑	休闲娱乐生活	0.45
休闲娱乐生活	0.43 ↓	社会保障	0.42
物价波动承受力	0.41 ↑	物价波动承受力	0.39
社会保障	0.34 ↓	职业或工作状况	0.37
环卫与环保	0.32	未来收入水平预期	0.35

资料来源：中国社会科学院：《2010 年中国社会形势分析与预测》，2009 年 12 月，见中国与世界经济社会发展数据库。

与 2013 年相比，2014 年满意度增加幅度最大的十项指标　　单位：分

指标	2014 年得分	2013 年得分	两年差值
反腐败	3.98	3.63	0.35
社会治安状况满意度	3.7	3.45	0.25
个人经济状况满意度	3.48	3.28	0.20
政府管理社会事务信心度	3.87	3.68	0.19
个人社会保障满意度	3.44	3.26	0.18
工作状况满意度	3.55	3.39	0.16
提升社会稳定性	3.95	3.8	0.15
未来竞争力预测	3.22	3.09	0.13
改善社会风气	3.91	3.78	0.13
业余娱乐生活满意度	3.51	3.38	0.13

资料来源：中国社会科学院：《2015 年中国社会形势分析与预测》，2014 年 12 月，见中国与世界经济社会发展数据库。

从《2008 年中国社会形势分析与预测》可见，2007 年城镇居民对政府管理信心度包括对于政府使干部队伍更加廉洁和改善社会风气等事务之于生

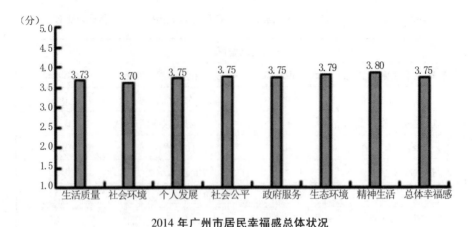

2014 年广州市居民幸福感总体状况

资料来源：中国社会科学院：《2010 年中国社会形势分析与预测》，2009 年 12 月，见中国
与世界经济社会发展数据库。

活感受影响的作用的关注有了显著的提升；《2009 年中国社会形势分析与预测》则显示有关廉政建设与反腐问题，贫富分化问题，能源与环境保护问题在 2008 年城镇居民满意度调查当中已经成了城镇居民关心的前十大问题。《2015 年中国社会形势分析与预测》显示在影响城镇居民生活质量前十的问题中，同公共利益有关的问题占了绝大多数。2014 年对广州市居民幸福感状况的调查中表明社会环境、社会公平、政府服务、生态环境、精神生活构成了市民幸福感的重要影响因素。

从中国国内幸福城市标准的设计以及幸福城市的示例表明，收入、就业、教育、医疗、交通、养老、公共安全等硬性指标依然受到持续关注，但是很显然对生活环境、公共服务水平、公务人员的廉洁、社会公平、城市未来预期、城市包容度等指标的关注度在逐年增加。这是中国经济社会发展的必然现象。中华人民共和国成立之后尤其是改革开放以来，中国摆脱了贫穷、饥饿和匮乏，社会经济快速发展，物质财富不断丰富，个人收入大幅增加，极大地激发起人们追求更好生活的需求。这时的人们能够超越由于贫穷而形成的自我关注的局限，以更大的视野、更大的气度关注他人的存在、关注共同体的存在，认识到他人利益，公共利益同自己的利益的联系、对自己更好生活的影响，认识到个人利益就蕴含在人们争取共同利益的共同行动之中。所以对公共事务的关注是社会发展的一定阶段上人的行为的自然。

可见，无论是中国还是外国，经济发展水平是决定人民生活是否幸福的基础，收入是幸福感的决定性因素之一，但却不是唯一的因素。19世纪初，英国经济学家威廉·汤普逊指出：对于一个社会来说，重要的不是仅仅拥有财富的问题，而是财富的正确分配问题……人要想快乐，便脱离不了享受的物质手段，这在一切文明社会里主要就是财富，但是人们可以在拥有较少财富的情况下达到前所未有的快乐境地，而在财富极为充裕的情况下，却仍可能非常痛苦。和社会利害攸关的主要是财富的使用和分配问题，而不是财富的多寡。在这里威廉·汤普逊强调了财富分配的合理性对人的幸福感产生重要意义，这一点可以引申为一切合于公共伦理价值的行为。富裕的丹麦人将人与人的友好、平等、共处、高水平的志愿者服务等视为幸福的重要因素；还不够富裕的"蓉漂"因为成都这座城市对他们的欢迎与包容而产生了对城市的归属感，感到幸福，说明影响人幸福感的是包括公平在内的多种社会因素而不仅仅是物质财富，随着社会的发展那些非物质因素诸如环境、空气、食品安全、社会的公平、治安秩序、公共服务、社会和谐、人与人之间的友善等等对人们幸福感的影响越来越大，而如果人们不能保护环境、减少空气污染、生产健康卫生的食品、公平分配社会资源公正地对待他人、提供均等化的公共服务、积极有效地进行社会沟通、互帮互助等等就会减损人们的幸福感甚至使人不幸。

既然事关人们幸福生活的公共利益的实现需要人们的共同行动，那么保证人们的共同行动的善价值的公共伦理就是一个关系人们幸福的现实诉求。

三、影响城市居民幸福感的日常公共生活场景

个体行为方面：

如只顾自己高兴不顾邻里感受：像前两年普遍存在的居民楼下伴以大分贝音响的广场舞、占用公交车道的"暴走团"等扰民、影响公共交通的现象。虽然这类现象经过批评、疏导、规劝、教育、阻止已经得到纠正，但是，类似的行为在日常生活中屡屡变换方式不断出现；又如网络暴力：人们不辨真假，人云亦云，对被施暴者口诛笔伐，给当事人造成极大的精神压力甚至夺去了他们的生命。2018 年一位 35 岁的女医生就因网络暴力而被逼自杀；再如人际关系疏离冷漠：见义不为、人性冷漠近年来成为一种普遍的社会现象。

2011 年有两件事影响至今，一件是佛山市 2 岁的小姑娘悦悦两次被车辆碾压，期间有 18 个人路过却无一人出手相救；另一件是在武汉，一位老人在路上摔倒后无人上前帮扶，最终因鼻血堵塞呼吸道而窒息死亡。这种见他人于危难之中无动于衷的情况在生活中屡屡发生。对生命的冷漠让人们产生了深深的自责也有着深深的不安：人们担心人性如此，发生在小悦悦身上的悲剧，一定会一再残忍重现，说不定就会在我们自己身上上演。因为任何个人及其家人生存、生活都离不开他人的帮助，在一定意义上说他人的帮助就是自己和家人的生存条件，所以互助是人的生存状态。而这种关心和帮助是互为前提的，自己不关心、不帮助他人也就无法得到他人对自己的关心和帮助，如果人人都拒绝关心和帮助他人那么所有的人都将得不到所需要的关心和帮助，我们自己的老人、孩子甚至我们自己都有遇到意外不幸的可能。人具有联想力，人类的联想力让人们不可避免地会产生如果我自己或家人遇到了意外不幸也可能会得到类似的对待，也同样不会有人来救助，这种联想会让人们对生活感到紧张和不安。

等等诸如此类的问题程度不同地影响了市民的幸福感。

社会公共事务方面：

近年来同民生有关的社会性公共问题引起民众极大的愤怒，一些事件让人们深感不安。如食品安全问题方面的三聚氰胺事件、地沟油事件①；虐童事件方面的携程亲子园的虐童案②、北京红黄蓝幼儿园教师虐童案③；事关卫生健康方面的长春长生公司问题疫苗④；网络谣言、网络欺诈等⑤，自媒体"黑恶化"则让一些企业苦不堪言（注）⑥。

在政府层面：

社会分配不公，非户籍人口在城市成"二等公民"缺少归属感。

社会公平问题是影响人们幸福感的最主要的问题之一。在中国，社会不公除了财富与收入分配方面外，一个重要方面是城乡之间的权利差异待遇。2016 年中国《社会蓝皮书》的数据显示，有 51.6% 的受访者表示，不公平

---

①　地沟油使人致癌，中国每年返回餐桌的地沟油为 200 万到 300 万吨。2016 年 9 月 30 日中国社会科学院城市发展与环境研究所党委书记李春华在 2016 年中国城市发展高峰论坛暨《城市蓝皮书 No.9》发布会上表示：2015 年中国食品安全致死达上万人，损失 50 亿元。参见《专家称去年中国食品安全致死上万人 损失 50 亿元》，参考消息网，2016 年 10 月 4 日。

②　2017 年 11 月 8 日上海长宁区携程亲子园被曝出长期虐童事件。监控视频显示，老师不仅推搡、殴打孩子，甚至给孩子喂芥末、消毒水和安眠药，导致有孩子一小时内腹泻 6 次，而且不给更换尿布。

③　2017 年 11 月 22 日，据多名幼儿家长反映北京朝阳区红黄蓝幼儿园（新天地分园）老师对幼儿扎针、喂药片，且幼儿身上被发现有针眼。

④　2017 年 11 月，长春长生生物科技有限公司生产的批号为 201605014-01 的百白破疫苗共计 252600 支，效价指标不符合标准规定，全部销往山东省疾病预防控制中心。经查证该公司生产的狂犬病疫苗编造生产记录和产品检验记录，随意变更工艺参数和设备。此事在民众中引起了极大的不满、不安和恐慌。

⑤　借助于网络的传播能力，一些网络谣言往往酿成公共事件，不仅给当事人也给广大公众造成了极大的伤害。有人借慈善之名牟利使公众的公益、善心被消费，公众的善心受到了伤害，是近年来引起公众愤怒的社会现象。见中国社会科学院：《2019 年〈社会蓝皮书〉发布暨中国社会形势报告会》，中国网，2018 年 12 月 25 日。

⑥　近年来自媒体发展风生水起，一些自媒体浑水摸鱼，打法律擦边球，甚至干起违法犯罪的勾当。有的自媒体靠"黑公关"获取高额利益，被他们盯上的企业"不交钱，就可能被黑。"有一民营企业频繁遭到一自媒体发"黑稿"，在交了 30 多万元"保护费"后，他们立刻主动进行正面宣传。有的自媒体靠这种"黑公关"一年能收数千万元"保护费"。见《重拳出击才能遏制自媒体黑恶化》，《北京青年报》2018 年 10 月 27 日。www.people.com.cn。

现象显著存在于财富和收入分配领域，有 50.6% 的受访者表示，不公平现象显著存在于城乡之间的权利待遇领域。有近 30% 的受访者表示，当前我国的社会不公平现象较为严重①。近年来解决收入分配不公、贫富差距严重的问题一直是党和政府工作的重点，也取得了一定的成效，但必须看到的是存在着收入差距反弹的趋势，而扭转这一趋势存在着不容低估的难度。

据统计数据的计算，城镇居民按收入五等分分组来看，高收入组居民家庭人均可支配收入与低收入组居民家庭人均可支配收入之比，全国从 2013 年 10.78%：1 降到了 2015 年的 10：45 比 1，2016 年则反弹至 10.72：1，2017 年进一步扩大到 10.9 比 1。据统计 2018 年城镇居民的收入差距前三季度同比减少了 0.03 倍，但不同群体之间的收入差距的变化趋势比较复杂，反弹的趋势依然不可小觑。这说明虽然人均可支配收入之比总体是下降的，但是中间有一些回升②。过大的收入差距让一些低收入居民产生了严重的相对被剥夺感，而相对被剥夺感越高人们的幸福感就越低③。

城市和农村二元户籍制度是城乡差别的制度性原因，由此导致了改革开放后进城农民工无法享有和城市居民同样的社会公共服务，成为社会不公的中国表现。户籍制度曾是中国的一项基本的国家行政制度。1958 年中国全国人大常委会通过了户口登记条例，旨在"既不能让城市劳动力盲目增加，也不能让农村劳动力盲目外流。"户口制度以法律的形式确认了城乡户籍二元。改革开放、城市化进程的开启，人口开始流动起来，大量的农民工进入城市，大量的城镇、小城市的人口进入大城市，为城市的发展从而也为整个社会的发展做出了重要的贡献，可以说没有农民工及其他的外来人口，中国的城市甚至整个中国的经济都不会是今天的繁荣景象。但是，因为户籍，农民工以及其他外来人口不能同当地市民享有同样的公共服务、无法分享他们自

---

① 社科院：2016 年《社会蓝皮书》2015 年 12 月 24 日，见 http：//m. china. com. cn/。
② 中国社会科学院：《2019 年〈社会蓝皮书〉发布暨中国社会形势报告会》，2018 年 12 月 25 日，见中国网。
③ 牛文元主编：《中国新型城市化报告 2013》，科学出版社 2013 年版，第 117—119 页。

已创造的社会成果。尽管在 2005 年国家就明确的提出要进行户籍制度改革，但此后十年未能破冰。2014 年 7 月 30 日，国务院发布《关于进一步推进户籍制度改革的意见》，此次户籍改革取消了农业户口和非农业户口的区别，统一为居民户口。这是自 1958 年户口登记条例确立城市和农村二元户籍制度 50 多年后，在国家层面明确取消二元区别。但在施行上，要按照全面放开建制镇和小城市落户限制、有序放开中等城市落户限制、合理确定大城市落户条件和严控特大城市人口规模的人口迁移战略实行。在城里没有户籍的那部分常住人口（主要是农民工及其家属）实际上成为城市的"二等公民"，很难融入当地社会①。2018 年《社会蓝皮书》显示，在上海市，外地户口的新白领在劳动强度和薪资方面受到差别对待：外地户口的新白领每周工作时间为 44.9 小时，高于上海户口新白领的 42.5 小时。但外地户口新白领的平均月收入为 11628 元，低于上海户口的 14961 元。对于外地户口的新白领来说，虽然付出更多的劳动，但收入情况却并不乐观。非户籍人口受到的不公平对待导致的农民工和城市外来人口在公共服务方面被歧视，影响了外来人口在城市的归属感，也影响了城市化的进程。2018 年 12 月 9 日由北京市委党校北京人口与社会发展研究中心与社会科学文献出版社共同发布的《北京人口蓝皮书：北京人口发展研究报告（2018）》显示，北京外来人口、户籍人口双下降。自 1949 年以来，北京市人口规模一直呈现上升趋势，但 2017 年最新数据表明，北京市外来人口出现了下滑。2017 年北京市常住人口 2170.7 万人，比上年末减少 2.2 万人；其中，常住外来人口 794.3 万人，与上年末相比减少 13.2 万人，占总人口的比重由 2016 年的 37.2%下降为 2017 年的 36.6%。人是城市活力的来源和产业兴盛的基础，如果不能公平对待农民工及其他外来人口，人口回流到农村势必影响城市的发展、影响城市化的进程。

①　《社科院报告：无户籍常住人口成城市"二等公民"》，《第一财经日报》，2016 年 5 月 30 日，见 www.haiwainet.cn。

公务人员工作效率不高、服务意识不强。

城市创建与城市治理相互包含。城市创建不仅在于基础设施建设，基础设施建设中对建设者的活动的组织、协调、规范就是对城市创建活动的管理，乔尔·科特金认为有三个关键因素决定了城市的兴盛，其中一个因素是所谓"地点的神圣"就是说的城市管理。

社会治理通常是指以政府为主导包括其他社会力量在内的行为主体，依法通过各种方式对社会领域各部分进行组织、协调、服务、监督和控制的过程[①]。社会治理就其职能而言就是社会管理，中国共产党的十八届三中全会提出要进行"国家治理体系和治理能力现代化"，所以人们由此就将社会管理表达为社会治理[②]。社会管理的核心是维系社会秩序，由政府主导、多方参与规范社会行为、整合社会力量，以公正为原则化解社会矛盾、解决问题，促进社会和谐发展[③]。《国家新型城镇化规划（2014—2020年）》指出当前我国城市管理服务水平不高，城市管理运行效率不高，公共服务供给能力不足等问题普遍存在，让民众感到不满，民众多有批评。诸如办事难、行政审批过多、审批限制的名目五花八门。有人要办个"准生证"，涉及部门有8个，需要盖13个章；曾有一家名为坤叔助学团队的公益慈善类社会组织，申请登记注册时，连续7年6次申请"转正"均受挫；还有诸如各种的奇葩证明；长期没有名字、没有路灯、没有交通指示标志的市政道路；路面井盖丢失、塌陷、雨天积水；社区周边停车位严重不足，车辆在道路两侧随意停放妨碍交通、堵死消防通道等现象常常出现，造成市民生活的诸多不便甚至形成安全隐患，虽然市民多有诟病，但往往不能及时得到解决。

之所以出现一些市民幸福感降低的现象，可能的解释是：一方面在某种

---

① 李培林：《社会改革与社会治理》，社会科学文献出版社2014年版，第189页。

② 张海东、王庆明：《城市社会中的结构性问题与治理转型》，见李友梅等：《城市社会治理》，社会科学文献出版社2014年版，第47页。

③ 金桥、盛智明：《社区治理》，见李友梅等：《城市社会治理》，社会科学文献出版社2014年版，第284页。

程度上同人们对幸福理解的变化有关，即人们的欲求更高了，过去让人们满足甚至感到幸福的东西由于边际效应人们不再满足、不再感到幸福了。另一方面在某种程度上或许同中国城市化步伐太快有关。人们太过专注于城市发展的速度，对城市发展中出现的问题来不及进行认真深入的反思并找出对策，一些问题没有得到及时解决积成了所谓"城市病"，这些问题确实无法使人幸福而毋宁说使人不幸。同欧美一些发达国家相比中国的城市化速度要快得多。从城市人口看，城市化率从20%增加到40%，英国用了120年；美国快于英国，用了80年；而中国更快，仅用了22年。从城镇数量看，根据近一百年的统计，美国城镇数目增长1倍大约用了20年；在中国，1978年全国共有小城镇2176座，到2000年猛增18136座，达到20312座，有近90%的小城镇是改革开放后建成的，年均增加超过820个。中国城市化速度之快还可以从城市发展的比较得到说明：洛杉矶从1781年时的"一个炊烟缭绕的小村庄"到1960年开始进入快速发展阶段，"在生产就业和工业生产总值方面"至今已超过了纽约，成为"世界上最大的工业大都市之一"，其发展速度被西方学者认为"在任何先进的工业国家也许都是无与伦比的。"但是，中国深圳从一个小渔村起步发展到如今900万的人口规模，只用了20多年。"2000年看西安，1000年看北京，100年看上海，20年看深圳"，这是20世纪末曾广为流传的一句话，说的就是深圳的超常规、跨越式的城市化。城市的快速发展加速了人口向城市的聚集，随之而来的一些问题无法及时地解决。如民生问题、公共服务问题、城市治理问题、环境问题、食品安全问题、交通拥堵问题；同时由于城市的快速发展，城市的文化传统、契约精神无法得到积极的培育。如前所说，中国的传统社会家国同构，在个人同家国的关系上是家国本位，在价值取向上是家国利益至上。家国之中是一个熟人社会，人们之间的交往如费孝通先生所说无须契约全凭人情往来维系，伦理道德在这个熟人社会中有着极大的权威，它调节的是熟人社会中的个体之间的关系、规范的是熟人社会中的个人的行为，而不是作为权利主体的个人之间的关系、规范的不是作为权利主体的个人的行为，因而发展不出契约精神、公共精神。在中国传统社会中，城市的发展缺少独立性，没能发展出城市特有的精神气质。改革开放之后，市场经济、工业化、城市化的发展使人们的个体意识不断提高、个人权利的诉求增强，这是历史的进步。但是由于中国文化传统中缺少契约精神、公共精神，一些人在个人权利意识增强的同时没能催生出契约意识、公共性，而是欲望的膨胀、将个人的权利推向了极端，不懂得如何处理同样也是权利主体的他人的关系、不懂得如何对待他人的权利，将个人利益同他人利益、社会利益对立起来，为了个人利益不惜损害他人和社会的利益。可以说，传统文化中缺少契约精神、公共精神的缺憾在当今的城市发展中没有能够得到有效的回补。所以在市民中普遍地缺少城市生活中所需要的公共性的价值观念、公共伦理、行为方式。这两个方面因素的叠加，影响了人们的幸福感。

四、影响市民幸福感问题背后的伦理逻辑

影响市民幸福感的问题有的是在现阶段经济社会发展、社会转型中难以避免的，需要靠发展、靠深化改革去解决。有的属于职业素质的问题，可以通过职业培训加以提高。但是有许多问题、包括上面提到的那些问题则同人们的公共伦理意识的缺失有关，比如频频出现幼儿园的虐童行为，同涉事人员缺少起码的爱心、同情心有关；比如长生制药的问题疫苗反映的是当事人缺少基本的诚信，人们缺少公共伦理意识就极易导致损人利己、甚至损人不利己的情况出现。所以，一些导致公众不满、影响公众幸福感的问题，从根源上来说往往是公共伦理的问题。以人际关系疏离冷漠为例，小悦悦的悲剧表面上看是路人的自利自保、冷漠无情，见义不为所致，但是对一些人而言所以如此可能并非初衷，而是在良心挣扎之后的选择，毕竟保证自己的安全、不受损害是人生活的前提。他们的"良心挣扎"是对社会上不断出现的"见义勇为惹祸上身"现象的一种消极应对。起因我们可以追溯到2006年发生的被称为"中国道德滑坡的里程碑事件之一""开启了中国老年群体最为

畸形的产业：碰瓷业"的彭宇案。

2006年11月20日，一位徐姓老太太在南京一处公交站台候车时，被撞倒摔成骨折。老太太将刚下车的彭宇指认为撞人者，并将其告到法院、索赔13万多元。彭宇对被指认为撞人者予以否认，坚持说自己当天早晨刚一下车，看到老太太跌倒在地就赶上前去帮扶，后来与其他市民一起将她送到医院。2007年9月4日，南京市鼓楼区法院一审判决彭宇赔偿受害人4.5万余元。二审期间双方当事人达成和解协议，最后案件以和解撤诉结案。

继彭宇案后，在多地发生搀扶摔倒老人后反被"冤枉"的事件，如2011年8月26日江苏南通的长途车司机殷红彬，见老太太摔倒在地就下车搀扶，被诬告交通肇事。幸亏司机的车上安有摄像镜头，还原了事情的真相，案件才得以了结。

一件件扶老人反过来被讹诈的事情让人们看到的是一些涉事老人的不诚实、撒谎和欺骗，结果不诚实、撒谎和欺骗在传播中被泛化，成为所有摔倒老人的人品，形成了"摔倒的老人可能会讹人"的社会性"刻板印象"：一旦出现老人摔倒被扶发生争端的事件，社会舆论往往会在第一时间认定是又一起"讹人事件"。2018年12月26日在济南市就发生了一起"小伙扶老人反被讹"事件反转的事件。

当天在济南市经十路和阳光新路路口东口南侧公交站牌处，一名骑自行车的老人倒地，骑摩托车的张先生将老人扶起并拨打了120急救电话送医，老人清醒后指认张先生为肇事者。

被指认后，张先生发布了在事故现场以及在交警中队遇到老人家属时拍摄的视频，以图自证清白。几天后（2019年1月1日），济南交警在调查取证和痕迹鉴定后进行了事故通报：交警部门通过技术手段确认了摩托车车主张先生造成了老人的摔倒，警方初步认定属道路交通事故。1月1日下午，张先生在接受中国之声记者的采访时说他当时并没有感觉到是自己的原因造成了老人摔倒：警方对于事故的形成给出的鉴定是，因为车重及刮擦的程度此次事故属于"无感知刮擦"（张先生可能此前确实不知道自己撞到了老人），轻微刮擦。张先生说他认识到了这一点，愿意承担相应责任，并对老人一家表示歉意。

事情的经过并不复杂，但是在张先生发布欲自证清白的视频后，网友们纷纷认为这是一起"扶老人反被讹"的事件，对老人一家的行为进行了谴责。所以，"这次的济南小伙扶老人争议事件再次引发了公众对于'扶不扶老人'的讨论"①。

可以说"老人摔倒该不该扶"成为一个问题，往往同"摔倒的老人可能会讹人"的社会性"刻板印象"有关。"摔倒的老人可能会讹人"的社会性"刻板印象"是"老人摔倒没人扶"现象的逻辑前提。

扶老人反过来被讹诈的事情多了，让人们对摔倒的老人见而生畏，害怕救助的结果会自己被讹上。所以，所谓老人摔倒了不扶往往并非遇见者的"人性冷漠"、没有"见义勇为"的道德认知，而是一种本能式的自我保护。下面的例子是一个很好的说明：

> 2013 年 11 月 26 日早上，金华市区一非机动车道上，一位老人突然脸朝下摔倒在地。孙女士恰好骑电瓶车经过，有心去扶，但想到那些"扶老人被讹"的新闻又心有余悸。不过遇到了还是不忍心不管，于是就拿出手机拨打 120 叫救护车，然后挡在了老人前面，指挥过往的电瓶车和自行车绕道，以免撞到老人。其他在场的市民也很有默契地围成一圈将老人护在中央，有人跑到街头叫来协警、有人给到来的救护车指路，医护人员对老人做了初步诊断并将老人接上了救护车送往医院。之后，有路人感叹："真心是不敢去扶啊！"②

这里的关键在于不是不扶，而是想扶却不敢扶！

---

① 《"小伙扶老人反被讹"事件反转 带来哪些思考？》，中国之声《新闻纵横》报道，见中华网，2019 年 1 月 2 日。
② 《8 旬白叟摔倒无人敢扶 路人围圈等抢救车》，见《钱江晚报》2013 年 11 月 26 日。

路人默契地围成一个圈，将老人护在中央

　　2011 年中国人民大学中国调查与数据中心、首都经济贸易大学统计学院和中央财经大学统计学院联合发起了关于社会信任问题的大陆消费者民意调查，针对当时社会上热议的"老人摔倒该不该扶"的问题，64.8％的受访者认为围观民众应该扶起老人；26.9％的人认为是否该扶不好说，要视情况而定；仅 8％的人认为不该扶；另一组数据显示，7.2％的人认为不扶的主要原因是事情同自己无关，而高达 87.4％的人认为不能扶老人是怕惹祸上身。这样的数据表明，人们的基本道德观念依然存在，并没有丧失，问题是在于人们对摔倒老人诚实的怀疑，怕老人不说实情诬陷自己，让自己担责，归根结底"其实是社会信任危机"①。这是"老人摔倒没人扶"现象的第一个逻辑环节；

　　这种不诚实、撒谎和欺骗、讹人得利的事件产生了"蝴蝶效应"，不断出现：2017 年 12 月，江西上饶某中学三位学生，在放学路上看到一位老人自己走着走着就忽然倒下，几个学生赶紧上前去扶起老人，不料老人却一把

　　① 《调查显示八成人认为不扶摔倒老人因怕惹祸上身》，见 http：//m.china.com.cn，2011 年 10 月 19 日。

抓住其中一名学生说：你怎么可以把我拐杖踢掉让我摔倒！在几个学生都还没有反应过来时，老人就开始讨要医药费了，一开始是 50，然后是 200，再后来是 2000，后面直接要 10 万住院费了。学生们反应过来是被讹了，赶紧打电话报警。幸好路过的两名大学生帮忙查看监控，才化解了纠纷。

这件事的处理结果是：扶人的孩子受到了表扬，但讹人的坏人只被批评了事，未伤丝毫。很显然此类讹人的招数是零成本高收益，被揭穿了，也没有任何处罚，讹诈成功了，就赚大了。这就导致了种种假摔讹人的事件不断发酵，形成了所谓"碰瓷业"。看到有老人摔倒，人们的第一反应往往是"又是一个碰瓷"的，而不相信老人真的需要帮助。这是"老人摔倒没人扶"现象的第二个逻辑环节；

在类似的"彭宇案"中，扶老人者一旦成了被告，法院判决往往不惜违背"谁主张，谁举证"的举证责任原则，在事实和法律面前模糊对错的界限，让扶人者承担责任、进行赔偿。2009 年 10 月 21 日，天津的许云鹤驾车行驶途中看见王老太由西向东跨越路中心的护栏，后王老太倒地受伤。许云鹤表示，他当即停车，从车里翻出创可贴给老太贴上，并拨打了 120。但老人称自己是被许云鹤的车撞倒的。2011 年 6 月 16 日，法院判许云鹤赔偿王老太 108606 元。类似的判决让人们对判案法律上的公正性产生了怀疑，不相信在发生争议时自己的善举会得到法律的支持。这是"老人摔倒没人扶"现象的第三个逻辑环节。

结果，老人真的摔倒了，真的需要救助了，却没有人敢上前了。2011 年 9 月 2 日上午 7 点半左右，武汉市 88 岁的李大爷在离家不到 100 米的菜场门口面朝下摔倒在地，在地上一个小时，众多围观者没人敢上前扶一把。直到 8 点 20 分左右，李大爷的老伴和儿子赶到现场才将他扶起，到 8 点 40 分左右 120 救护车赶到时，李大爷摔倒已近一个半小时。他的呼吸道已被鼻血堵死，送往医院后终因呼吸道窒息死亡（见《楚天都市报》）。这就是一个"狼来了"的故事，只不过受害的不是说谎者自己而是那些真正需要救助的人。最终个别人的撒谎、欺骗全社会买单，让整个社会陷入担心在需要时得不到帮助的焦虑之中。这是"老人摔倒没人扶"现象的第四个逻辑环节。

据《湖北日报》9月9日报道，李大爷死亡之后，他的老伴、87岁周婆婆为自己写下并随身携带一份声明："本人在人行道上摔倒被人施救，施救者免责"，让人唏嘘！

在一个社会中当急需得到救助的人却得不到人们的援手，见义勇为者不能理直气壮地行善，生活于其中的人们还有幸福可言吗？公共伦理的缺失就是影响人们幸福感的深层逻辑。

因此在个体的层面上，当人们因为社会中人与人之间的疏离、冷漠而感到孤独、不安、紧张和焦虑并因此感到不幸时，其根源往往在于社会中的个体在道德上缺少了诚实友善、包容和互助的道德素质。在这个意义上说人们曾经的行为就是当下人自身不幸的原因。某些人以公共伦理为代价一时不当得利，损害了他人的利益、破坏了公共利益，最终的恶果必然要影响到每一个人包括作恶者自己。所以，人们在城市生活中要得到幸福就必须使自己具有人们共同生活所需要的品德，具有正确的价值观念，具有关心公共利益的自觉。

人们为了更好地生活来到城市，城市也的确让人们得到了更好的生活，之所以能够如此，一个重要原因是在城市生活中引导人们行为的契约精神、公共伦理有效地支持了人们共同利益包括个人利益的实现。同样，如果城市缺少契约精神、缺少人们对公共伦理的认同、市民间缺少友善包容、诚实信任、合作互利导致人与人之间彼此排斥、互相倾轧、人人自危就会影响人们在城市生活中的幸福感也会影响城市的发展。中国的城市化极大地推动了中国经济社会的发展，也极大地改变了人们的生活，更多的人进入城市有了更好的发展，但公共伦理方面存在的问题给人们的城市生活、经济社会发展造成的消极影响必须给以足够的重视，作为一种"国家权力"它支配着人们的行为并由此决定城市社会的发展。城市要成为人们幸福生活的家园公共伦理建设是必需的构成要素。

第六章　幸福城市的公共伦理建设

　　中国的城市化走的是建设新型城镇化的道路。人是城镇化的核心，但一度城镇化成了"物的城镇化""土地城镇化"，人的核心位置被忽视了。城市化说到底是人的城市化，这里有两个方面的含义：其一是说城市化是为了人的，是为了人能够更好地生活、更幸福地生活；其二是说人本身的城市社会适应，在城市生活的人要具备城市生活所需要的素质，包括相应的知识技术能力、创新能力、人际沟通协调能力、价值选择和判断能力等等。其中价值选择和判断即价值观方面最基本的就是伦理道德，而公共伦理道德是伦理道德在现代社会、城市社会中的重要构成。城市化的第二个方面即人本身的城市社会适应、人的素质包括公共伦理素质的状况决定着城市化的第一个方面即城市社会发展、决定着城市能否使人更好、更幸福地生活。在中国这样一个快速城市化的国家中，大量进城的农民工、主要由农民工构成的新市民同原住民之间的融合、社会的公共服务的均等化、市民的公共参与、政府的公共服务都直接关系城市社会的和谐稳定和发展，人们相应的精神文化素质、公共伦理素质能够为解决这些问题提供价值引导。这方面整个社会都有很大的提升空间。所以公共伦理道德的建设就是十分现实、紧迫的任务。

第一节 公共伦理建设的目标：自律人格和品质

法治是城市的禀赋。法律是现代城市治理的依据，现代城市治理的根本特征是法治，道德在城市社会治理中的作用似乎边缘化了。但事实上道德在现代社会中一直在场，是不可能边缘化的。而且由于现代城市的特点，以公共性为价值取向的公共伦理在城市社会的治理中愈益显示出其价值。

一、城市变迁：从传统到公共性

随着城市由从属于乡村到成为整个社会的主导以至于发展为城市社会的变迁，城市社会中的道德作为一种社会调控力量也在相应地发生变化，由最初的传统道德占据支配地位到由城市特质所孕育出的公共性道德成为社会道德的基本形式。

城市和乡村相对应，有着自己的特点。《中国大百科全书》中说城市是："大量异质性居民聚居、以非农业职业为主、具有综合和功能的社会共同体。"中国人民大学郑杭生教授主编的《社会学概论新修》中认为城市社会的一个主要特点是人口集中，异质性强①。什么是"异质性"呢？美国芝加哥学派的代表人物沃思 1938 年在《作为一种生活方式的城市性》一文中对异质性做了解释，认为异质性表现为社会流动性增加，世系观念的淡薄，……空间流动性增加，城市居民对住宅无乡村居民那样的眷恋之情。城市的异质性或流动性导致了城市在管理方式上同乡村有很大的不同：乡村社会的管理在相当程度上可以依靠传统即道德的力量，而在城市社会传统或道德的作用则大大减弱，法律成为社会管理的主要依靠力量。何以如此呢？

乡村社会的生产主要是农业。农业生产最基本的资料是土地，土地的空

---

① 郑杭生主编：《社会学概论新修》，中国人民大学出版社 1998 年版，第 368 页。

间位置是相对固定的，在土地上生产的劳动者相应地也是固定的，家庭就是适应这种需要固定劳动力的生产的组织形式。这种以家庭为基本生产单位的生产是自给自足的，因此，不需要广泛的交换和普遍的流动。费孝通先生指出："自给自足的乡土社会的人口是不需要流动的，家族这个社群包含着地域的涵义。"① 乡村社会中社会关系被研究者称为首属关系，"首属团体，是指那些以密切的面对面联系和合作为其特征的团体。"帕克指出首属关系即指直接的、面对面的关系，这种首属关系是人类关系中最简单、最基本的联系形式，在这种首属关系中人们耳濡目染，朝夕相处②，行为具有不断重复和延续的特点，通过重复和延续形成了人们的生活经验和传统、形成着伦理道德。同时，在一个封闭的环境中人们之间相熟相知，是一个熟人社会，因此道德机制十分有效，风俗习惯、社会舆论都能够很好地支持道德作用的发挥。帕克指出在乡村道德舆论即村庄里的街谈巷议比在城市里更有力量："由于地方社区规模很小，居民们互相之间都是互相认识、互相明了的，谁也不能例外，一个人的品格素养都为地方所深知，因此，没有什么私人事件可以逃过公众的眼光和品评。"③ 因此传统社会中伦理道德在社会生活中有着规范人们的行为、协调人们相互关系的权威作用，是维系社会秩序的重要力量。传统始终都在，但是在乡村社会，传统有着支配性的地位："不论哪一个社会，绝不会没有传统的。衣食住行种种最基本的事务，我们并不要事事费心思，那是因为我们托祖宗之福，——有着可以遵守的成法。但是在乡土社会中，传统的重要性比现代社会更甚。那是因为在乡土社会里传统的效力更大"，是维系社会生活的根本力量。从"维持秩序时所用的力量，和所根据的规范的性质"来看，"乡土社会是'礼治'的社会""维持礼这种规范的是传统"④。

---

① 费孝通：《乡土中国 生育制度》，北京大学出版社 1998 年版，第 70 页。
② ［美］R. E. 帕克等：《城市社会学》（中文），华夏出版社 1987 年版，第 23—24 页。
③ ［美］R. E. 帕克等：《城市社会学》（中文），华夏出版社 1987 年版，第 40—41 页。
④ 费孝通：《乡土中国 生育制度》，北京大学出版社 1998 年版，第 49—50 页。

在城市社会，人口的异质——流动使一种由稳定的生活样式形成的经验难以延续，传统也就难以形成，所谓传统的效力往往无由显现。而且在一个由人口的异质、高度流动形成的陌生人的社会里，支持道德发挥作用的机制即社会舆论和风俗习惯的监督保证作用大大弱化，使传统社会中道德在社会管理中的权威作用难以再现。所以，沃思认为在共同的乡土传统中因世代的共同生活而形成的亲戚、邻里、情感纽带在那些集聚起来的出身和生活背景各异的人们中正趋于消失或至少是在弱化。在这种情况下，依靠乡土社会的一体性协调的利益关系正在被竞争和外部控制机制即成文的法律、法规所代替。"在城市生活条件下，个人和个人组成的团体，由于在情感和了解方面互相远离，他们完全生活在相互依存的状态，而不是生活在感情亲密的状态中，因而社会控制的条件发生了很大变化。""原来基于道德的社会控制，将被基于成文法律的社会控制所取代。"①

但是如果进一步分析就会发现，在城市社会中"法律的社会控制"取代"道德的社会控制"不是因为城市不需要道德，而只是表明在乡村社会结构中孕育的传统道德不能适应城市的社会关系。这是社会转型中的必然现象："这种变化趋势是与城市环境中人与人的交往联系，与次级关系取代首属关系（首属关系：人与人之间直接的、面对面的、长期的、全面的交往，如家庭关系、儿童伙伴关系、邻里关系等等；次级关系：个人社会化过程中发生的人与人之间间接、正式、较为疏远、短暂的交往关系，如师生、同事、雇佣、买卖关系等。——作者注）的趋势并行不悖的。"② 正如腾尼斯在《共同体与社会》中所说"在大城市里，在首都里，尤其是在世界城市里，家庭制度陷入衰落瓦解"、家庭、血缘关系的维系作用日益衰落，人们"对传统事物的依恋松弛"就在所难免。传统道德不能适应城市社会生活，但城市生活不能没有道德，事实上道德也从未在城市生活中缺席，只不过这种道德是

① ［美］R. E. 帕克等：《城市社会学》（中文），华夏出版社 1987 年版，第 28—29 页。
② ［美］R. E. 帕克等：《城市社会学》（中文），华夏出版社 1987 年版，第 29 页。

同传统道德不同的由城市生活生发出来的公共伦理道德。城市社会自带道德性，城市在形成发展中同时就在形成发展着相应的伦理道德。

人创建城市的动力是其价值的自为性，是为了建立一个能够使自己更好、更幸福生活的社会形式，这种创建活动一方面是发展适合人的需要的外部环境，另一方面是发展人自身素质、能力以适应城市创造所需。

城市的价值目标要通过城市的功能实现。城市的功能就是城市对人的作用、对人的活动的作用（人的存在就是人的活动，二者同构）。贸易活动是人在城市中最基本、最具体的活动形式，利他是商业活动的内在逻辑，表现为人们生产的用以交换的产品不是为了自己消费而是为了他人的需要。如前所说早期城市的生产具有"非自觉互利的自我目的性"，就是说生产的目的是自己的需要而不是为了他人，但自己的剩余产品恰好为他人所需，简单的买卖活动是剩余产品的交换，因而产品为他人所需并不是产品所有者的自觉的选择。随着城市的发展，交换的扩大和普遍化，交换变为生产的前提，生产有着明确的他人需要的自觉，表现为"自觉互利的自我目的性"。互利要通过交换实现，为了保证交换的顺利进行人们订立契约，用契约来约束彼此的交换活动，社会性的契约关系形成并成为城市活动中的基本关系。契约的订立是契约双方的合意，因此契约关系的实质是契约方为平等的权利主体的关系，是主体间的信用、自由、平等、互利的关系，由此决定了契约方对契约的遵守，这种强制性使履约逐渐成为人们的行为自觉，进而使契约中的自由、平等、守信、互利的价值精神得到认同并内化为自我意识。由契约关系形成契约精神，反过来契约精神又成为人们建立契约关系的价值选择，成为伦理原则。在契约关系中契约双方的平等和自由决定了契约方所定契约一定合意因而一定是互利的，所以城市中的契约精神的价值蕴含既有追求个人利益又有对其超越而追求公共利益的一面，是社会利益目标和他人利益、自我个人利益目标的结合，表现为公共利益价值取向，是一种公共性。在传统社会，城市从属于乡村为乡村所统治，传统道德不仅在乡村具有规范人的行为的权威作用在城市中也是如此，起着主导作用，与契约关系联系着的契约精神、公共性、公共伦理处于边缘状态。到了近代，城市和乡村的地位发生了变化，城市取代乡村成为社会的主导方面，尤其是到了现代，进入高度城市化阶段，成为城市社会（中国到 2020 年城市化率已经达到 60%，迈进了城市社会）。在这种情况下，适应城市社会生活的需要，公共伦理道德已经在社会生活中成为调整人们利益关系的基本的规范。

所以伦理道德随着城市的发展由传统形式让位与现代形式、公共伦理道德由在传统社会中的"微"到现代社会中的"显"，公共性作为一种价值观的表达工具而得到了强化，成为现代价值观念。

二、自律：道德的核心价值

伦理道德具有自律性。这种自律性使它对人的行调控和制约作用比任何一种其他力量都更深刻、更根本。

与自律对应的是他律。所谓他律是说人的行为的根据和动力来自外力，是外力的强制，自律则相反，指人的行为的根据和动力来自人的内在信念，是人的自我要求、自我约束。

人的行为的规范方式无论是道德、法律、宗教还是其他形式，都既有自律的方面也有他律的方面，是自律和他律的统一，区别在于是他律支配着人的行为还是自律支配着人的行为。通常我们说法律对人的行为的规约作用是他律的而道德是自律的，实际上，法律对人的行为的作用并非绝对的他律，当遵守法律成为人的信念时守法就具有自律的意义：苏格拉底在被判处死刑后拒绝朋友安排的逃跑计划而甘愿受死，源于他对城邦法律的认同。在古希腊的城邦国家，占总人口少数的"公民"（奴隶没有独立的人格）将自己与城邦国家融为一体，认为城邦国家就是自己的利益所在，服从城邦国家才是自己能够得到更好生活的保证，因此苏格拉底在被判处死刑后本可以在朋友的帮助下逃生，但他拒绝了，理由是他整个一生都享受城邦法律的保护，所以他有义务遵守法律，哪怕为此要付出生命的代价。亚里士多德认为贵族政治是最好的国家，这种国家的法律体现着社会上最好的公民的利益，社会的目的是使个体公民能够过一种有德性和幸福的生活，所以公民要遵守法律，行为要合法。在亚里士多德这里守法也具有自律性①，但是在普遍的意义上，法律作为统治阶级的统治工具要通过国家的强制力强制人们执行，在根本上是他律的。而道德也并非总是自律的。一个人行善如果不是出于自愿，而是迫于某种压力（如舆论的作用），这种善举就具有他律的特点。但是从根本上来说道德对于人的行为的规范作用是源于人的自觉、是一种自律，它源于人的主体性，是人的主体性的体现。

人的主体性是说在实践中人是进行实践活动的方面，人的活动的对象是外在于人的客观事物，进行实践活动的人是主体，人的活动的对象即客观事物是客体。人的主体性体现在其行为是有意识、有目的、自觉、能动、自主决定、自主选择的。人的主体性在伦理道德上的体现是说伦理道德是人为了社会的利益、为了每一个人的利益而创造的原则规范。所以人按照伦理道德规范行为说到底是人在遵循自己的意志行事，因此伦理道德在本质上就是人的主体自觉。

在伦理思想史上康德把人作为道德主体、确立了人的道德主体地位并由此确立了人的尊严。在康德那里，人作为道德主体的含义是理性是人的本质属性，道德是理性人为自己所立之法，是理性的本质诉求。

康德认为道德原则必须具有普遍性、必然性，因此他致力于探寻具有普遍性必然性的道德原则："定言命令只有一条，这就是：要只按照你同时认为也能成为普遍规律的准则去行动。"② 他认为人是理性的存在者，人的本质属性是理性，从人的理性本质中引申出来的道德原则才是具有普遍性、必然性的。既然理性是人的本质属性，那么是人就有理性，从人的理性本质中引申出来的道德原则一定是普遍必然的。在他看来，具有普遍性必然性的道

---

① 见［美］梯利：《西方哲学史·上》（中文），商务印书馆1979年版，第108页。

② ［德］康德：《道德形而上学原理》，上海人民出版社2002年版，第38—39页。

德原则不可能出自人的感性欲望、利益追求。因为人的感性欲望、利益追求是个别的，从中引申出的道德原则不具有普遍性必然性，道德原则只能是人的本质也就是人的理性的体现。所以人是创立道德原则的主体。康德认为，人作为道德主体仅仅是是因为道德原则是出于人的理性本质同人的感性欲望无关，也就是说人在行为中能够出于自己的理性意志抉择自己的行为，即行为仅仅是出于人的理性的自我抉择，同欲望、利益偏好、财富等等理性之外的因素无涉，就人仅仅是服从于自己的理性原则这一点来说，人就是人自己行为的主体，人的行为就是人自己的理性的决定，而不是由任何其他的外在因素决定。这样，康德就通过人的理性原则决定人的道德、人的道德行为以理性原则为目的在道德领域中确立了人的主体地位。

毫无疑问康德的思想在伦理思想发展史上有着极为重要的影响。他关于人是道德的主体的思想影响着其后的伦理思想的发展。但他把道德同人的感性欲望、同人的利益、同人的物质生活割裂开来，否定人的感性欲望、利益、物质生活对道德的影响，这就使他的思想陷入抽象。

马克思主义认为人的本质是人的社会性，因此马克思主义所理解的人的道德主体性是说，社会是道德的主体。人组成社会的目的是为了进行实践活动以满足人的需要、实现人的利益，为此需要协调组成社会的个人之间的行为，从而催生了伦理道德规范。所以道德是由社会创造的，社会是道德的主体。因此对于个人而言，道德是外在于人的，具有他律性。但是社会是由个人组成的，社会的利益代表了组成社会的个人的利益，社会提出道德规范以保证社会的利益从根本上说也是每一个个人的利益所在。所以一个人如果能够认识到个人利益和社会整体利益的关系、认识社会整体利益的实现之于个人利益的价值就会认同社会的道德规范、把社会的道德要求内化为自我意识从而形成遵守道德规范的自觉，这时道德规范就由他律转化为自律。

道德的自律是说伦理道德作为行为规范其作用机制不是外在的强制力、不是国家权力强制，而是人的道德情感、是人的道德良心、是人的意志自由，这时对个体而言发生了关键的、根本的转变：由被规范的道德客体成为自觉的道德行为主体，因此个体行善具有下述特点：

第一，具有自觉性。当人们认同一定伦理道德规范、一定的伦理道德规范被人们接受而内化为自我意识时，它就会成为人的行为的当然之则，人们就会凭借自己的意志将伦理道德规范所体现的价值始终作为自己行为的目标，自觉向善。

第二，具有全面性。因为人的行为受意识的支配，社会的道德原则规范为个体认同成为个体的自我意识，这种道德意识对人的行为的支配会体现在人的行为的方方面面，使人的行为的善能够得到全方位呈现。

第三，具有持续性。在社会生活中善恶始终相伴存在，个体的行为始终存在着对于善恶的选择，人对善的选择、人的为善的意志就是人的道德信念、道德良心，他一经形成任何外在的力量都不能使其改变，他能够帮助人们在善恶面前做出正确的判断、引导人们始终向善。马克思把信念、良心说成是"征服我们心智的、支配我们信念的、我们的良心通过理智与之紧紧相连的思想，是不撕裂自己的心就无法挣脱的枷锁。"认为良心是人"永远不能完全摆脱的"，有着巨大的力量，能够让人为了坚持道德可以勇往直前。孟子曾经借曾参之口表示，为了实现道德理想不惧千难万险："虽千万人吾往矣"①，孔子认为为此甚至可以不惜生命："志士仁人，无求生以害仁，有杀身以成仁。"②

道德的自律性、主体性及其表现出来的自觉性、全面性和持久性使道德对人的行为的调节规范作用比任何一种其他的社会规范都更深刻、更根本。这是道德社会价值的真正奥秘所在。

道德的自律对于公共伦理尤其重要。公共伦理只有被市民认同而将其融入自己的观念成为自我意识，并以此指导自己的行为形成践行公共伦理规范的行为自觉才能够使公共利益的实现达到最大化。以政府行为为例，政府的

---

① 《孟子·公孙丑上》。
② 《论语·卫灵公》。

职责是公共服务。但如何服务于公共利益？政府公共伦理意识的强弱其效果大不相同。如果政府的工作仅仅停留在履行职责的层面上，可以无过，但往往难以最佳，不能真正满足民众的需求；如果政府的工作人员只求无过不求有功，工作敷衍塞责，就不可能做好服务。有一位叫浮见的网友在网上发了一个帖子，题目是：《济南离上海差多远？看一个细节就全懂了》，文章指出"细节之外，是城市管理水平，是营商水平"。为清楚起见，现转发文章的内容：

今天，《大众日报》一篇文章刷屏：

2017年4月，山东化仙子电子商务有限公司将总部迁到了上海市。化仙子的主营业务是为化工企业服务，山东是化工大省，迁出山东，意味着离客户越来越远。所以，该公司CEO崔贝说自己其实是被"逼走的"，很不甘心。

崔贝对比了迁出山东前后的差异：

1. 融资。

在山东，从银行贷不到款。

在上海，融资方式很多，还可以获取一些基金的支持。

2. 扶持政策。

在山东，创业扶持政策门槛太高，够不着。

在上海，"区招商局、发改委主动拿着政策来找你"。这两个部门都有企业联络员，定期联系企业，觉得企业适合什么样的政策，就来找企业，不用企业找他们。

崔贝说，此前在山东，他根本不知道有知识产权贯标补贴这个政策。

所以，《大众日报》发问：

这家创业公司去年为何迁到省外？

此处交代一下，《大众日报》此稿留了颜面，只笼统地说是迁出山东，没具体点从哪个地方迁走的。信息时代的坏处，是想瞒也隐不住。

化仙子是从济南高新区迁移走的！

震惊吗？济南高新区的整体营商环境，在山东已经排前列了，但仍暴露出如此多的短板，发人深思。

所以，大众日报没点名的用意，或许就是想作为一个共性问题提出，而不是为了批评某个具体区域。

今天，此文刷屏之后，大家的感慨还是山东的营商环境必须有大改善、大提升。不然，企业都跑路了，谁又来提供就业、税收呢？

那么，有没有人思考过，为什么这家企业会迁往上海？不都说要逃离北上广吗，怎么还上赶着去上海呢，不怕上海房价高吗？

我觉得，不用探讨深层次的运行体系，单从一个细节，就可以看出济南与上海的差距。

这个细节，就是济南与上海两地的政府官网设置。

（政府设置官网的本质，应该是提供网上政府服务。）

济南的市政府官网，还是今年刚刚改版的官网。

从网页设置看，仍然是线下政府的陈设。最醒目处，仍然是领导出席了什么活动，见了什么人。

再如，"媒体看济南"一栏，全是央媒如何为济南折服，如何为济南点赞的。我就奇怪了，那些曾经的批评声音哪去了，那些曝光济南的报道哪去了？

一味赞美，不是真的自信。

（媒体看济南，成了媒体赞济南。）

上海的市政府官网，是真正的服务型网上政府。

最醒目处是"一网通办"，是细分为"法人办事""个人办事""办事清单"，这是把每一位市民都当成了真正的主人，是替每一位登录网页的市民着想，让市民能够最快捷最方便地找到所需要的材料。

（上海官网首页，清晰简洁，一目了然。）

网页上还设置有"白玉兰助手"，负责解答网民的咨询。

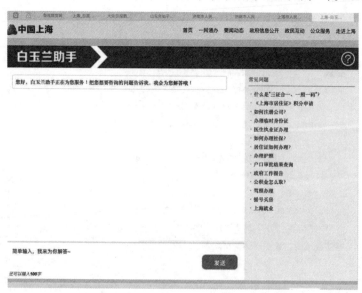

（方便之处，处处便利。）

这都是细节。

细节之外，是城市管理水平，是营商水平。

　　或许有人会说，这都是表面，济南改个这样的网页，也很容易。那就从容易的地方做起吧，能早给市民提供一点便利就早一点提供。

　　毕竟，近900万泉城人民还等待着这座城市的奋起①。

　　作者没有在山东和上海生活过，所以对文章作者就两地在城市管理、营商环境方面所做的比较没有进行评价的直接根据。而且，两地在城市治理方面各有特点，一定要分出伯仲恐怕有失公允。

　　不过，文中所举的公司迁出山东的事例出自党报《大众日报》，应该是可靠的。文章的作者就此将两地的差距归因于城市的管理水平、营商水平，这是需要相关部门、领导认真省视的。不仅如此，进一步思考两地管理水平、营商水平不同背后的深层原因当属必要。

　　作者所列举的山东和上海的政府网站网页上的差异在一定的程度或许可以回答两地管理水平、营商水平不同的原因：山东的网页上显示政府相关部门关注的是"领导在做什么"，上海网页上显示相关部门关注的是"民众需要什么"，所以，"差异"的实质在于政府部门是不是能够真正想民众之所想、做民众之所需，真正为民众服务，说到底，是一个公共伦理水平的问题。比较之下上海市政府为民服务、为公共利益服务做得更积极、更主动，体现了为公共利益服务的用心。有了这种用心，在任何时候任何情况下政府为公共利益服务的工作都能够做到积极、主动。在2019年新冠肺炎的防控工作中，上海在疫情防控和经济社会发展的双重考验面前显示出了"一流城市"的"一流治理"。自2020年1月24日启动重大突发公共卫生事件一级响应，几天时间里，在市级层面连续采取了一系列举措：加强防控工作领导，落实好联防联控措施；抓实属地疫情防控责任；简化办事方式，大力推进"一网办、一窗办、一次办"；坚持依法防控；积极确保货源供应满足市

---

　　① 浮见：《济南离上海差多远？看一个细节就全懂了》，莱芜都市网，2018年12月17日。

民的基本消费需求；采取"居村委会预约登记+指定药店购买"口罩供应方式；等等。在积极防控疫情的同时有序推进复工复产复市：2月中旬抓紧落实已经出台的全力防控疫情、支持服务企业平稳发展的28条措施①，一周时间内出台了20项政策配套细则，拿出真金白银解决企业复工复产需要的资金问题，包括加大对防疫重点企业财税支持力度、减免企业房屋租金、对相关企业和个人给予税收优惠、免除定期定额个体工商户税收负担、适当下调职工医保费率等②，疫情应对有效，治理体现效能。这种为了更好地为民众服务、更好地为公共利益服务而自觉、积极、主动、周到的工作需要有公共伦理精神的支持才能够做得到。否则就只能在别人已经边防控疫情边恢复经济、复工、抢人时，自己却满足于留政绩、搞浮夸式宣传（如女医护集体"剃光头"之类）、搞形式主义的"填表抗疫""盖章抗疫"，不作为甚至乱作为上。

三、道德自律、 人格和品质

道德自律、道德人格和道德品质是道德的三个层面，内在地一致。道德就是道德行为规范，包含两个方面：一是行为，一是规范。规范是人的道德意识的提炼、概括，所以道德行为规范实际上是人的道德意识对人的行为的支配，自律是个体将社会的道德规范原则内化为自我意识而导致相应的道德行为，突出的是道德意识对行为的指导方面；人格是体现一定道德意识的一致性和连续性的行为倾向，突出的是行为的倾向性；而道德品质是指人的一贯的、稳定的行为方式，突出的是人的行为表现。三者的差异仅在于突出了道德行为构成要素的不同方面。

一个人的道德认同、价值目标追求一定会积淀为相应的道德人格、道德

---

① 参见上海市人民政府：《上海市全力防控疫情支持服务企业平稳健康发展的若干政策措施》，《经济日报》2020年2月10日。

② 参见《"沪28条"政策措施如何落实》，中国新闻网，2020年2月12日。

品质。具有一定道德人格、道德品质的人其价值观念无论在任何时候、任何情况下都能得到表现。孔子和学生到了陈国，断粮断炊，贫病交加，子路生气地抱怨君子竟然也会陷入贫困！孔子却说无德的小人贫困时就会无所不用其极，而有德的君子则在任何情况下都能够始终坚守道德："在陈绝粮，从者病莫能兴。"子路愠见曰："君子亦有穷乎？"子曰："君子固穷，小人穷斯滥矣。"① 春秋时齐国的崔杼杀了齐庄公，违背了周礼，史官如实记载"崔杼弑其君"，结果被崔杼杀死。他的两个弟弟也都秉笔直书，接着这样写，因而也都被杀。太史还有一个弟弟仍然接着这样写，崔杼问他：难道你不怕死吗？他说：这是我的本分，要是贪生怕死，失去了太史的本分，不如尽了本分，然后死去，崔杼就没有再杀他。南史氏听说太史都死了，拿了照样写好了的竹简前去，听到已经如实记载了，这才回去。秉笔直书是史官的职业道德，史官们前赴后继，不惧身死也要说真话，足见人格、品德的力量。

　　麦金太尔强调人的道德品质、美德的重要，因为美德关系到人的幸福："美德与善的概念和幸福、成功以及满足欲望的概念有着不可分割的联系"，有美德的人才能过善的生活，也才能过幸福的生活②，所以在古希腊城邦国家中，美德成了雅典人"共同的前提"③。他认为人缺少美德，生活就是有缺欠的：美德的特征是不以获取利益为前提，美德本身就是值得追求的，但对于个人而言一个更具经验事实性的主张是，至少在一定程度上美德恰恰是那些容易导致某类利益获得的品质，一个人缺少美德，不仅会在各种具体方面失去通过参与实践就能够获得的优秀，以及那种为维系这类实践所需要的人际关系；而且，被视为一个整体的他自身的生活或许也是有缺陷的，他的生活就不会是一个善的生活。人们有了美德，才能够做出正确的行为选择，也才会有正当的行为："践行诸美德的直接结果，便是一种在正当的行为中

---

① 《论语·卫灵公》。
② ［美］麦金太尔：《追寻美德》（中文），译林出版社 2003 年版，第 177，187—188 页。
③ ［美］麦金太尔：《追寻美德》（中文），译林出版社 2003 年版，第 171 页。

所进行的选择。"①

一个有人格有品德的人，就一定会像康德所说的对道德始终心存敬畏：有两样东西，我们愈经常愈持久地加以思索，它们就愈使心灵充满始终新鲜不断增长的景仰和敬畏：在我之上的星空和居我心中的道德法则②。追求道德是人的自我意志："我欲仁，斯仁至矣。"③ 依德而行就是自己的意愿："为仁由己，而由人乎哉?"④ 一个人有人格、有品德其道德践行就有保证。麦金太尔认为。特性角色的品格之所以越来越受到褒奖，只因为它们会引领我们去遵循正确的规则⑤。

公共伦理人格和品德需要培养。所以必须加强公共伦理建设。

第二节　公共伦理教育

道德作用的机制不同于法律依靠国家权力的强制，而是人的一种自律，是人遵守规范的自觉，因此对于道德而言最重要的就是人们对于道德规范的认同。要使人们认同一定的道德规范，前提是其对规范的了解，有了解才能进一步做出判断进而形成赞同与否的态度。对规范了解的基本途径是道德教育。道德教育是指教育主体按照一定的道德目标，从外部给行为者施加道德影响的过程。道德的本质在于教育。公共伦理道德教育也是如此，是公共伦理道德教育的主体向行为主体施加的人维护和促进公共利益是善的、因而人应该维护和促进公共利益的道德影响。

在中国，儒家重视道德教化。孔子主张用君子之德去影响、教化百姓，百姓因此就会成为有德的君子："君子之德风；小人之德草，草上之

---

① ［美］麦金太尔：《追寻美德》（中文），译林出版社 2003 年版，第 188 页。
② ［德］康德：《实践理性批判》（中文），商务印书馆 1999 年版，第 177 页。
③ 《论语·述而》。
④ 《论语·颜渊》。
⑤ ［美］麦金太尔：《追寻美德》（中文），译林出版社 2003 年版，第 150 页。

风，必偃"。

在西方也有着重视道德教育的传统。德谟克利特指出：造就一个人的道德，鼓励和说服的言语比用法律和约束更有效。洛克认为：德行是一个人或一个绅士的各种品性中排在第一的位置，是最不可缺少的。一个人有德性才能被人喜爱，如果没有德行一个人无论是今生还是来世都得不到幸福。所以道德教育是绅士和绅士教育的核心。

真和善是统一的，但严格地说起来二者之间有着逻辑上的先后：真是善的前提：人要知道什么是善，才会因这一认识去行善。在苏格拉底看来，人会作恶是因为没有关于善的知识："没有人有意作恶或无意为善。""没有人有意追求邪恶的东西或者他认为是邪恶的东西。"[①] 所以要善生，要先有善的知识。

亚里士多德也认为人要通过理性认识进行善恶判断才能够趋善避恶："理性是一种分辨是非善恶并趋善避恶的能力。"[②]

罗素认为通向人生幸福的"唯一的道路"是"外在修养"、是"教育"：获得幸福需要依靠两方面的条件，一方面是外界环境，另一方面是个人自身。只要外部环境"不是绝对地多灾多难"，一个人避免自私自利的欲望、使"情感和兴趣"摆脱仅仅专注于自我、"适应环境"，他就应该能够获得幸福。通过"教育"或"调整自我"就能够达到这样的目的。不过罗素说得还不够，在现代社会中幸福之于人而言不仅要适应环境更重要的是要积极地改造环境，改造环境的活动需要价值观的引导、需要具备公共伦理的意识，所以要重视公共伦理教育。

一、公共伦理教育的主体

就道德教育是向行为者施加的道德影响而言，在网络条件下、在融媒体

---

① ［美］梯利：《西方哲学史上》（中文），商务印书馆1979年版，第70页。
② 见赵敦华主编：《西方人学观念史》，北京出版社2005年版，第49页。

时代任何人——政府、学校、社会组织、企业或个人都可以成为道德教育的主体，因为借助于网络传播任何人所表达的道德观念都会被他人所接收从而影响他人。

中国拥有一个庞大的网络用户，截至 2019 年 6 月网民规模已达 8.54 亿，较 2018 年底增长 2598 万，互联网普及率达 61.2%，较 2018 年底提升 1.6 个百分点；手机网民规模达 8.47 亿，较 2018 年底增长 2984 万，网民使用手机上网的比例达 99.1%，较 2018 年底提升 0.5 个百分点。众多的网络用户尤其是手机用户在事实上形成了一个庞大的价值信息传播的群体。

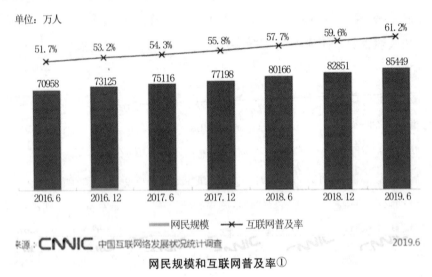

网民规模和互联网普及率①

在多元主体的社会条件下，网民也必然是多元的，因此网络上所表达的价值信息必然多元有的甚至是对立的。但是任何一个社会都不能没有统一的价值观念、统一的伦理道德，没有统一的价值观念、伦理道德社会就无法维系，反过来说，一个统一的价值观念、伦理道德是维系社会正常秩序所必需的。因而就社会统治、社会管理或社会治理而言在任何一个时代形成社会统

---

① 第 44 次《中国互联网络发展状况统计报告》，中国互联网络信息中心（CNNIC），2019 年 8 月 30 日。

一的价值观念、伦理道德都是人们所重视的。法国历史学家布罗代尔就指出："在每个时期，都有一种确定的世界观，都有一种集体心态支配着社会的全体大众，强加给社会一种态度，引导社会的选择，……指导社会行动，这在很大程度上是文明中的一种事实。"① 为了应对多元性，发展一种共识性的伦理道德以协调规范人们的行为就成为必要："历史的大趋势是促使道德思想向普遍化方面发展"，而推进这种普遍化的正是来自内在多样性的挑战②。与这种普遍性道德相适应，在一些西方国家道德教育成了全民的责任，民众有权利接受道德教育，因而也必须由民众来进行道德教育。学校、各种社会组织如基金会、民间社团、家长联合会、教师工会和学生会都有责任有义务进行道德教育。在中国也是如此。

不过，在一个多元的社会中，政府依然是公共利益的主要代表、依然是社会治理的主导方面，因此，在进行公共伦理道德的教育中应该承担主要责任。"任何形式的政府所能拥有的最重要的美德就是去推进这些人民的德性和智性。"③

中国共产党和中国政府历来重视道德教育。中共党的十八大报告中提出社会主义道德建设的基本任务：是要"全面提高公民道德素质。""推进公民道德建设工程，弘扬真善美、贬斥假恶丑"，强调要加强社会公德、职业道德、家庭美德、个人品德教育。其中加强社会公德教育就适应了中国城市发展和城镇化建设中社会关系和人际关系由"熟人社会"向"陌生人社会"变化的要求，反映了现代社会的特点。十九大报告中继续坚持提出"深入实施公民道德建设工程，推进社会公德、职业道德、家庭美德、个人品德建设，激励人们向上向善、孝老爱亲，忠于祖国、忠于人民。"可见，加强道德建设包括公民道德建设是中国共产党和中国政府一贯的方针。

---

① ［法］布罗代尔：《文明史纲》（中文），广西师范大学出版社 2003 年版，第 41 页。

② 转引自［美］安东尼·阿皮亚：《认同伦理学》（中文），译林出版社 2013 年版，第 9 页。

③ ［美］安东尼·阿皮亚：《认同法伦理学》（中文），译林出版社 2013 年版，第 45 页。

公共伦理教育以社会主义核心价值观为指导原则。

社会主义伦理道德是社会主义核心价值观的构成部分。

社会主义核心价值观的提出有一个过程，通过这个过程可以清楚地看出社会主义核心价值观的重要内容是社会主义伦理道德：

适应改革开放带来的社会结构、利益关系和思想道德的变化，中共中央提出了"八荣八耻"的社会主义荣辱观。2006年3月4日时任中共中央总书记、国家主席、中央军委主席胡锦涛在参加两会的政协联组讨论时说"要在全社会大力弘扬爱国主义、集体主义、社会主义思想，倡导社会主义基本道德规范，扶正祛邪，扬善惩恶，促进良好社会风气的形成和发展。"提出要"以热爱祖国为荣、以危害祖国为耻，以服务人民为荣、以背离人民为耻，以崇尚科学为荣、以愚昧无知为耻，以辛勤劳动为荣、以好逸恶劳为耻，以团结互助为荣、以损人利己为耻，以诚实守信为荣、以见利忘义为耻，以遵纪守法为荣、以违法乱纪为耻，以艰苦奋斗为荣、以骄奢淫逸为耻。"概括了社会主义荣辱观。

中共党的十六届六中全会明确提出要建设社会主义核心价值体系，其基本内容包括四个方面：即马克思主义指导思想、中国特色社会主义共同理想、以爱国主义为核心的民族精神和以改革创新为核心的时代精神、社会主义荣辱观。

党的"十七大"首次将"建设社会主义核心价值体系"纳入报告中，指出"社会主义核心价值体系是社会主义意识形态的本质体现。"

党的十七届六中全会指出对建设社会主义核心价值体系有重要意义的是提炼和概括出简明扼要、便于传播和践行的社会主义核心价值观。

中共十八大报告对社会主义核心价值观做了最新概括，明确提出"倡导富强、民主、文明、和谐，倡导自由、平等、公正、法治，倡导爱国、敬业、诚信、友善，积极培育社会主义核心价值观"，"三个倡导"就是"社会主义核心价值观"。

中共中央办公厅印发的《关于培育和践行社会主义核心价值观的意见》

明确提出，以"三个倡导"为基本内容的社会主义核心价值观是我们党凝聚全党全社会的价值共识。

中共十九大报告指出，要坚持社会主义核心价值体系，培育和践行社会主义核心价值观。

第十三届全国人民代表大会第一次会议通过中华人民共和国宪法修正案，将"国家倡导社会主义核心价值观"写进宪法："国家倡导社会主义核心价值观，提倡爱祖国、爱人民、爱劳动、爱科学、爱社会主义的公德"。

社会主义核心价值观是在社会主义核心价值体系基础上提出来的，社会主义荣辱观是社会主义核心价值体系的组成部分，而社会主义荣辱观则是社会主义基本道德规范在新的社会条件下的新表达，所以社会主义伦理道德同社会主义核心价值观有着发展上的内在联系，是社会主义核心价值观的内在构成。培育社会主义核心价值观与思想道德建设相辅相成。

公共伦理在价值上同社会主义伦理道德相一致，因此理应成为社会主义社会中道德的构成部分，在建设上要以社会主义道德的价值目标为目标，当然，也就要以社会主义核心价值观为指导，同社会主义核心价值观保持价值上的一致，将社会主义核心价值体融入公共伦理建设之中，使公共伦理教育始终做到方向正确。

伦理道德具有现实性，是现实社会生活、社会的发展对人们提出的要求。同时伦理道德也具有理想性，它以人应该如何、以"应然"为尺度，着眼于人类社会的发展目标、人类所向往的美好生活，指出人应该如何行为才能过上美好生活、才能幸福。社会发展总是存在着个体利益需要同社会整体利益需要的矛盾和冲突，矛盾冲突不解决社会就不能稳定发展，伦理道德要协调人们的利益关系需要诉诸人们的行为自觉，因此，在个人利益和社会整体利益出现矛盾、不牺牲一方的利益矛盾就不能解决的情况下，个人往往要在个人和整体利益之间做出选择。由于社会整体利益在价值上优越于个体的利益，（这种优越仅在整体利益的实现有利于每一个个人的利益的实现这一意义上。）所以为了要实现整体的利益往往需要个人做出某种利益上的牺牲。

因此，在社会历史的发展中，那些能够为了整体的利益而牺牲个人利益的人就被人们视为在道德上有着更高境界、道德典范而受到尊重。但是。对于更多的人而言，他们首先关注的是个人的利益。只要是通过正当的方式获取的个人利益在道德上就同社会的道德目的相一致，所以是合道德的。

公共伦理就有着关注个人利益、个人价值的特点。比较起来它更强调道德在现实生活中的普遍可行性，着眼于社会中的普通人的践行，着眼于只要努力你就可以做到。所以在道德多元化的条件下，是一种具有"最大公约数"的道德，在人们的日常生活中可以有效地协调、规范人们的行为。

二、公共伦理教育的内容

要通过学习教育使人们增强敬畏、遵守法律；个体间要尊重彼此权利，学会利益的分享；市民社会要维护公共利益，善于利益的共享；政府要优化公共服务，取信于民等公共伦理道德意识是公共伦理道德教育的基本内容，同时要对人们进行公民意识、共同体意识、权利意识的教育，这是公共伦理道德规范形成的依据，因而在一定的意义上也更为根本。

公民意识

公民指具有一个国家的国籍，根据该国的法律规范享有权利和承担义务的自然人。

公民意识最基本的是对公民身份的意识。身份是社会成员在社会中的位置。公民是一种新型的现代社会身份。公民的身份就是公民。公民一般表示个体的概念，是享有权利和履行义务的行为个体，其权利与义务法定。公民个体之间即所有社会成员之间是完全平等的关系，法律不承认有任何高于其他公民之上的特殊公民。全体公民在法律上都是国家的主人。黑格尔指出：在法中对象是人（Person），从道德的观点说是主体（Subjekt），在家庭中是家庭成员，在一般市民社会中是市民（即 bourgeours［有产者］），而这里，从需要的观点说是具体的观念，即所谓人（Mensch）。因此这里初次、并且也只有在这里是从这一含义来谈人的①。黑格尔指出了现代人的不同的表现形式：法律上的人格（Person 即法权人格，这是人的最重要的形式）和道德上的"道德实践主体"（Subjekt）。法权人格的概念表明个人应该自觉地遵守法律，服从法律，包括两个方面：按照法律维护自己的尊严和权利同时也按照法律尊重他人的尊严和权利，公正的处理个人之间的关系。

显然，市民关于公民身份意识的提高也就是公共伦理自我培育的过程。

社会的公共利益包含着每一个市民的个人利益，公共伦理要促进和维护公共利益逻辑地包含着促进市民个人利益的价值取向，因此，市民个人依法维护自己的正当利益是公共伦理的基本蕴含。但是在现实生活中，有些市民对自身的权利缺少明确的认识，因而权利受到损害而不自知，当然也就不会采取行动维护自己的利益。所以对于市民个体而言要有效地维护自己的权利，首先就要有对自己的公民身份的认知，知道作为公民自己所具有的法律赋予的基本权利，进而能够对自己所受损害做出判断并采取恰当的方法维护自己的权利。

2019 年发生的一起维权事件引起了全国范围的关注。

1 月，上海华东政法大学大三学生小王要进入上海迪士尼乐园游玩，随身携带自己购买的饼干等食物，她在入口处被工作人员翻看到包内有零食后拦下，告知不得携带食品入园，要求其丢掉或者坐在旁边吃完。小王认为这不符合法律规定，当场与工作人员据理力争，并拨打了 110、12345 和 12315，但被告知禁止携带食物入园是迪士尼乐园的规定，符合法律。后来小王提出退票的要求，遭到拒绝。无奈她只能将食品留在园外。小王认为，上海迪士尼的行为明显是违法的。

3 月，针对禁止游客携带食品入园且翻包检查一事，小王将上海迪士尼乐园告上法庭，要求判定上海迪士尼乐园禁止游客携带食品入园的格式条款无效；请求上海迪士尼乐园赔偿自己的损失，包括自己在迪士尼乐园外购买

---

① ［德］黑格尔：《法哲学原理》（中文），商务印书馆 1979 年版，第 205—206 页。

却因不合理规则而被迫丢弃的食品费用，共计46.3元。

4月23日，该案在上海浦东法院一审开庭。

9月6日，上海迪士尼乐园方表示，将推出包括入园安检和外带食物政策等方面的多项举措，游客可以携带供自己食用的食品进入乐园。

9月11日，上海迪士尼度假区开始正式实施其主题乐园的食品携带新规。游客可携带供本人食用的食品及饮料进入上海迪士尼乐园，但不允许携带需加热、加工、冷藏或保温的食品及带有刺激性气味的食品。

9月12日，华东政法大学学生小王起诉上海迪士尼禁带饮食一案，原被告双方达成调解协议：小王食品损失46.30元，迪士尼补偿50元①。

在这个案例中原告小王主张的权利主要可以概括为两个方面：

第一，人身自由权、个人隐私权。

小王诉上海迪士尼乐园一个重要理由是在入园时遭到了工作人员翻包。上海迪士尼度假区2019年8月23日发布《就上海迪士尼乐园游客须知的一些说明》用以对原告指控的回应，用"安检"代替备受诉病的"翻包"，称安检是"应相关法律法规的要求""与各部门通力合作"，完全回避了"翻包"行为。但小王诉上海迪士尼乐园违法在于"翻包"而不是安检。安检合法合规，但安检不等于"翻包"，这是两个不同的概念。中国消费者协会专家、相关律师指出：安检是基于安全考虑所进行的合法检查，翻包则涉嫌违法以禁带食物为目的侵犯顾客隐私权："经营者不得对消费者进行侮辱、诽谤，不得搜查消费者的身体及其携带的物品，不得侵犯消费者的人身自由。"《消费者权益保护法》第二十七条明确规定：《宪法》第三十七条规定，公民的人身自由不受侵犯，禁止非法搜查公民的身体。"公民随身携带的物品，在法律上可视为公民身体的延伸，也不能随意搜查。"在《侵权责任法》中"隐私权"受到保护，他人随意翻看主人随身携带的无疑会隐藏

---

① 《学生诉上海迪士尼禁带饮食一案达成调解 迪士尼补偿50元》，见《人民日报》2019年9月12日。

着不愿示人的隐私的小包，涉嫌侵犯了隐私权。显然，上海迪士尼度假区侵犯了消费者的人身自由权和隐私权。

第二，消费的选择权。

"翻包"事件发生之初，有记者在上海迪士尼探访发现，园区内食品的价格远远高于园区外：一个面包售价 25 元到 35 元不等、一个蝴蝶酥 30 元、一份三明治套餐 80 元到 85 元、慕斯蛋糕 58 元到 108 元。就入园的检查而言，安检和"翻包"比较，前者的效率远远高于后者，因为安检可以用安检机器，翻包则不能，是一种效率最低的方式。园方宁愿采取效率最低的方式"翻包"，把"翻包"说成是合法合规的安检，本质目的恐怕是以安检为幌子进行的食品搜查，以杜绝游客自带食物，保证园区里高价饮食的销售，多赚钱。有专家表示，"园区内餐饮是比较贵的，消费者应该有选择是否要在园区内部进行消费的权利。"而上海迪士尼的做法显然限制了消费者的意愿，侵害了消费者的选择权①。

从直接的意义上说，在这一案例中消费者运用法律的武器维护了自己的人格尊严。原告的两项诉求：要求判定上海迪士尼乐园禁止游客携带食品入园的格式条款无效和要求上海迪士尼乐园赔偿损失 46.3 元程度不同地都得到了回应：上海迪士尼方面按照原告的要求在经济上进行了补偿；做出了食品携带新规，游客可携带供本人食用的食品及饮料进入上海迪士尼乐园，对原告的主张做出了让步，同时也有利于广大消费者。

最重要的是这一案例告诉人们增强公民意识的重要性。只有对自己的公民身份有清楚的认识，才能够明确自己所具有的法律权利，也才能够在权利受到损害时依法维护自己的权利。在法律的框架内维护自己的权利是最可靠、最权威的。这是法治社会中必须树立的观念。

每一个公民都有法律规定的权利，任何一个公民的权利都受法律的保

---

① 参见《五问上海迪士尼：扯安检大旗为翻包强辩?》，人民网，2019 年 8 月 24 日；《上海迪士尼，别拿"安检"借口给"翻包"遮丑》，《新京报》，2019 年 8 月 24 日，等报道文章。

护，不容侵犯。这就是说，他人的权利就是个人行为的界限，不能为了自己的权利去侵害他人的权利，这是城市社会秩序的基础。马克思在谈到现代社会中个人的自由时曾经指出："这种自由使每个人不是把别人看作自己自由的实现，而是看作自己自由的限制。"① 但是在现实生活中，把别人当作自己权利实现的工具、"把别人看作自己自由的实现"的人不在少数。

例如，近年来屡屡爆出一些人在公共空间无视他人权益、嚣张跋扈为所欲为的行为，引起了民众的极大不满。2019 年 1 月 20 日 19 时北京，一位乘客在从霍营开往东直门方向的地铁 13 号线的列车上随意将食物残渣掉落在座位和地板上，期间有其他乘客要求其收拾干净，她不但不听劝阻，还把食品外包装袋抛弃在车厢内，然后扬长而去。据网友爆料，该女子 2013 年在上海地铁吃凤爪，吐一地；2016 年 1 月，上海地铁吃凤爪，飙脏话；2016 年 2 月，上海地铁吃麻辣烫；2019 年，北京地铁吃沙琪玛，扔一地②。无独有偶，2018 年 8 月 21 日上午，在从济南站开往北京南站的 G334 次列车上，一名男乘客霸占女乘客的靠窗座位，不愿坐回自己的座位，面对乘务员的调解无赖地表示自己到了北京南站也站不起来，需要乘务员帮助下车后找轮椅。列车长和乘警劝导无果，只好将女乘客安排到商务车厢的座位，直到终点③。还有人肆意浪费公共资源，为一己私利为所欲为。据广西公安厅发布的 2019 年广西公安 110 工作情况，全年接到报警 856.7 万个，调度警力 189 万人次，2019 年在南宁市公安部门 110 接警总数中，三分之二是无效报警，占用了大量有限警务资源④！

这种不顾他人感受、侵犯他人权益、浪费公共资源、损害公共利益的行为违背公共伦理，说到底是缺少公民意识、滥用公民权利。所以提高公民意

---

① 《马克思恩格斯全集》第 1 卷，人民出版社 1956 年版，第 438 页。
② 京平：《以严肃惩处夯实社会文明》，《北京日报》2019 年 1 月 31 日。
③ 《高铁座霸男子回应 事件背后的曲折是这样的》，人民网，2018 年 8 月 23 日。
④ 见《广西公安 2019 年接报警 856 万个调度警力 189 万》，中国新闻网，2020 年 1 月 9 日。

识、明确自己的权利和义务、确立权利边界，依法维护自己的利益、尊重他人的利益，是城市社会中最基本的秩序也是培养公共伦理最基本的方式。

共同体意识

所谓共同体意识是指居民把城市社区看成是全体居民共同生活的家园、是全体居民的利益共同体，自己有责任有义务同其他居民共同行动促进社区的稳定、发展和繁荣的意识。城市社区发展关系到个人的生活和幸福，人们维护城市社区的利益，就是维护自己的利益，反过来说要使居民的利益能够得到保障，就必须使城市社区公共利益得到最大的实现。

在计划经济时期，中国一直是一个二元社会即社会个体成员（家庭）和国家（政府）是社会的两级，国家（政府）是唯一的利益主体，政府掌控整个国家的资源，由政府将资源分配给社会成员。在城市，国家通过单位进行资源的分配（任何单位任何组织都不是利益主体）、通过单位直接同民众发生关系。所以，城市社会力量、社会组织很不发达。据统计，50年代全国性的社团有44个；60年代有所增加，但也不到100个，地方性社团约有6000个左右。社会组织不发达，对国家或基层社会几乎不起什么作用①。改革开放之后，尤其是中共17、18大之后，社会组织有了较大的发展，到2012年底全国登记在册的社会组织共有49.9万个②，截至2019年6月，已超过83万家。这些社会组织在沟通政府和市民、促进居民互动、服务特殊群体、反映居民诉求等方面发挥了明显的作用。不过，总体上看，就社区居民而言，对参与社区活动远说不上热情，尤其是在职人员其生活的重心不在社区、对社区的事务不感兴趣参加社区活动的往往是退休的老人和家庭妇女的现象仍然存在，限制了社区居民团体的影响力③。这种情况至今没有太大

① 林尚立：《两种社会建构：中国共产党与非政府组织》，《中国社会科学：英文版》2007年第2期，第129—136页；《中国非营利评论》第一卷。

② 民政部：《2012年社会服务发展统计公报》，http://cws.mca.gov.cn/article/tjhg/201306/20130600474746.shtml。

③ 李友梅等：《城市社会治理》，社会科学文献出版社2014年版，第266—267，275页。

的改变：中国社会科学院的《社会蓝皮书：2020 年中国社会形势分析与预测》调查数据显示，当前社会公众的社会团体参与水平一般，志愿服务参与率较低，在宗教团体、宗亲会/同乡会、同学会/校友会、文体娱乐等兴趣组织、民间公益社团、职业团体等社会组织当中，参与度最高的是同学会/校友会，但线下参与率也只有 14.44%。社区居民参加社区公共组织、进行公共活动就属于"参与率较低"的一类。公众对社区的事务不关心、没有参与的热情、缺少对城市是生活的家园、利益共同体的认知，公共意识淡漠，公共伦理的形成发展就失去了基本依托。

要使人们形成城市是生活家园的认知、提高城市是人们利益共同体的认识，动员居民积极参加社区组织、参加社区组织的公共活动是重要的方式，在这个过程中居民会逐渐增强公共意识进而使这种公共意识成为行为的规范、成为评价行为善恶的标准。一种有利于公共利益的活动往往能够得到社会的肯定和赞扬，这种肯定和赞扬会成为动力，促进并强化人们的行为，反过来这样的行为本身又会影响、带动周围更多的人参与公共活动。这种互动有利于提高人们对社会公共伦理的认同。2019 年末到 2020 年初的新冠肺炎流行时期，为抗击疫情，来自全国各地的医疗队在武汉汇聚，而在武汉当地，一些普通市民也纷纷行动起来，一群素不相识的武汉人——美容店老板、培训讲师、生意人、司机……组成了多个志愿者服务队，为抗击疫情提供力所能及的帮助。土生土长的武汉人李冰就是其中的一个。疫情发生后，他和几位志同道合的朋友想着"为这座城市做点什么"，于是组建了武汉抗击疫情公益志愿者联盟。2020 年 1 月 25 日他们提出倡议，当天就有 100 多个志愿者加入。李冰说：我作为武汉人非常骄傲，面临这么大的事，我们很多人在这个时候都站出来了，目的就是想贡献自己的一分力量，尽一点心意，这也是一个武汉人应该做的。李冰的妻子 2019 年因癌症去世，他一个人照顾儿子。每天接送医护人员、运送物资增加了自己暴露的风险，他怕万一自己感染了会传给孩子，就把儿子送到弟弟家中，自己专心做志愿者。作为一个普通人，李冰会和其他人一样每天担心、焦虑，但抱着战胜疫情的信心，第二天早上该出去还是继续出去。从志愿者项目启动到记者采访时（二月中旬），志愿者们募集到了几十万只包括 N95 在内的各种口罩，但在现场，李冰和其他志愿者却仍然戴着普通口罩，他们要把更好的防疫物资捐给冲在更前面的医护人员①。在守护城市的行动中，李冰和他的朋友们增强了社会责任感，公共伦理意识得到了最好的滋养：李冰表示："我是一个武汉人，我是一个中国人，当国家面临了这样一件事情的时候，我们就站出来为国家承担一份自己应有的社会责任，哪怕是一点点的小事。"

权力意识

在现代民主政治中，公民是权力的主体，国家的权力是公民赋予的，国家机关及其工作人员是权力的代行者。我国的宪法明确宣布："中华人民共和国的一切权力属于人民"，人民是权力的主体，人民选举自己的代表组成权力机关——人民代表大会，由人民代表大会授予政府权力，政府向人民负责、接受人民的监督。对公民权利而言，权力的最高形式就是国家权力，国家权力程度不同地都是要维护公民权利的。

因此，从公共伦理的角度看权力意识有两个层面：一是在市民层面：权力意识体现为行使权力和监督权力；一是政府及其工作人员：权力意识体现为服务民众。

就市民而言，一方面是要直接行使权力。要使公共权力反映人民的意志公民就必须参与公共生活，通过参加选举、居民自治、参与公共管理和公共政策的制定等，决定或影响公共资源的分配（权力集中地体现为资源的分配）；另一方面，是监督权力。在我国，虽然社会主义制度真正实现了"人民的统治"，人民是权力的主体，但人民并不直接掌握公权力（民众的权力实质上是一种社会权力），直接掌握公权力的是作为权力主体代行者的政府及其工作人员。由于权力的代行者作为个人或组织有其特殊的利益，因此，当其特殊的利益同公共利益发生矛盾时利用手中的权力谋取私利就在所难

---

① 《武汉抗击疫情公益志愿者联盟》，央广网中国之声《新闻纵横》2020 年 2 月 19 日。

免。为了避免公权力的滥用，需要公民对权力的监督。

在现实中，公民的权力主体的意识还有待提高。

在一定程度上说市民缺少行使权力的自觉。物价调整听证会是市民维护自己利益的一种直接形式，也是市民行使权力的一种形式。但是许多市民对参加听证会并不积极，往往态度漠然。2011 年东莞市物价局曾发布征集听证会参加人的公告。当时东莞市物价局称：不同城区制水成本不同但到户价格却是一样，成本高低相比每吨水要差 0.7—0.8 元，在这种情况下，成本高的城区供一天水，就至少要亏损 5 万—6 万元，因此，理顺大市区水价非常必要。5 月 26 日，东莞市物价局发布公告征集参会者。据悉，将有两套调整方案于听证会前 15 天公布，并在听证会上进行论证，会后报东莞市政府批准实施。听证会之后水价将上涨 0.2 元/立方米左右。然而等到截止时间，未收到任何市民的报名。有市民表示，不愿参加听证会，因为那只是"走过场"，认为现行的"听证会"只是哄老百姓的摆设，不可能接受真正的民意①。相似的情况也出现在四川眉山：2012 年眉山市原定于 6 月 21 日召开听证会，拟就彭祖大道部分道路变更为限速每小时 50 公里等规定进行听证，但最终听证会因无人报名而被迫延期②。不仅是东莞和眉山，在全国这种情况在不同的地区多有出现。

听证会走过场的情况确实存在，几年过去了，至今有的听证会依然如此。一方面，这是由中国听证制度自身的不完善所致：中国在 1997 年建立了价格决策听证制度，但这一制度缺少一个成本监审程序，而成本监审是市民在同利益集团进行价格博弈的过程中争取自身利益的依据，是民众保护自身利益不被相关强势利益集团侵害的有效利器，因此应该以法律的形式，强制性要求所有的听证会必须由独立的审计部门公正、透明地对相关产品的成本进行全面审计，完善听证制度，在这种情况下，市民参加听证才会因为了

---

① 《"听证冷漠"，消协为何看不懂》，中新网，2011 年 6 月 10 日。
② 《听证会"无人报名"也是一种民意》，中新网，2012 年 7 月 4 日。

解相关情况能够做出合理的判断进而提出合理的价格诉求，听证会才有意义，否则听证会对于市民而言只能是"走过场"，这就抑制了市民参与听证会的积极性。但另一方面必须看到市民确实缺少参与的主观意愿，对许多市民来说并没有意识到这是自己的权力所在，并没有意识到自己积极地行使这一权力才能够更好地维护自己的权利、争取自己的利益。说到底市民普遍地缺少自己是权力主体的意识，不习惯于自己是在民主社会中拥有权力的主人这样的身份，不习惯用自己的权力去替自己做主，而是习惯于让那些自己权力的代行者来替自己做主。不言而喻，在这种情况下根本谈不上对权力行使的监督，因而就无法保证公权力能够真正为公共利益服务，公民的权利也就难以得到保障。

提高公民的权力主体意识是一个长期、系统的工作，需要多方共同努力。

就一些政府工作人员而言，不了解权力的本质，不知道人民才是权力的主体，自己手中的权力是人民赋予的应该用来维护人民的利益、为人民服务，相反，把自己凌驾于百姓之上，对百姓无敬畏之心、无服务意识，因此有人把共产党的干部同人民群众对立起来：2009 年 6 月，郑州市须水镇西岗村在该建设经适房的土地上建起别墅，有记者就此采访郑州规划局副局长逯军，他的那句："你是准备替党说话，还是准备替老百姓说话？"一时间引起舆论的大哗；有的干部认为自己的工作是为领导服务，领导比群众更重要：2010 年 12 月 11 日，在双流县体育中心召开首届西部动漫游戏节博览会，四川双流县公安局交警大队勤务二中队一位副中队长在附近执勤，因为"领导"的车马上要到，他催促一辆堵塞着的奥拓车驶离，司机下车争论，他说的是"我不管你啥子，你是为啥服务？我是为领导服务，领导重要还是哪个重要？"在这些人看来自己的权力是上级给的，上级满意才是根本，对群众他们只有傲慢、颐指气使，根本没有自己要为民众服务的意识。

例如，政府行政效率低下，行政审批过多、过乱、审批限制名目繁多饱受诟病，让民众十分不满。居民办事被要求过多的证明材料，甚至屡屡要去做"证明你妈是你妈"这样的奇葩证明，等等。每每出现一些极端事件，就会有领导出面批评，要求整改，但整改的实效往往难尽如人意。中国国家总理李克强曾对"证明你妈是你妈"这类奇葩证明痛加批评，说这"简直是笑话"！2014 年 9 月 11 日他考察天津滨海新区行政审批局，见证了该局 109 枚公章被永久封存，因为简政放权后，一枚公章能够取代过去 109 枚公章的权限！他拿起一枚作废公章感叹说，这章做得多结实啊，不知曾经束缚了多少人！并特别叮嘱，这些公章一旦封存绝不能再打开，要让它们彻底成为历史①。

近几年，中国政府深化国家治理体系的改革，简政放权、优化服务，作为改革的一项重要内容政府审批的事项大大降低：国务院部门行政审批事项累计削减比例达到 44%，彻底终结非行政许可审批，中央政府层面核准的企业投资项目减少了 90%，中央政府定价项目缩减 80%②。需要审批的手续减少了、办事的效率提高了方便了，提高了民众对于政府服务的满意度。

随着数字技术的发展，国家高度重视大数据发展推进工作，各级政府加快应用大数据进行社会管理，有效地提升了社会治理水平。全国政府网站数量至 2019 年 12 月初已由 2015 年初的 8.4 万家集约至 1.45 万家，多地统筹建设电子政务云平台、加快政府网站集约化建设步伐，多省统筹建成全省政务服务 App、已出台并公开数字政府规划，实现办事服务"掌上办""指尖办""让百姓少跑腿、数据多跑路"，极大地方便了民众③。

但是这样一些简政放权便民利民的措施、这种由于数字技术带来的服务工作的效率在现实中仍然存在着变形、走样用来做表面文章、搞形式主义，出现了同线下的形式主义、官僚主义一样的指尖上的形式主义。基层单位对应着各路"条条块块"，不得不加入各种各样的工作微信群、装上五花八门

---

① 《李克强考察天津滨海新区行政审批局 见证封存 109 枚审批公章》，新华网，2014 年 9 月 12 日。

② 《建设人民满意的服务型政府是转变政府职能的新阶段》，央广网，2019 年 12 月 7 日。

③ 《大数据助力国家治理能力现代化》，央广网，2019 年 12 月 24 日。

的手机 App。一些基层干部要按照不同部门不同的工作系统反复填报相同的材料，要 24 小时保持在线，整天神经高度紧张，生怕遗漏了信息，耽误了工作，"从早上一睁眼手机就响不停，一直到晚上十一二点"。有的领导习惯了微信群办公、通过微信群布置工作，认为这样既方便快捷，又节约了工作成本，岂不知这种重复的工作、表面的文章对基层干部来说既不方便又不快捷，而且是人力物力的极大的浪费，有的干部在群里一天仅回复"收到"两个字就有数十次①。

这种形式主义的低效在中国抗击新冠肺炎期间表现得似乎变本加厉。

下面的内容来自微信公众号"新华视点"（ID：XHSXHSD）的一篇记者调查②：

记者调查发现，大量的工作是为了刷存在感，没有实际意义：基层干部消耗大量时间、精力，耽误落实迫在眉睫的抗疫工作只是在做重复繁重的填表、空洞鼓劲的动员、停不下来的"迎检"、作秀留痕晒表扬，引发群众不满。

抗疫工作停留在表格上：在进行"表格抗疫"。一些地区防疫期间一天要填报十几份由不同部门下发，内容基本相同，只是格式、体例稍有差异的表格；停留在"迎检"上：江苏省泰州市一街道办工作人员反映，抗疫最紧张的时候，他每天却在花大量的时间用于应对那些多流于形式、解决不了实际问题的各类检查，有时一天要来好几拨，每来一拨，街道、社区就要安排多人陪同；停留在"鼓劲"会议上：武汉一家医院急诊科主任在一个开会现场愤然离席，原因是各级领导到医院开了三拨会，花去大约 3 小时，都是在读最新文件、政策，为医护人员加油鼓劲，急于救治病人的急诊科主任不得不带走医生；停留在作秀留痕上：江苏泰州市一名基层干部说，抗疫工作紧急关头街道成立临时党支部，这本是加强抗疫领导工作的需要，但在有的领

①　余哲西、郭妙兰：《直击指尖上的形式主义、官僚主义五大病症》，《中国纪检监察》2019 年第 15 期，见人民网，2019 年 7 月 31 日。

②　《揭一揭抗疫中的"形式主义"》，"新华视点"（ID：XHSXHSD），2020 年 2 月 12 日。

导那里重视的不是工作，而是热衷于组织集中宣誓、拍照，基层不得不紧急安排场地、横幅、屏幕等，形式的东西冲击了中心工作。一位社区主任抱怨说"人手这么紧张，却要花费很多时间重复填表报资料，这是对基层防控力量的严重浪费。"

如山重负　　　　　　　　　　　　　　　　　　新华社发　朱慧卿　作

一枚公章就能够解决问题却要用 109 枚公章，一个人可以办好的事儿却要安排百八十个人来做，一项简单的工作却要层层加码变得繁复不堪，……这种巨大的行政资源的浪费彰显了权力的威严，却限制了权力主体的权利，成了束缚权力主体的工具。民众往往为证明所困，付出大量的时间和精力，怎么可能满意，怎么可能有幸福感！还好，有关省份的相关部门对基层反映的形式主义问题做了回应，对疫情防控中的形式主义官僚主义问题做出了依法查处、坚决纠治的措施。但是，如果领导干部、相关领导部门不能够从根本上树立权力来自人民、权力应该为民所谋、为民所用的观念，这种行政部门为办事的群众层层设卡、指尖上的形式主义、"表格抗疫"依然会变换形式卷土重来。所以从制度设计上简政放权、提高政府服务质量、办事效率是重要的，但是制度是要人来执行的，如果执行者没有服务民众的观念，只是把他的行政工作当作谋生的手段、当作敲门砖甚至当作谋取私利的工具，他就会推诿扯皮、作秀留痕、逢迎拍马甚至违法违规滥用公权力。因此具有正确的权力观的行政干部才是行政工作为民服务最可靠的保障。在这个意义上培养行政干部的行政伦理道德、服务民众的人格品质是十分重要的。

令人高兴的是改变确实在出现。据金华市政府官网消息，2019 年 2 月 23 日金华市委副书记、市长尹学群在金华市深化减证便民全面实施"无证明城市"启动仪式上庄严宣布金华市由此率先成为全国首个"无证明"地市。金华市于 2018 年年初做出决定，按照试点先行、再全市推开的方式开展"无证明城市"创建活动。据统计，截至 2019 年 2 月 22 日，金华市共取消证明事项 2001 项①。一个便民、为民的政风正在形成。

三、公共伦理教育的方法

公共伦理教育的方法主要包括：知情意行交互促进、热点事件教育、典型事例、行为体验教育等方法。

人们创造、建设城市是为了给自己创建一个理想的生活家园，让自己能够在其中幸福地生活。但是正如人们所看到的，城市有着让人"感觉变糟"、让人感到不幸的一面。所以，问题就回到了什么样的人才能够创造、建设使人生活幸福的城市、什么样的人才能够"追求实现'更好的城市'的理想发展模式"② 这一层面上。人创建城市，城市也在塑造人，城市的发展塑造出了与城市相适应的具有契约精神、公共精神、友善包容、善于合作懂得共享的人，这样的人才能时时刻刻都在"追求实现'更好的城市'的理想"。但公共伦理精神的失落，使人失去了"追求实现'更好的城市'的理想"的观念支持，而无法承担起为自己建造幸福生活家园的责任。所以人的不幸

---

① 《浙江金华全面实施"无证明城市"已取消证明事项 2001 项》，中国新闻网，2019 年 2 月 23 日。

② ［美］乔尔·科特金：《全球城市史》（中文），社会科学文献出版社 2006 年版，译者序第 9 页。

是人的观念、价值、伦理道德遭到自己背弃的结果。为了人自身的幸福，人们需要重塑自己的道德人格、培育自己的公共伦理精神。公共伦理精神的践行是人们建设城市通向幸福生活实现之路。

知情意行交互促进式教育

提高人们的道德认识、培育人们的道德情感、磨炼人们的道德意志、养成人们的行为习惯并最终形成人们的行为品质、道德人格是道德教育的基本内容也是道德教育的过程，公共伦理教育强调在城市生活公共精神的框架内诠释这一内容和过程。

从公共生活的视角认识理解善恶

这是公共伦理人格培养的前提。明善恶，才能择善而行，持之以恒，就会形成相应的品质。

增强同情、感恩的道德情感培养

个体道德行为的发生同道德情感密不可分：情绪体验是道德行为发生的契机；道德以情感的形式存在；道德的作用方式是通过社会舆论与内心的情感的相互作用而把外界的规范变为内在的信念。没有情感，就没有道德①。比如，在城市生活中让城市原住民感受农民工的艰辛和他们对城市发展的贡献，形成同情心和感恩心等情感，有助于城市原住民对农民工的接纳从而有助于农民工向城市的融合，这是一个激发人们的道德行为、提高人们对公共伦理的认同的过程。

在公共生活中磨炼意志

道德意志是一定的道德品质、人格形成的保证。道德品质、人格的形成是一个过程，人们向善的行为往往会受到各种现实利害的影响，遇到阻碍和挫折，必须要具有百折不挠的意志。要引导人们不仅要锦上添花更要雪中送炭，在如何情况下都要坚持既定的价值目标不改初心，才能形成理想的品质

---

① 李建华：《道德情感论：当代中国道德建设的一种视角》，北京大学出版社 2011 年版，第 78—81 页。

和人格。

养成有利于公共生活和谐的行为习惯

道德上的知、情、意只有落实为人的行为习惯，才能够形成相应的道德品质和人格。社会生活在本质上是实践的，一个人是怎样的取决于其行为怎样，人的行为方式是在社会生活中在同他人的交往、互动中不断选择、逐渐形成的。这是一个不断地培养、习惯化的过程。所以需要引导人们在生活中有意识地养成有利于共同生活的行为方式。

人的行为品质、道德人格是道德认识、道德情感、道德意志、道德行为习惯并的统一。

借助热点事件进行教育

公共事件社会关注度高、影响大，那些体现公共伦理价值的事件容易产生传导性，产生广泛影响。

到目前为止，新冠肺炎疫情的爆发是中国（也是世界）2020 年最重大的公共卫生事件。在中国，暴发疫情最早的湖北武汉从 2020 年 1 月 23 日 10 时起全市封城，公交地铁、轮渡、长途客运停运，机场火车站离汉通道暂时关闭，居民居家隔离。到 2020 年 4 月 8 日零时起，武汉市解除离汉离鄂通道管控措施。武汉封城历经 76 天，1814 个小时。在这期间，武汉有关疫情的信息受到了高度关注，这其中有人们对于疫情发展的忧虑、有对于受疫情感染的患者的担心、也有对于患病不治而亡者的难过和哀悼。可以说，新冠肺炎使社会陷入不安、焦虑和压抑之中。但是，在抗击疫情的过程当中，人们体现出来的那种同疫情抗争的忘我无私的勇气、那种守望相助的真情和善意又使人们看到了人与人之间的大爱、给了人们以战胜疫情的信心和力量。社会的各方人士在抗疫中表现出来的这种真情、善意和友爱是一种最生动的道德教育。

武汉有个咖啡馆叫瓦坎达咖啡厅，武汉封城期间咖啡馆的老板和员工为医护人员免费做"武汉拿铁"的事迹打动了全国万千民众的心，形成了令人感动的全国爱心接力。

　　这家在武汉光谷的咖啡厅从 2020 年 1 月 26 日到 2 月 26 日，每天都坚持为一线医护人员送去免费的咖啡。瓦坎达是超级英雄漫画中的英雄国度，这家以瓦坎达命名的咖啡厅同它的名字一样，在抗议期间显示出了自己的英雄气质，"让咖啡逆行"，竭尽所能为附近医院的医护人员喝咖啡的需要提供了支持。根据咖啡厅老板田亚珍的介绍，事情的起因是附近的医护人员很多是他们的老顾客，平时都有点外卖的习惯，疫情防护期间他们想到医护人员肯定也会有对咖啡的需求，所以留在武汉的员工都回到店里，咖啡厅 7 个人，每天要为附近的湖北省中医院和武汉市第三医院送去 600 杯免费的咖啡。他们不计成本，一天送出去的咖啡就是几千块钱。对此咖啡店的老板说："其实我们肯定也在想生存的问题，毕竟对企业来讲，这是一个考验。但是也不能在家坐以待毙，如果要倒闭的话，一定要把最后一杯咖啡送到医护人员手里，其他的完全没有考虑。"

　　瓦坎达咖啡厅为医护人员免费做"武汉拿铁"的事迹被报道后，感动了千万网友，大量网友通过店铺的网络平台买单，请医护人员喝咖啡，表达他们对奋战在救治病患一线的医护人员的敬意同时也表达对咖啡厅的支持。截至 2 月 26 日已收到超过 300 万元的咖啡款。咖啡店工作人员李飞说：这个钱款数是个巨大的数目，但是有比这个数目更巨大的一种能力，这个能力是由进行云买单的 32000 网友展示出的爱的能力，成千上万网友默默奉献的爱心足以让人们感到"震撼"。

　　有网友留言说：

　　"刚云买单了这个暖心的咖啡店，确实，咖啡不是生存必需品，但此刻送进医院的一杯热咖啡，暖热的不仅是医护人员的胃，更是他们极疲惫的心。"

　　"第一次操作异地云买单，第一次请素昧平生的人们喝咖啡，第一次为所有参与云买单接力的朋友一一点赞，感受了一场来自全国各地的爱心接力。"

　　"你们这一举动不仅给医护人员带来暖暖的爱心与信心，更让全国人民感受到生活中的小确幸"。

众多网友对他们表示了支持，说疫情过后，一定要来这家店喝咖啡，还有外地网友通过快递，给他们送来了鲜花。

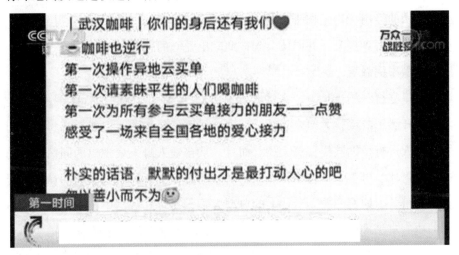

咖啡店负责人说，他们要用网友的善款给所有来武汉的医护人员做便携咖啡，让网友的爱传递下去。

咖啡店每天公示善款 并附上网友名单①

――――――――――

① 《武汉一咖啡厅为医护人员免费做咖啡走红 3 万多网友"云买单"募集 300 多万元》（记者任梦岩），见央广网，2020 年 2 月 26 日。

咖啡店的员工对医护人员不顾个人安危全力救助病患的行为产生了深深的敬意，他们用一杯咖啡表达自己的这份敬意和爱心，而咖啡店员工们的爱心又感动和影响了成千上万的人，使成千上万的人同样奉献出他们的爱心。相信这次的经历无论是咖啡店的员工还是众多的网友心灵上都会得到净化、境界上都会得到提升，共同体会到彼此献出爱心的感动。

典型事例教育

千里之行，始于足下，人的善性是通过个别、具体的善行体现出来的。能够挽狂澜于既倒扶大厦之将倾、经国序民固然是大善，但能够竭尽所能对周围的人进行帮助同样善莫大焉。而且，从普通人身上表现出的同情心和爱心具有可比、可学、可行的特点，容易感动更多的人，唤起人们的良知和爱心共同行善。挖掘和树立道德上的典型人物，通过在社会中产生了广泛影响力的典型事例进行道德教育容易引起关注，有着显著的示范效应。

前几年，一位"拾荒老人"在杭州图书馆里读书看报"看书前洗手""查阅医书自己医治腿疾"等细节感动了不少网友。老人在细微处的自律让人们看到积跬步可以至千里，积小流可以成江海，行小善可以成大善，从品德修养的方法上给了人们以启示。2015年，这位"拾荒老人"因车祸离世，而之后爆出的他靠"拾荒""补贴"寒门学子的故事更是让人们钦佩。

老人生前常去图书馆看书

老人真名叫韦思浩，是高中退休教师。

20世纪80年代，韦思浩曾参与过《汉语大词典》杭大编写组工作，后又辗转去宁波教书。直到1991年，从宁波调回杭州，继续教学工作。

1999年，韦思浩从杭州夏衍中学退休，每个月有5600多元的退休金，生活无虞，可安心养老，但他却选择拾荒"补贴"生活。一些学生劝阻他，但他就是不听。这一"拾"就是十多年。老人的"拾荒"生活在2015年11月18日突然终止。当日，韦思浩在过马路的时候，被一辆出租车撞倒，12月13日，最终抢救无效离世。

在整理老人遗物时，韦思浩的三个女儿才发现老人拾荒的秘密。他"拾荒""补贴"的是那些寒门学子。"以前从不知道父亲在拾荒，更没想到他还在帮助其他人。"老人的女儿说：因为搬家，捐资助学的票据和证书已经不全。但留下来的这些就能看出他一直在匿名捐赠。"

老人的女儿向记者展示这些捐赠凭据和证书：浙江省社会团体收费专用票据、浙江省希望工程结对救助报名卡、扶贫公益助学金证书……

老人的捐助凭证。李阳阳

"他虽拿着5000多元的退休工资，可大部分收入都用于捐资助学，捐助金额从20世纪90年代的一次三四百元，到现在的三四千元。"他自己却过着最简单的生活，只满足最低生活需求。

——2014年，"拾荒者"韦思浩看书前洗手感动了无数人。人们由此看到一个真正的读书人"爱书""惜书"的精神。

——2015年，"教育者"韦思浩"拾荒"的背后更令人落泪。人们由此看到了"一个有爱心的教育者"！他心存大爱，用拾荒的方式捐资助学，而且为善不欲人知，匿名、默默地做着他的善事。

随后，韦思浩被广泛报道，他的精神感动了无数人，有人说"韦思浩老人走了，但他的精神，不应就此逝去。"2015年12月，杭州市城市品牌促进会与浙江一家报社征得家属同意后，发起额度5万元、为老人立像的网络众筹，发布不到8小时就有1178位认捐者筹足金额。

如今，杭州"爱书拾荒老人"韦思浩铜像制成，拟捐给生前常去的图书馆。浙江大学人文学院教授楼含松说，韦思浩老人走了，但他的精神不能从这座城市中逝去。

浙江新闻网 图

铜像高 72 厘米，加上底座约 1.6 米，为半身像。铜像的制作者、中国工艺美术大师朱炳仁表示："雕塑要能体现老人的精神，尽量简洁，通过简单的线条来凸显他的精神世界。"① 老人的精神世界就是一个至善、至美的世界，他昭示天下最广大的普通人：只要不断地努力向善，普通人同样可以塑造出自己灵魂的高贵、小人物同样能够彰显出自己的人间大爱。

行为体验

伦理道德是通过精神——实践的方式认识世界。人们通过行为利害的体验辨别善恶，从而提高道德判断和选择能力。因此，行为体验是人们道德地认识世界的方式、是道德教育的有效方法。

参加慈善和公益活动，做志愿者等是道德行为体验的具体形式。

人的情感是人的道德行为最直接的动力。爱会使人表现出同情、感恩等善的行为，恨则会导致报复、嫉妒等恶的行为。通过慈善活动，关爱他人、为他人提供力所能及的帮助，这个过程是对人的爱心的一个最好的滋养，是道德情感教育的有效方式。

从 2008 年汶川地震救灾和奥运会开始，志愿服务在中国出现，随后，有了快速发展。2019 年我国社会组织登记数量超过 80 万家，全国标识志愿服务组织 1.2 万个，全国志愿服务信息系统注册志愿者超过 1 亿人，记录志愿服务时间超过 12 亿小时。不过，同志愿服务更为成熟的国家相比，中国的志愿服务存在着服务时间过短和频率过低的问题。一些成熟的国家的志愿者平均志愿服务时间可达到每周 3 小时以上，而我国相当数量的志愿者服务时间低于每月 1 小时，这就难以充分展示志愿者服务的积极效果，其个人道德价值也难以得到充分实现。因而需要激励，引导志愿者保持参与热情提升

---

① 李阳阳：《常去图书馆先洗手后看书的拾荒老人走了》，见人民网，2015 年 12 月 18 日；葛熔金：《进图书馆先洗手的拾荒老人回图书馆：这次是其铜像》，见中国日报网，2018 年 1 月 24 日。

志愿服务的质量，推动志愿服务深入发展①。

就慈善活动而言，同慈善活动开展得更为成熟的国家比，人们慈善活动的意愿同样有待提高。例如在美国，根据美国施惠基金会公布的《捐赠美国2019：慈善年度报告》显示，美国2018年捐赠4,277.1亿美元，占国内生产总值的2.1%，其中个人捐赠2,920.9亿美元占比68%，而中国2018年的GDP为90.0309万亿人民币，社会捐赠总额预估为1128亿元人民币，占比仅达到GDP的0.1%。与美国慈善捐款占GDP2.1%比，相差21倍。尤其是在个人捐赠方面，美国的个人捐赠占捐赠总额的68%，由于慈善公益事业起步较晚，中国的个人捐赠意识与之相比，还有很大的提升空间。

但是近年来中国的企业家和企业在慈善捐助方面不仅数量有了大幅度的提高，而且在捐赠资金的使用管理方面，取得了非常好的社会效益。以马云和阿里巴巴为例：其公益活动产生了非常大的社会影响，对民众起到了公益引领的作用，他们的多样化的公益活动事实上动员了社会各方面的人士参与。阿里巴巴于2011年成立基金会，聚焦环保；2014年4月25日，马云捐出时值145亿元的阿里股权，在境外注册成立了亚洲规模最大的慈善基金之一的公益信托基金；2014年12月25日，马云在杭州成立马云公益基金会，重点关注乡村教育；2015年4月马云与沈国军、朱保国、虞锋等企业家成立了桃花源生态保护基金会的公益项目。马云通过高调、耀眼的方式进行所有这些活动，目的就是要以此唤起公众的公益意识，使更多的人参与公益，表明这些企业家不仅自身积极参与公益活动，而且有引导社会风气、积极倡导公众参与公益活动的自觉，马云是这样说的：高调做公益"不是证明你多了不起，而是你做的这件事情有多了不起""我觉得任何公益，我们都要高调，公益是唤醒别人的意识，让大家统统可以参与。"

---

① 中国社会科学院：《2019年〈社会蓝皮书〉发布暨中国社会形势报告会》，中国网，2018年12月25日；《志愿者过亿 志愿服务质量应趁势而上》，《新京报评论》2019年2月10日。

特别值得一提的是阿里巴巴还创新公益活动的方式，结合自身业务平台，打通线下场景，打造了一个"让天下没有难做的公益"的公益生态。人人可及的公益项目在淘宝、支付宝、菜鸟物流等平台上形成，如淘宝的公益宝贝、支付宝的蚂蚁森林等。

以蚂蚁森林为例：用户通过低碳行为积攒能量，达到一定数额后即可委托平台上的公益组织在西部沙漠种下一颗属于自己的树。2019 年 8 月"蚂蚁森林"项目在青海湟水规模化林场落地，项目旨在拓宽林业生态建设融资渠道，探索吸引社会资本开展公益造林新模式。根据"蚂蚁森林"公益植树项目青海省重点布局初步方案，这一项目在青海省规划总面积 86 万亩，其中 2019 年"蚂蚁森林"青海湟水规模化林场项目一期在海东市互助县开展柠条造林 500 万穴，共 4.5 万亩，投资 2135 万元。根据中国绿化基金会计划，2020 年确定继续在青海海东市实施"蚂蚁森林"柠条公益造林项目 900 万穴，共 8.1 万亩，投资 3847 万元。

截至 2019 年 8 月"蚂蚁森林"项目在中国范围内累计造林超过百万亩，参与网民近 5 亿人。

资料图为青海湟水流域植树造林现场。罗云鹏 摄

资料图为青海湟水流域植树造林现场。罗云鹏 摄①

马云说：他所做的工作是唤醒每个人的良知，"公益不是看捐了多少钱，而是看你唤醒了多少爱心，是否能够唤起更多人一起参与。"马云做到了吗？近5亿网民参与蚂蚁森林项目，而且可以预计，之后还会有更多的网名参与，可以说他做到了。

这些事例表明，中国的企业和企业家通过公益捐助，展现了他们的社会责任感和社会的道义担当，同时，对社会大众起到了积极的示范作用，有着明显的社会公共伦理道德教育的效果。

第三节　网络激发道德新能量

道德作用在传统的乡村社会中得到了极大的发挥。近代以来，城市快速发展，城市取代乡村成为社会的支配力量，在这一社会变迁中，道德的社会作用愈益弱化，渐显边缘。但是在当下，信息社会中城市网络的普及在一定

---

① 罗云鹏：《"蚂蚁森林"项目在青海湟水规模化林场落地》，中国新闻网，2019年8月16日。

程度上使道德的作用重新焕发出来。网络为公共伦理建设提供了一种新形式。

一、道德在传统社会和现代社会中的不同境遇

道德在传统社会有着巨大的权威。在原始社会，氏族部落的"管理"是由风俗习惯的力量、长者的道德权威实现的，是一种完全意义上的"德治"。人类进入文明社会之后，国家出现了，社会分裂为统治和被统治两个对立的阶级，统治阶级作为国家意志的体现制定法律，用法律作为统治的工具，但是在传统社会（奴隶制社会、封建社会）中，道德依然被认为是社会管理的"重器"，将道德视为治国的原则，作为政治的根本，如孔子："为政以德，譬如北辰，居其所而众星共之。"① 即或看到法律在治国中的作用，如孟子，将法律与道德并重，"徒善不足以为政，徒法不足以自行"②，最终还是认为道德最重要，所以主张要"教以人伦"；要施行"仁政"："不以仁政，不能平治天下"；认为："惟仁者宜在高位。"③ 在国家治理中主张"德主刑辅"，如汉初的政治家、思想家贾谊认为礼是治国的根本，用礼义教化人民国家才能长治久安，"汤武置天下于仁义礼乐，而德泽洽，……，德被蛮貊四夷，累子孙数十世，此天下所共闻也。秦王置天下于法令刑罚，德泽亡（无）一有，而怨毒盈于世，下憎恶之如仇，祸几及身，子孙诛绝"④，即以礼义教化治理国家可以泽被四方荫及子孙，而仅仅依靠刑罚进行统治则会招致天下怨恨"子孙诛绝"。儒家的修身、齐家、治国、平天下的伦理政治哲学成为中国传统社会的治国理念，有学者认为中国传统社会绵延数千年，具有超稳定的政治结构，重要的原因就在于儒家道德的维系。

根据科特金的研究，在美索不达米亚地区早期的城市中"祭司阶层成为

① 《论语·为政》。
② 《孟子·离娄上》。
③ 《孟子·离娄上》。
④ 贾谊：《治安策》。

新的城市秩序的主要组织者。他们负责阐释人高于自然的神圣法则，完善礼拜体系，在复杂的大型公共活动中规范很多往往看似无关的人们的活动。"所以，在城市的发展中宗教扮演了重要的作用，神庙主宰了早期的"城市轮廓"①，而最初的宗教禁忌是道德的起源也是道德本身。在古希腊，城邦是一种共同生活，雅典的公民能够更好地"把关心自己的私事同参与公共生活结合起来""担任公职""几乎是任何一个公民生活中的正常事情"②，而道德是一个公民被选举担任公职的必要充分的条件："当一个公民因其所作所为与之身份相符而著名时，他就会被选举担任公职，这不是一种特权，而是对德性的回报。"③ 支持城邦公民自由的条件也是公民的德性："公民的自由乃是他能够自由地理解、自由地辩论和自由地贡献，而这所依凭的并不是他所拥有的地位或财富，而是他的天赋才能和德性。"④ 美国著名政治学家萨拜因认为"假定国家是法律的产物，因而人们不应当根据社会学的事实或伦理的善来讨论国家问题，而应当根据法定的权限和权利来讨论国家的问题""这种'法律主义'在希腊人的思想中却几乎是不存在的"⑤。欧洲的中世纪，宗教是统治阶级的统治工具，官方宗教基督教教义指出统治者的权力来自上帝的授命，所以公民必须服从统治者："在上有权柄的，人人当顺服他，因为没有权柄不是出自上帝的。凡掌权的，都是上帝所命的，所以抗拒掌权的，就是抗拒上帝的命，抗拒的必自取刑罚"⑥，把"公民服从的义务"作

① ［美］乔尔·科特金：《全球城市史》（中文），社会科学文献出版社 2006 年版，第 5—6 页。
② ［美］乔治·萨拜因：《政治学说史》上卷（中文），上海人民出版社 2010 年版，第 41 页。
③ ［美］乔治·萨拜因：《政治学说史》上卷（中文），上海人民出版社 2010 年版，第 42 页。
④ ［美］乔治·萨拜因：《政治学说史》上卷（中文），上海人民出版社 2010 年版，第 47 页。
⑤ ［美］乔治·萨拜因：《政治学说史》上卷（中文），上海人民出版社 2010 年版，第 206 页。
⑥ 《新约全书》转引自［美］乔治·萨拜因：《政治学说史》上卷（中文），上海人民出版社 2010 年版，第 229 页。

为"基督教美德"，认为伦理的和宗教的制度比国家和法律制度更重要："如果伦理的和宗教的制度不曾被认为在很大程度上独立于并在重要性方面超过国家和法律制度，那么我们就很难想象自由能够发挥它在欧洲政治思想中所发挥的那种作用了。"①

现代城市社会人们失去了对道德的敬畏。道德对人的规范作用大大减弱。恩格斯对最早进行工业革命从而为城市向"以制造业技术革命为驱动力的关键性转变坚定了基础"、在 18 世纪后期"领先创立了一种新型的城市——主要依靠大规模生产产品的城市"② 的英国进行了考察，他看到的是在伦敦这一资本主义大城市，人自私、冷漠、孤独和疏离："所有这些人，越是聚集在一个小小的空间里，每一个人在追逐私人利益时的这种可怕的冷淡，这种不近人情的孤僻，就愈使人难堪……每一个人的这种孤独、这种目光短浅的利己主义是我们现代社会基本的和普遍的原则……这种一盘散沙的世界在这里发展到顶点。"指出其出现的道上的堕落："伦敦人为了创造充满他们的城市的一切文明奇迹，不得不牺牲他们的人类本性的优良品质。"③

二、社会变迁导致道德作用的变化

传统社会的特质使道德可以在其中有效地发挥对人的行为的规范、制约作用。

道德是一种人的行为规范。这种规范形成于习惯、约定俗成或明文规定。规范同人的行为相伴随，人的行为具有多样性，所以规范就有不同的所属。从社会治理的角度看有两种最基本的行为规范，一种是道德，一种是法律。道德和法律对人的行为的规范作用实现机制的根本区别在于是否要通过

---

① ［美］乔治·萨拜因：《政治学说史》上卷（中文），上海人民出版社 2010 年版，第 233—234 页。

② ［美］乔尔·科特金：《全球城市史》（中文），社会科学文献出版社 2006 年版，第 133 页。

③ 《马克思恩格斯全集》第 2 卷，人民出版社 1957 年版，第 395—419，303 页。

权力的强制。需要指出的是，过去对道德的作用机制有一种笼统的说法，即道德是依靠人们的内心信念、风俗习惯、社会舆论发挥作用，不具有强制性。严格地说这并不准确，不仅风俗习惯、社会舆论等外在于行为主体的因素对人会形成压力，就是人的内心信念或良心也会对人形成一种强制，只不过这种强制同法律相比有一个根本的不同：法律的强制是一种国家权力强制而道德的强制则是一种非权力强制。道德规范不是因为权力的强制而能够制约人的行为，从根本上说同利益有关，在直接的意义上则在于一定的社会成员对道德的认同，实质是行为主体的自律。

道德是一种行为的善，而善行是对人有利的行为，所以道德行为就是对人有利的，感恩戴德、知恩图报，是人们最朴素的观念，人们对行德之人会报以利益。就社会而言，道德是社会的规范，人们按照道德规范去行为对社会的发展、对人的发展有利，所以社会将以全体之名把资源给予有道德的人，所谓"积善之家，必有余庆"，因此，依德而行对自己有利，这是道德能够发挥对人的行为的制约作用的根本的原因。

道德作为行为规范的具体表达或是传统习惯，或是由思想家抽象概括的观念范畴，或者是由统治阶级倡导的准则要求，又或者是这几个方面综合而成的一定社会的精神气质，在没有外在强制的情况下，它们能够成为人们行为的依据需要行为主体认同这些规范即成为行为主体的自我意识，即或存在着风俗习惯、社会舆论的压力，这些压力能够发挥作用归根结底也是契合了行为主体的内在价值观念——人会存在着出于某种现实的考量而使行为同自己认同的价值观念相悖的情况，在受到风俗习惯、社会舆论批评谴责的情况下，这种压力所传达出的社会价值观念会激活人的内在良心，使人战胜恶念最终向善。

风俗习惯、社会舆论的形成、作用的发挥需要相应的条件。

首先，行为必须具有普遍的认同度且能够得到沿袭；某一行为受到的关注集中且持续。

风俗习惯指集体性的传统风尚、礼节、习性，是一定社会世代传承的行为模式或规范，因此普遍的认同并能够被共同遵守、被世代传承是其题中应有之义。社会舆论是人们对某一问题的共同倾向性看法或意见，从个体判断催化为群体意识需要一定时空的集聚。

其次，习俗、舆论对一定行为的褒贬能够影响人的生活、发展。习俗、舆论的作用在于能够使人们按照其评价强化或改变自己原有的行为，人们会强化为习俗、舆论所肯定赞扬的行为、改变为习俗、舆论所否定、谴责的行为，使自己的行为同社会的道德要求相一致。习俗、舆论的这种作用缘于人的需要的满足对于社会的依赖。人的生活最根本的目的是满足需要，人生活的价值目标都是需要满足的不同表达。人的需要可以分为精神和物质的两类。得到理解、认识、观念得到认同是基本的精神需要，拥有必要的财富使衣食无虞是最基本的物质需要，个体行为符合社会的道德要求一方面能够得到社会的褒奖使心灵愉悦，在精神上得到满足；另一方面，容易得到社会资源使利益增加，在物质上得到满足。违背社会道德则相反。

要形成这样的条件第一需要相对稳定的生活环境，包括空间和时间两个方面。一个相对固定的生活空间容易使人们接受其道德的浸淫，形成道德认同；时间的延续能够使人们认同的行为得以不断重复，因袭为一种行为传统。第二，需要有对资源相对集中的掌控。社会资源集中，才能使资源分配给具有社会道德的人手中，从而保证社会主导道德的制约力，否则，掌控资源者众，人们可以从不同的渠道得到所需的资源，社会主导道德的利益机制就无法发挥作用。显然，传统社会拥有更充分的这样的条件。

R. E. 帕克认为传统社会的社会关系是一种"直接关系、面对面的首属关系（Primary relation）。"这种"首属关系"具有易于人们在行为方式上相互影响、重复和沿袭的特点，人的行为的规则、规范也就世代沿用成为人们必须遵守的传统。同时，在熟人的圈子里，人们相熟相知，便于相互间行为的监督，使人易受道德传统的制约，这就保证了道德传统的效力。

在城市中，"首属团体中原有的抑制作用和道德训诫被削弱了""在大城市中，……首属团体的亲密关系削弱了，基于此种关系的道德结构秩序也逐渐消逝了"①，导致道德的社会控制被法律的社会控制所取代。

三、信息时代网络成为公共伦理建设的新形式

但是，信息时代网络空间使道德获得了新能量。

以机器大工业支撑的现代城市，有着容纳大量劳动人口的能力。因此大量乡村人口冲破了原有的封闭生活涌入到城市。这种开放性、流动性借助于现代交通通信技术大大拓展了人们在一定时间内的交往空间，商品交换超出了地域的界限而具有了世界意义，马克思将这种情形称为世界历史的开始："它首次开创了世界历史，因为它使每个文明国家以及这些国家中的每一个人的需要的满足都依赖于整个世界，因为它消灭了以往自然形成的各国的孤立状态。"② 这是从分工交换、需要依赖的角度看世界，世界就是一个共同体，是一个因"机器和蒸气的应用"而克服了以往自然形成的各国的"孤立状态"开始的"世界历史"。但在当时，这一判断的价值首先是方法论的而不是存在论的，从分工交换功能入手分析城市，就会逻辑地得出克服自然形成的各国的"孤立状态"而形成的共同体是城市的必然发展的结论。简单地说，由于分工形成了人们需要满足的相互依赖性，分工越普遍、越深入人们之间的这种相互依赖性也就越广泛、越深刻、越紧密，你中有我、我中有你，休戚相关，形成利益共同体。但是，这样的利益共同体的形成依赖于人们普遍的行为交往和充分的信息沟通，并且这种行为交往和信息沟通要求必须是迅捷的，因为对于任何一个相关主体而言唯有如此这种交往和沟通才是有效的。但是，在信息时代到来之前这种行为交往和信息沟通是不可能的。时空的阻隔影响了道德作用的发挥，所以在城市中道德的作用日见衰微。

网络消除了时空的阻隔带来了一种"新型关系"：借助于网络人们在城市中形成了一种新的社会联系："与农业革命中产生的人与土地的新型关系，

① ［美］R.E. 帕克等：《城市社会学》（中文），华夏出版社 1987 年版，第 25，24 页。
② 《马克思恩格斯选集》第 1 卷，人民出版社 1972 年版，第 67 页。

以及在工业革命中产生的人与机器的新型关系不同，这个全球性的数字网络将会重新构建人与信息的关系。它将日益成为机遇和发展的关键，以及新的社会结构和城市模式形成的条件。"① 米切尔所说"新型关系"已经过去了十多年，期间信息技术的长足发展使这种"新型关系"有了新变化，"数字通讯基础设施大大增加了城市系统内连接密度"②，借助于新的即时通信工具人们之间的联系更紧密、信息传递更快捷了，形成了新的"网络首属关系"，使得在工业社会中难以发挥作用的道德机制如人与人的相互监督、舆论的评价等等得到了恢复而且在某种程度上这种作用机制更强了，道德的作用也就由此增强。通过网络平台传递的价值信息对人们产生了极大的影响，网络舆论对人们行为的评价也深刻地影响着行为的当事人。所以，网络可以成为公共伦理建设的新形式。

不仅如此，网络自身的特点有利于网络参与者公共伦理道德的养成。第一，形成平等的观念。网络是天然的平等的，在网络中每一个参与者都是互联网的网状结构中的一个节点，没有中心、没有层级，人们在网络中是一种平等的关系；第二，网络共同体的意识。网络的聚合是因为人们共同的兴趣和利益而人为地组织在一起的。因此，网络连接的强弱决定于人们的兴趣和利益的大小。网络产品只有为人们提供更好的服务、更重视人的需要才能增强网络的粘连度③；第三，提高市民的参与意识。政府通过网络所进行的电子政务能够给公民提供大量的信息和服务，公民则有机会向政府官员投诉和提供建议，增加了政府和市民的沟通，提高了市民对公共事务的参与的积极性④。

---

① ［美］威廉·J. 米切尔：《伊托邦——数字时代的城市生活》（中文），上海科技教育出版社 2005 年版，第 13 页。

② ［美］威廉·J. 米切尔：《伊托邦——数字时代的城市生活》（中文），上海科技教育出版社 2005 年版，第 20 页。

③ 刘帅：《什么是互联网思维?》，见《红旗文稿》2014 年第 17 期。

④ 参见［英］安德鲁·查德威克：《互联网政治》（中文），华夏出版社 2010 年版，第 242 页。

但是对于公共伦理道德而言，网络是把双刃剑，一方面，如前所说它为公共道德的发展提供了一种新的形式，有利于人们公共伦理道德的养成、有利于公共伦理道德对于人的行为的规范和引导，但另一方面网络自身的特点即网络用户的匿名性与隐蔽性、人与人交往物理意义上的空间不在场，往往会使一些人肆无忌惮地暴露其品性上的卑劣、表现出种种恶行：互联网"就像打开的潘多拉盒子"诱使人们将"人类本性中最邪恶、最不正常的一面暴露出来"，让人们"屈服于社会中最具毁灭性的恶习；它腐蚀和破坏整个民族赖以生存的文化和价值观"①。网络汇聚着不同的利益主体，不同的利益主体各自发着不同的声音，其中就有违背公共伦理道德的（甚至是违法的）的言论，如在网络上的"夸夸群""互怼群""互喷群"上群友之间毫无理性地谩骂指责，严重污染了互联网环境；网上的一些伤害性、侮辱性的言论，对当事人的名誉权和隐私权造成严重损害；尤其是网络暴力、人肉搜索往往造成了严重的后果；欺骗了消费者的"刷单"② 行为等等。

网络中存在的伦理道德问题具有普遍性，不独中国，互联网发展较普遍的国家都存在类似的问题。在美国，对于如何解决这些问题人们有着不同的主张：有人认为要靠市场这只看不见的手的力量，可能是"更有效、更增进福利的方法"；有人则主张通过政府这一看得见的手制定政策干预③。美国学者波士顿大学的理查德·斯皮内洛认为无论是市场还是政府，这些"网络利害相关人"如果都能够按照伦理道德的规则行事、坚持道德价值，就能够"关爱他人、关心网络公共事务"并在这一前提下形成共识，共同解决面临的问题。所以他认为增强人们的网络伦理道德意识才是最重要的："至关重要的是在网络空间中传承卓越的人类的善和道德价值，它们是实现人类繁荣

---

① ［美］安德鲁·基恩：《网民的狂欢：关于互联网弊端的反思》（中文），南海出版社2010 年版，第 159 页。

② 《刷单害了谁?》（林丽鹂），《人民日报》2017 年 6 月 16 日。

③ 参见理查德·斯皮内洛：《铁笼，还是乌托邦——网络空间的道德与法律》（中文），北京大学出版社 2007 年版，第 36—40 页。

的基础。网络空间的终极管理者是道德价值……如果网络利害相关人，包括公共政策制定者、软件程序员、教育者和公司管理人员，能够认真负责，谨慎行事，他们就会警觉和有意识地尊重这些道德价值。于是，他们就会发觉他们自己受道德智慧的指导，如关爱他人、关心网络公共事务。这也将有助于在政府和网络利害相关人之间达成合理的平衡。"①

的确，"网络利害相关人"——政府和市场如果有着共同的道德价值，在这一道德价值的引导下共同发力，一定会促进网络中这些道德问题的解决。但是很显然，这些问题往往是发生在众多的个人网络使用者——网民身上的，所以要加强网民的网络道德的自律，加强对网民的伦理道德教育。

在网络条件下，公共伦理道德的价值观念、规范、原则依然是网民们应该遵守的，因此，同样是网络公民伦理道德的教育的内容。

在直接的意义上政府对网络的监管、企业的网络技术措施对解决网络问题包括网络道德问题都是十分重要的，有助于网民从对外在规则的服从到将规则变为一种自律、成为道德自觉。所以，网络道德建设要政府的规制和企业承担社会责任、网民自律共同发力。

第四节　打造有利于公共伦理发展的制度环境

伦理道德机制是人的自律、人的良心、义务感，但是人的自律、良心和义务感的形成是一个过程，有一个从人们出于对外部强制性规范的畏惧、从必须如此逐渐地成为行为习惯到应该如此的转化。法律就是这样的强制性规范。法律一经形成就是国家的意志，其实施依靠国家的强制力，运用法律的权威有助于公共伦理的建设。

---

① 理查德·斯皮内洛：《铁笼，还是乌托邦——网络空间的道德与法律》（中文），北京大学出版社 2007 年版，第 44 页。

一、运用制度工具实现公共利益

公共性指重视个人利益、尊重个人权利，但又引导人们超越自我、关心公共利益目标旨在破除"零和博弈"实现共赢而提出的价值选择。因为公共利益涵盖着组成共同体的每一个个体的利益，公共利益的实现才能够保证个体利益的实现，反过来每个个体利益的实现才使公共利益具有真实性，二者相互作用、相互促进。城市之所以能够使人们更好的生活、使人幸福就在于城市的公共性蕴含有助于激发人们的自主性、创新活力，城市对社会资源的聚集效应为人们搭建了合作的平台，通过这个平台人们能够极大地实现自己的潜能实现自己的价值，"城市为那种能够让人们最大限度地发光发热的合作提供了可能"。在这里重要的是通过"合作"才能够"让人们最大限度地发光发热"，就是说，没有这种合作"人们最大限度地发光发热"、实现自己的利益是不可能的。"合作"意味着共同行动、意味着利益共享也意味着责任共担。但是在现实中，一些人往往着眼于利益共享而不愿意为争取共同利益而承担责任，往往会逃避、拒绝参加共同行动。美国著名经济学家，马里兰大学经济学教授曼瑟尔·奥尔森在《集体行动的逻辑》中认为那种认为"由具有相同利益的个人所形成的集团，均有进一步追求扩大这种集团利益的倾向"的论断根本是错误的，在由利益相同的个体组成的共同体中并不是每个人都愿意参加增进共同体利益活动，或者可以说绝大多数人都不愿意为了共同体的利益去付出更不用说为此还要冒着自己的利益可能受损的风险。他分析了造成这种情况的原因，认为一个人凭一己之力使共同体获益，而最后他所得到是同其他没有对共同体做出任何贡献的成员一样的份额——只是他自己创造的利益的一小部分，结果是为共同体做出贡献的人不再有积极性为共同体行动，而那些不劳而获的人则没有意愿去参与共同体的活动，只是等待坐享其成、"搭便车"："如果由于某个个人活动使整个集团状况有所改善，由此我们可以假定个人付出的成本与集团获得的收益是等价的，但付出成本的个人却只能获得其行动收益的一个极小的份额。在一个集团范围内，集团收益是公共性的，即集团中的每一个成员都能共同且均等的分享它，而不管他是否为之付出了成本……集团收益的这种性质促使集团的每个成员想'搭便车'而坐享其成。集团越是大，分享收益的人越是多，为实现集体利益而进行活动的个人分享份额就越小。所以，在严格坚持经济学关于人及其行为的假定条件下，经济人或理性人都不会为集团的共同利益采取行动。"①奥尔森分析说从理性经济人的假设出发认为个人都会积极的增进自己的利益这一逻辑在共同体中并不适用而且是相矛盾的。理性经济人是说个人的行为所遵循的原则是自己利益的最大化，然而如果一个人什么也不做就能够得到同他人相同的利益时，他就失去了动力，就什么也不做。而积极行动的人因为没有得到公平对待得到他应该得到的也会失去动力："如果某一集团中的成员有共同的利益或目标，就可以合乎逻辑的推出，只要那一个集团中的个人是理性的和寻求自我利益的，他们就会采取行动以实现那一目标。……这种观念事实上是不正确的。……认为个人组成的集团会采取行动以实现他们共同的或集团的利益，这一想法远非一个集团中的个人会有理性地增进他们的个人利益这一假设的逻辑推论。实际上，它是与这一假设矛盾的。"那么有没有可能改变这种情况呢？在奥尔森看来改变是可能的。但改变却是有条件的，这一条件就是"强制"或"激励"：对于为共同体做出贡献的人其行为应该得到激励，要依照他的贡献给予他应得的利益；而对于那些不肯为共同体付出只想搭便车的人则应该给予行为强制，拒绝参与者不能从共同体中得到利益："如果一个大集团中的成员有理性地寻求使他们的自我利益最大化，他们不会采取行动以增进他们的共同目标或集团目标。在缺乏强制或缺乏上述的独立激励时，这样的大集团也不会建立组织以追求他们的共同目

---

① 陈郁：见《集体行动的逻辑》（中文），上海人民出版社 1995 年版，译者的话第 3—5 页。

标。"① 显然，这种强制或激励是制度的功能。要通过制度激励人们发展公共利益。

近年来国家建立和完善了相关的制度，有效地促进了人们增进公共利益的行为。

如《中华人民共和国政府信息公开条例》规定：对涉及公众利益调整、需要公众广泛知晓或者需要公众参与决策的政府信息，行政机关应当主动公开；财政预算、决算信息；行政事业性收费项目及其依据、标准；政府集中采购项目的目录、标准及实施情况；重大建设项目的批准和实施情况等都要做到主动公开；《中华人民共和国环境影响评价法》规定："国家鼓励有关单位、专家和公众以适当方式参与环境影响评价。""专项规划的编制机关对可能造成不良环境影响并直接涉及公众环境权益的规划，应当在该规划草案报送审批前，举行论证会、听证会，或者采取其他形式，征求有关单位、专家和公众对环境影响报告书草案的意见"；《行政诉讼法》规定："公民、法人或者其他组织认为行政机关和行政机关工作人员的行政行为侵犯其合法权益，有权依照本法向人民法院提起诉讼。"等等，保证了市民可以依法参与公共事务、依法参与公共政策的制定、依法监督政府，等等，这一过程就是市民的公共伦理水平提高的过程。

政府还直接提出了一些有关支持社会公益慈善方面的规定。如从 2014 年 2 月中央文明委印发《关于推进志愿服务制度化的意见》开始，到 2016 年原中央全面深化改革领导小组审议通过的《关于支持和发展志愿服务组织的意见》，再到中共十九大报告提出要推进志愿服务制度化，我国政府从制度层面不断有序推进志愿服务发展。2017 年 9 月，国务院颁发的《志愿服务条例》，全面规定了以政府引导为基础，全面发动社会有序参与志愿服务，进一步为我国志愿服务的发展提供了制度保障。

---

① 曼塞尔·奥尔森《集体行动的逻辑》（中文），上海人民出版社 1995 年版，第 2—3 页。

二、用制度的力量扬善抑恶

人们要争取、维护公共利益，就要了解相关的制度对人的权利和义务的规定，要在法律的框架内去争取自己的利益和公共利益，这样自己的利益和公共利益才能更好地实现。因此人们必须有相关的法律法规、政策方面的知识和素质，依法依规争取权利。

迈克尔·舒德森在谈到20世纪50年代美国反对种族隔离的民权运动时说："法律和政治斗争成为一种道德上的'圣战'"[①]，认为人们争取平等、争取公民权利是通过法律、以政治斗争的方式实现的。人们把公民分为"潜在的公民"或隐性的公民、现实的公民、理想的公民即好公民三种，认为好公民的特征是：不仅积极争取自身合法权益，而且主动采取建设性方式改善社会状况和公共生活处境，有沟通能力和组织动员能力，能够说服其他公民结成旨在推动公共利益的公民团体，以促成公共利益的实现[②]。而好公民之为好公民必须具有明确的法律、政治意识。在现代民主制度下、在法治社会中人们必须有相关的法律知识、了解有关的公共政策通过合法的方式实现自己的利益诉求。这样的参与活动才会是积极、建设性的，也才会是能够实现目标、达到目的的。

制度要担负起赏善罚恶的责任；人们要依法依规争取自己和公共利益。前者在于相关制度的建设，后者是要懂法和用法。拉兹在谈到公共生活领域中公共善的实现时谈到规则、制度对于实现公共善的重要意义，他指出："权利的人际性方面表明它们是对受影响者的福利评估的结果。它们属于道德的中间层次，即规则、原则与制度的层次。从考虑终级关注的观点来看，在某个群体或个体的生活环境中，这些规则、原则与制度等得到承认能够起

[①]　［美］迈克尔·舒德森：《好公民——美国公共生活史》（中文），北京大学出版社2014年版，第217页。

[②]　李萍：《公民日常行为的道德分析》，人民出版社2004年版，第6页。

最好的作用。"①

如果一个人做了好事、善事不仅没有受到赞赏，反而被诬陷、要承担责任，那么之后他很可能不再行善，而且不仅他自己不去行善，还会使社会的其他成员失去行善的意愿，导致社会性的对行善的恐惧，抑制了社会的善而助长了社会的恶。因此需要设立制度、制定政策，对行善者给予保护，对于为恶之人要进行惩罚。国际上有的国家在这方面给我们提供了一些有益经验。例如在一些西方国家通行的法律条文《好撒玛利亚人法》规定，伤者、病人的自愿救助者免除责任；每个司机在遇到事故或事件时，在安全的前提下，要停车和提供援助。这就免除了人们做善事的后顾之忧，从而起到鼓励人们对伤、病人士给予帮助、引导人们更加积极行善的作用。相反，对作恶者要进行惩罚、要使其对自己的恶行承担法律责任：《德国刑法典》第 323条 c 项规定："意外事故、公共危险或困境发生时需要救助，根据行为人当时的情况急救有可能，尤其对自己无重大危险且又不违背其他重要义务而不进行急救的，处 1 年以下自由刑或罚金"；《意大利刑法典》第 593 条第 2 款规定："对气息仅存或受伤或危急之人，疏于必要的救助或未即时通知官署者，处 3 个月以下徒刑或科 12 万里拉以下罚金"；美国有的州法律则规定，一个人发现陌生人受伤时，如果不打"911"电话，有可能构成轻微疏忽罪。

在我国那种老人摔倒没有人去扶的现象，在一定程度上就是缺少相关的规定对行善者进行保护、司法审判中没有能够保护行善者的后果。社会中频频出现的欠债不还、不以为耻反以为荣的老赖，在一定的程度上也同相关的法律制度缺少惩罚的力度有关。

但是近些年来在这些方面制度的供给有所增强，情况正在改变。如 2013年深圳市制定了《深圳经济特区救助人权益保护规定》，《规定》明确，如果被救助人认为人身损害是由救助人造成的，应提供证据予以证明。没有证

---

① ［英］约瑟夫·拉兹：《公共领域中的伦理学》（中文），江苏人民出版社 2013 年版，第 43 页。

据或证据不足，则由被救助人承担不利后果。该法规是国内首部保护救助人行为的专门立法。2018年最高法提出了《关于加快推进失信被执行人信用监督、警示和惩戒机制建设的意见》，对欠债不还这类失信行为起到了震慑、打击的效果。这样一些制度性规定，起到了扬善抑恶的作用①。

2007年彭宇扶摔倒的老人反被讹，被法院一审判决赔偿受害人4.5万余元，2018年9月一名浙江金华小伙滕先生遇到了类似的情况，结果却完全相反，小伙子得到了舆论的赞扬并且获征信加分奖励，讹人者则受到了惩罚：

9月2日滕先生骑电动车经过金华市双龙北街与解放西路交叉口时，见一位老人摔倒在地后自己站起，他下车帮老人扶起电动车，推到路边，老人还轻声对他说了"谢谢"。这时老人的儿子骑着电动车出现，质问滕先生为什么扶伤者的车，并说看到滕先生撞了自己的父亲，不道德。随后摔倒老人的儿子报了警。耐人寻味的是事发后的两天，摔倒老人的儿媳在已知事发路段因修路没有监控的情况下在交警队碰到滕先生时十分气愤，指责滕先生没良心，没去看望肺摔破了、肋骨骨折、已经住院的老人。直到9月6日，民警调取事发路段附近一家钢材店的监控，才还了滕先生清白。

事后伤者的家属向滕先生道歉，但被滕先生拒绝。滕先生以自己名誉受损、损失了打车费用等事由向法院起诉对方，要求对方家属补偿他因此损失的打车费、误工费和拖车费，总共大概2000多元，并要求对方公开登报道歉，赔偿损失1元。9月12日，滕先生向法院递交了起诉状，法院受理。

最后承办法官组织原、被告在法院进行调解，原告对被告予以谅解，双方一致同意以口头形式道歉，并将登报道歉所需款项5000元捐给金华市红十字会。

---

①　本书在书稿修改过程中，中国十三届全国人大三次会议表决通过了《中华人民共和国民法典》，2020年5月28日，自2021年1月1日起施行。《民法典》第一百八十三条规定：因保护他人民事权益使自己受到损害的，由侵权人承担民事责任，受益人可以给予适当补偿。没有侵权人、侵权人逃逸或者无力承担民事责任，受害人请求补偿的，受益人应当给予适当补偿。第一百八十四条规定：因自愿实施紧急救助行为造成受助人损害的，救助人不承担民事责任。使见义勇为者的权利有了国家法律的保护。

9月14日上午，当事人滕先生和《南方都市报》记者确认金华市公安交警支队表示会帮滕先生申请加分奖励①。

滕先生对讹人者依法起诉维护自己的名誉的做法得到了网上舆论一致赞成。

滕先生表示，自己起诉的目的已经达到，让讹诈之人的成本提高了。

在这一事件中曹先生没有采取息事宁人的做法，而是依法维护自己的权益，将诬陷自己的一方告上了法庭；法庭受理了曹先生的诉状，并最终维护了曹先生的合法权益，让诬陷者付出了代价、受到惩戒；广大的网民和社会公众则从事件处理的结果中看到了法律惩恶扬善的公正。

这一案例的意义在于一方面可以对社会中存在着的那种通过"碰瓷"的恶意可以获取不当利益的心理预期起矫正的作用，另一方面也有着鼓励民众见义勇为，积极行善的积极作用。法律正在扶起曾经"摔倒"在地的公共伦理道德②。

三、建立社会公共伦理道德评价机制

机制是把事物的各个部分联系起来，使它们协调运行发挥作用的一定的运作方式。

社会公共伦理道德的监督机制包括对社会公共伦理道德的行为主体的行为进行评价、发布评价的信息、形成扬善抑恶的社会舆论、对社会的道德舆论进行引导等。

---

① 《"扶老人反遭报警"小伙坚持起诉对方，或获征信加分奖励》，《南方都市报》,，2018年9月14日；《小伙扶老人反被讹要求垫付医药费 多亏有监控视频》，中华网，2018年9月13日。

② 针对媒体报道：2011年9月3日上午武汉市一位88岁的老人在菜场口摔倒后，围观者不少却无一人敢上前扶他一把，一小时后，老人因鼻血堵塞呼吸道窒息死亡的悲剧，汪彦玲在《光明日报》撰文《法律要扶起"摔倒的道德"》，2011年9月6日，指出"这是一场完全可以避免的悲剧，只要有人上前扶一把，就有可能挽救老人的生命；但这似乎也是一场无法避免的悲剧，因为"彭宇案"的蝴蝶效应已经显现，围观者怕被污蔑为肇事者，不敢上前扶起老人。"

对行为主体的道德行为进行评价并将评价的结果传达给广大的市民，在信息传播的过程中又会进一步引起民众对这一行为评价，从而形成了一种广泛社会性的社会的舆论。社会舆论是维系伦理道德对人的规范作用的重要力量。舆论对于人的行为的褒贬会形成极大的压力，影响人们的价值判断、改变人们的行为方向。在网络条件下，每一个人都会成为社会舆论的策源地。对同一种行为往往会有不同甚至相反的评价，形成不同甚至相反的舆论，这些舆论不仅影响着行为当事人的行为方向也会对民众的价值判断和行为选择产生影响，会影响整个社会的道德状况。因此，形成一种健康、公平的道德舆论对于公共伦理道德的建设就是十分必要的。

道德舆论是道德评估的表达，就是说道德评估是道德舆论的前提，舆论的内容就是道德评估的结果：对一定的道德行为是肯定还是否定、是赞成还是反对、是褒奖还是贬斥。因此，舆论的发布者首先是一个对道德行为的评价者。舆论的不同反映的是人们对于道德行为的评估的差异。因此，要形成健康、公平的舆论首先要对人们的道德行为做出合理的评价，因此，需要有一个能够提供合理评价的评价主体，为了使合理的行为评价能够被民众所接受，评价主体还必须具有社会的公信力。所以，

第一，应建立一个由具备合理道德评价素质和能力、公众信任的市民代表组成的道德评估团体。道德评价就是对人的具有道德意义的行为的评价。人的社会性行为程度不同的都是具有道德意义的。人的社会行为主要包括生产经营性的活动、人际交往活动和社会管理活动，与此相应企业、社会组织、政府等都应该参与其中，承担相应的责任。

第二，形成评价方式。比如对企业生产有损消费者健康的产品、网络信息内容生产者生产带有色情、暴力、谣言的信息产品建立"黑名单"；对道德上的典范人物授予荣誉称号，如从 2013 年开始由中共北京市委宣传部、首都精神文明建设委员会办公室主办、北京广播电视台、北京人民广播电台承办的全民参与的"北京榜样"评选活动等。通过这样一些评价方式吸引广大市民参与，能够有效地增强道德的激励和规约功能扬善抑恶，营造出"崇

德向善、奋发向上"的舆论氛围，起到引领整个城市的社会风气和道德风尚的效果。

"北京榜样"评选活动

（来源："北京榜样"评选活动官网）

进行道德评价的目的是要帮助全体市民辨别善恶、提高道德的判断和选择能力。市民能够辨别善恶才能够择善而行，社会的道德水平才能由此提高。如果市民普遍缺少对于善恶的判断能力，往往会出现以丑为美、对社会中出现的丑恶行径姑息纵容，从而助长社会的恶行。之前社会当中出现了的一些道德问题往往同社会舆论的"审丑狂欢"有关，比如前面提到的"上海凤爪女"，三年多的时间里在地铁车厢里先后吃泡椒凤爪、麻辣烫、吃沙琪玛，这样的劣迹被曝光反让"凤爪女"成为"网红"，之后她四处走穴捞好处。2016年"凤爪女"事件之后有媒体爆料，该女子现身某公司年会，身价不降反增（此女为小提琴演奏者），涨近五万元，预约档期更是排到了2017年后。高铁"霸座男"（见第五章第三节二）在被列为严重失信人后，被微博、今日头条加V认证，因为如此一来平台就会得到更多吸引眼球的机会，就会受到更多的关注、获得更多的流量，因而也就能够得到更多的经济效益、赚更多的金钱。舆论给予这样的人以大量的关注并且因此给了这样挑战公序良俗的人以投机的机会，无疑是助长了这样的恶行。

道德评价是道德所以能够发挥作用的重要机制。通过对善行的褒奖，恶行的贬抑引导人们提高道德判断的能力和行为的选择能力。在这方面我们还有很多工作要做。

智慧城市：公共伦理城市发展的实践展望

智慧城市承载着更多的公共伦理诉求。

城市在五六千年发展中经历了不同的形态，不同形态的城市有着不同的标志，美国麻省理工学院教授威廉·J. 米切尔做了这样的描述：道路与排水管是罗马时期城市的标志，航运与航道是 18 世纪繁荣时期城市的标志，铁路是 19 世纪全盛时期城市的标志，输电网与州际公路则是 20 世纪扩张时期城市的标志。他在 1999 年预言：数字通信系统将会像运河与人力船之于阿姆斯特丹、威尼斯和苏州，铁轨、枕木和蒸汽机之于美国西部的广阔地域，地铁隧道之于伦敦，内燃机和混凝土快车道之于加利福尼亚南部郊区，电气化和空调之于菲尼克斯一样支持起 21 世纪的城市①。的确，今天的城市已经成了依托云计算、大数据、信息技术的智慧城市。

2008 年初 IBM 提出"智慧地球"概念，随即一些发达国家和地区开始了建设智慧城市的探索。中国也是最早开始智慧城市建设的国家。随着信息化的深入普及，中国智慧城市建设有一个从最初主要由政府采购 IT 设备到今天逐渐提高整个城市的信息化、智能化的过程。当前智慧城市建设的一个指导思想就是"加强城市管理和服务体系智能化建设，积极发展民生服务智

---

① 见［美］威廉·J. 米切尔：《伊托邦——数字时代的城市生活》中文版，上海科技教育出版社 2005 年版，第 14 页。

慧应用，强化网络安全保障，有效提高城市综合承载能力和居民幸福感受"①。智慧城市建设的"基本原则"是要"以人为本""突出为民、便民、惠民""向城市居民提供广覆盖、多层次、差异化、高质量的公共服务"，具体实现的方式是"城市管理精细化""生活环境宜居化"。上海浦东新区的一个老旧社区——西三里社区生活着很多高龄独居老人。为了解决老人们日常生活中容易发生的安全隐患，浦东新区城市运行综合管理中心以城市综合治理试点社区的方式为这里的老人们免费装上了居家安防系统，通过城市运行综合管理中心的大数据分析系统和社区工作人员的信息联动，老人们的困难在第一时间就能得到解决。到 2018 年末该系统已经造福 2000 余户高龄独居老人，计划 2 年内在浦东实现全覆盖②。包头青山区政府建立的便民服务系统使居民日常生活中容易遇到的问题如污水跑冒、路灯不亮、垃圾不倒等都可以通过手机 App 进行上报，政府办效能中心通过系统平台将上报的事项分发至相应的职能部门，使问题能够尽快得到解决③。精细化的城市管理、宜居的生活环境，大大提高了市民的生活幸福感。

城市的变化，表征着人的智慧、勇气和非凡的创造力，体现的是人追求幸福的努力与奋斗过程。

城市是人的最伟大的创造，其伟大在于他代表着人类不再依赖自然界的恩赐，而是力图构建一个由自己操控的、新的生活秩序，因而是一种最能体现人的主体性、最有利于人的发展的社会形式——有最丰富的社会联系、最易于激发人们的想象力的交流、最快捷的创造创新和更多的聚集效应——所以人创造城市的目的或动力就是为了人本身，是为了人更好的生存、生活。

---

① 国家发展改革委、工业和信息化部、科学技术部、公安部、财政部、国土资源部、住房和城乡建设部、交通运输部印发：《关于促进智慧城市健康发展的指导意见》2014 年 8 月 27 日。
② 《习近平：要像绣花一样治理城市》，央视新闻，2018 年 11 月 11 日，见中国新闻网。
③ 《智慧城市发展十年了，做成什么样了？》，《瞭望智库》2019 年 12 月 26 日。

感　　谢

孙屹博博士，李辉博士，陈多旺博士；研究生王立壮，刘鑫航，吴琼，张典，柯辛微，程昱，蔡娇在相关的调研、调研报告的撰写、文档的编辑中做了认真的工作，特此感谢！

感谢人民出版社领导的大力支持，特别要感谢编辑陈寒节先生以一丝不苟的态度；以热情、包容、严谨的方式；以充满负责、专业精神的工作给予作者的鞭策、指导和帮助！

主要参考文献

马恩著作

《马克思恩格斯全集》第 2 卷，人民出版社 1957 年版。

《马克思恩格斯全集》第 3 卷，人民出版社 1960 年版。

《马克思恩格斯全集》第 23 卷，人民出版社 1972 年版。

《马克思恩格斯全集》第 46 卷·上，人民出版社 1979 年版。

《马克思恩格斯选集》第 1—4 卷，人民出版社 1972 年版。

《毛泽东选集》第 2 卷，人民出版社 1991 年版。

古代典籍

《尚书》。

《周易》。

《诗经》。

《论语》。

《孟子》。

《荀子》。

《商君书》。

〔古希腊〕亚里士多德:《尼可马克伦理学》(中文),中国人民大学出版社 2003 年版。

〔古希腊〕亚里士多德:《政治学》(中文),中国人民大学出版社 2003 年版。

〔古希腊〕修昔底德:《伯罗奔尼撒战争史》上册(中文),商务印书馆 1997 年版。

近现代著作(中国)

冯友兰:《中国哲学简史》,北京大学出版社 2013 年版。

张岱年:《中国伦理思想研究》,江苏教育出版社 2005 年版。

杨伯峻:《论语译注》,中华书局 1980 年版。

周辅成:《西方伦理学名著选辑》,商务印书馆 1987 年版。

傅筑夫:《中国封建社会经济史》第一卷,人民出版社 1981 年版。

费孝通:《乡土中国:生育制度》,北京大学出版社 1998 年版。

罗国杰主编:《伦理学》,人民出版社 1989 年版。

魏英敏主编:《新伦理学教程》第三版,北京大学出版社。

唐凯麟编著:《伦理学》,高等教育出版社,2001 年版。

宋希仁:《马克思恩格斯道德哲学研究》,中国社会科学出版社,2012 年版。

陈瑛主编:《中国伦理思想史》,湖南教育出版社,2004 年版。

樊浩:《伦理精神的价值生态》,中国社会科学出版社 2001 年版。

程炼:《伦理学导论》,北京大学出版社 2008 年版。

王海明:《伦理学原理》,北京大学出版社 2009 年版。

万俊人:《寻求普世伦理》,商务印书馆 2001 年版。

陈少峰:《中国伦理学史》,北京大学出版社 1996 年版。

焦国城主编:《公民道德论》,人民出版社 2004 年版。

李萍主编:《公民日常行为的道德分析》,人民出版社 2004 年版。

吕世伦等：《法哲学论》，中国人民大学出版社 1999 年版。

《十八世纪法国哲学》，商务印书馆 1963 年版。

郑杭生主编：《社会学概论新修》，中国人民大学出版社 1998 年版。

赵敦华主编：《西方人学观念史》，北京出版社 2005 年版。

陈志尚主编：《人学原理》，北京出版社 2005 年版。

赵汀阳：《论可能生活》，三联书店 1994 年版。

高国鉴：《新马克思主义城市理论》，商务印书馆 2006 年版。

何一民：《中国城市史》，武汉大学出版社 2012 年版。

王晖等主编：《文化与公共性》，三联书店 1998 年版。

J. C. 亚历山大、邓正来编：《国家与市民社会》，中央编译出版社 2002 年版。

新玉言主编：《国外城镇化：比较研究与经验启示》，国家行政学院出版社 2013 年版。

冯俊、龚群主编：《东西方公民道德研究》，中国人民大学出版社 2011 年版。

俞可平：《权利政治与公益政治》，社会科学文献出版社 2000 年版。

罗荣渠：《现代化新论》，北京大学出版社 1993 年版。

牛文元主编：《中国新型城市化报告 2013》，科学出版社 2013 年版。

李培林：《社会改革与社会治理》，社会科学文献出版社 2014 年版。

李友梅等：《城市社会治理》，社会科学文献出版社 2014 年版。

饶会林主编：《城市文化与文明研究》，高等教育出版社 2005 年版。

近现代著作（外国）

［英］当·斯密：《道德情操论》（中文），商务印书馆 1997 年版。

［英］亚当·斯密：《国民财富的性质和原因的研究》（中文），商务印书馆 1974 年版。

［英］大卫·休谟：《道德原则研究》（中文），商务印书馆 2001 年版。

［英］大卫·休谟：《人性论》（中文），商务印书馆 1980 年版。

［英］托马斯·霍布斯：《利维坦》（中文），商务印书馆 1985 年版。

［英］约翰·洛克：《政府论》（中文），商务印书馆 1964 年版。

［法］让 - 雅克·卢梭：《社会契约论》（中文），商务印书馆 1980 年版。

［法］孟德斯鸠：《论法的精神》（中文），商务印书馆 1963 年版。

［英］边沁：《道德与立法原理导论》（中文），商务印书馆 2000 年版。

［英］密尔：《功利主义》（中文），上海人民出版社 2008 年版。

［德］康德：《道德形而上学基础》（中文），上海人民出版社 2002 年版。

［德］康德：《实践理性批判》（中文），商务印书馆 1999 年版。

［英］亨利·西季威克：《伦理学史纲》（中文），江苏人民出版社 2008 年版。

［美］布尔克：《西方伦理学史》（中文），华东师范大学出版社 2016 年版。

［美］麦金太尔：《伦理学简史》（中文），商务印书馆 2003 年版。

［美］麦金太尔：《追寻美德》（中文），译林出版社 2003 年版。

［英］约翰·格雷：《人类幸福论》，商务印书馆 1984 年版。

［德］马克斯·韦伯：《经济与社会》（中文），商务印书馆 1997 年版。

［德］马克斯·韦伯：《儒教与道教》（中文），商务印书馆 1997 年版。

［美］刘易斯·芒福德：《城市发展史——起源、演变和前景》（中文），中国建筑工业出版社 2005 年版。

［比］亨利·皮雷纳：《中世纪的城市》（中文），商务印书馆 1985 年版。

［比］亨利·皮朗：《中世纪欧洲经济社会史》（中文），上海人民出版社 2001 年版。

［美］R. E. 帕克等：《城市社会学》（中文），华夏出版社 1987 年版。

［美］乔尔·科特金：《全球城市史》（中文），社会科学文献出版社 2006 年版。

［美］布莱恩·贝利：《比较城市化》（中文），商务印书馆 2010 年版。

［美］爱德华·格莱泽：《城市的胜利》（中文），上海社会科学院出版社 2012 年版。

［加］简·雅各布斯：《美国大城市的死与生》（中文），译林出版社 2006 年版。

［法］布罗代尔：《文明史纲》（中文），广西师范大学出版社 2003 年版。

［美］乔治·萨拜因：《政治学说史》上卷（中文），上海人民出版社 2010 年版

［英］阿诺德·汤因比：《历史研究》（中文），上海人民出版社 2010 年版。

［美］塞缪尔·P. 亨廷顿：《变化社会中的政治秩序》（中文），三联书店 1989 年版。

［美］弗兰克·梯利：《伦理学导论》（中文），广西师范大学出版社 2002 年版。

［美］梯利：《西方哲学史》（中文），商务印书馆 1975 年版。

［美］哈罗德·J. 伯尔曼：《法律与革命》（中文），中国大百科全书出版社 1993 年版。

［美］理查德·A. 波斯纳：《道德和法律理论的疑问》（中文），中国政法大学出版社 2001 年版。

［美］塔尔科特·帕森斯：《社会行动的结构》（中文），译林出版社 2003 年版。

［美］汉娜·阿伦特：《人的境况》（中文），上海人民出版社 2009 年版。

［德］哈贝马斯：《公共领域的结构转型》（中文），学林出版社 1999 年版。

［美］约翰·罗尔斯：《正义论》（中文），中国社会科学出版社 1988 年版。

［加］查尔斯·泰勒：《现代性之隐忧》（中文），中央编译出版社 2001 年版。

［美］艾因·兰德《新个体主义伦理观》（中文），上海三联书店 1993 年版。

［美］夸梅·安东尼·阿皮亚：《认同伦理学》（中文），译林出版社 2013 年版。

［英］约瑟夫·拉兹：《公共领域中的伦理学》（中文），江苏人民出版社 2013 年版。

［日］佐佐木毅、［韩］金泰昌主编：《21 世纪公共哲学的展望》（中文），人民出版社 2009 年版。

［瑞士］布伦诺·S. 弗雷等：《幸福与经济学——经济和制度对人类福祉的影响》（中文），北京大学出版社 2006 年版。

［瑞典］博·罗斯坦：《政府质量——执政能力与腐败、社会信任和不平等》（中文），新华出版社 2012 年版。

［美］马克·E. 沃伦等编：《民主与信任》（中文），华夏出版社 2004 年版。

［英］史蒂芬·奥斯本：《新公共治理——公共治理理论和实践方面的新观点》（中文），科学出版社 2016 年版。

［澳］欧文·E. 休斯：《公共管理导论》第四版（中文），中国人民大学出版社 2015 年版。

［美］格罗弗·斯塔林：《公共部门管理》第八版（中文），中国人民大学出版社2012年版。

［美］马尔库塞：《单向度的人》（中文），上海译文出版社2006年版。

［美］利昂·P.巴拉达特：《意识形态起源和影响》（中文），世界图书出版社2010年版。

［英］约翰·B.汤普森：《意识形态与现代文化》（中文），译林出版社2012年版。

［美］戴斯·贾丁斯：《环境伦理学》（中文），北京大学出版社2002年版。

［美］迈克尔·舒德森：《好公民——美国公共生活史》（中文），北京大学出版社2014年版。

［美］曼塞尔·奥尔森：《集体行动的逻辑》（中文），上海人民出版社2006年版。

［美］彭慕兰等：《贸易打造的世界》（中文），上海人民出版社2018年版。

［美］托马斯·弗里德曼：《世界是平的》（中文），湖南科学技术出版社2006年版。

［英］威廉·J.米切尔：《伊托邦——数字时代的城市生活》（中文），上海科技教育出版2005年版。

［美］安德鲁·基恩：《网民的狂欢：关于互联网弊端的反思》（中文），南海出版社2010年版。

［美］理查德·斯皮内洛：《铁笼，还是乌托邦——网络空间的道德与法律》（中文），北京大学出版社2007年版。

文件研究报告

1. 联合国人居署：《2016年世界城市状况报告》。

2.《国家新型城镇化规划（2014-2020年）》。

3.《国务院关于深入推进新型城镇化建设的若干意见》。

4. 中国国务院《促进大数据发展行动纲要》（2015年8月31日）。

5. 联合国:《全球幸福指数报告》(2012—2019)。

6. 中国社会科学院:《社会蓝皮书:中国社会形势分析与预测》(2006—2021)。

7.《北京人口蓝皮书:北京人口发展研究报告(2018)》。

8.《慈善蓝皮书:中国慈善发展报告(2019)》。

责任编辑:陈寒节

封面设计:石笑梦

版式设计:胡欣欣

图书在版编目(CIP)数据

公共伦理与城市幸福生活/杨秀香著.—北京:人民出版社,
   2022.7

ISBN 978-7-01-024668-0

Ⅰ.①公… Ⅱ.①杨… Ⅲ.①城市化-社会公德-研究-中国

Ⅳ.①F299.21

中国版本图书馆 CIP 数据核字(2022)第 051786 号

公共伦理与城市幸福生活

GONGGONG LUNLI YU CHENGSHI XINGFU SHENGHUO

杨秀香 著

人民出版社 出版发行

(100706 北京市东城区隆福寺街 99 号)

天津文林印务有限公司印刷 新华书店经销

2022 年 7 月第 1 版 2022 年 7 月北京第 1 次印刷

开本:710 毫米×1000 毫米 1/16 印张:21

字数:326 千字

ISBN 978-7-01-024668-0 定价:85.00 元

邮购地址:100706 北京市东城区隆福寺街 99 号

人民东方图书销售中心 电话:(010)65250042 65289539